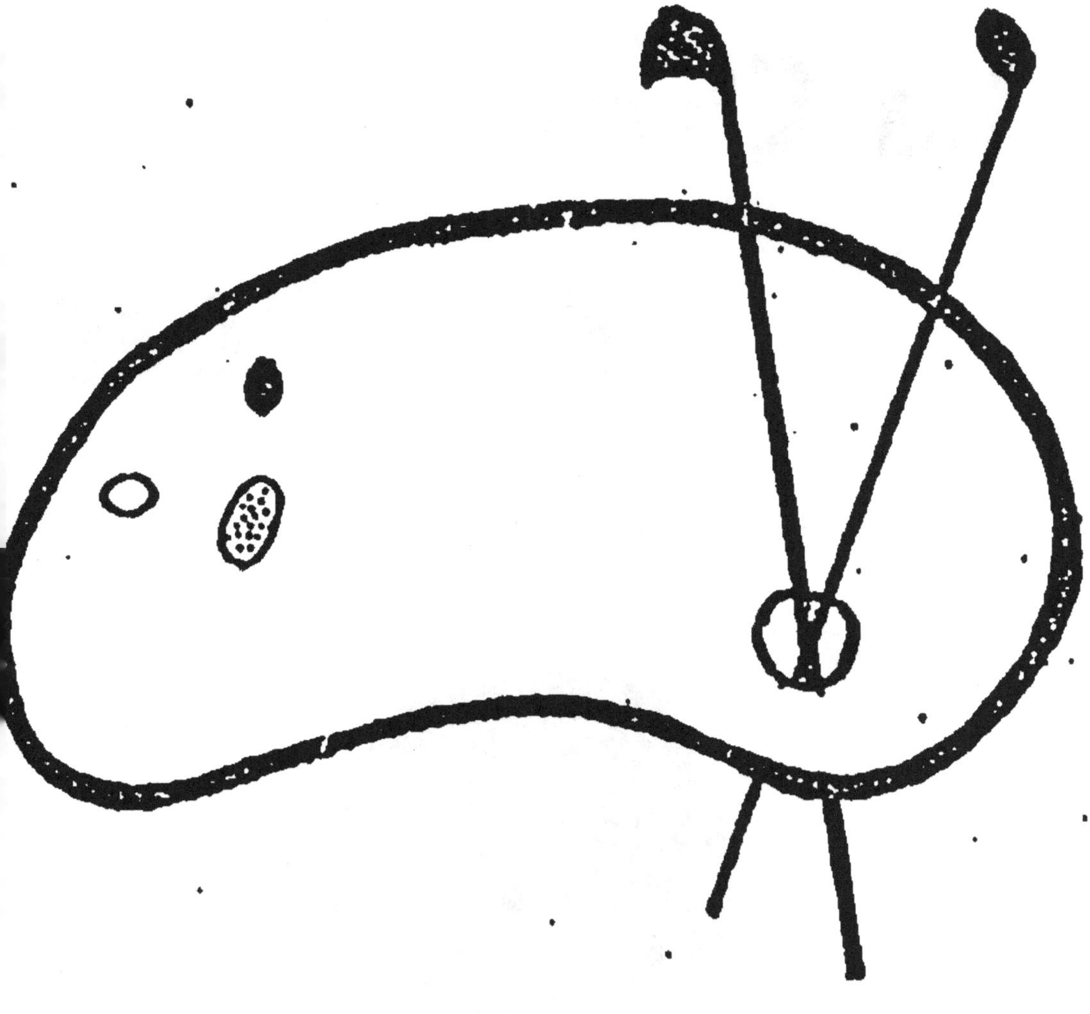

DEBUT D'UNE SERIE DE DOCUMENTS EN COULEUR

PARIS d'HIER et d'AUJOURD'HUI

La Chronique des Rues

Par Edmond BEAUREPAIRE

PARIS
P. SEVIN & E. REY, LIBRAIRES
8, Boulevard des Italiens
1900

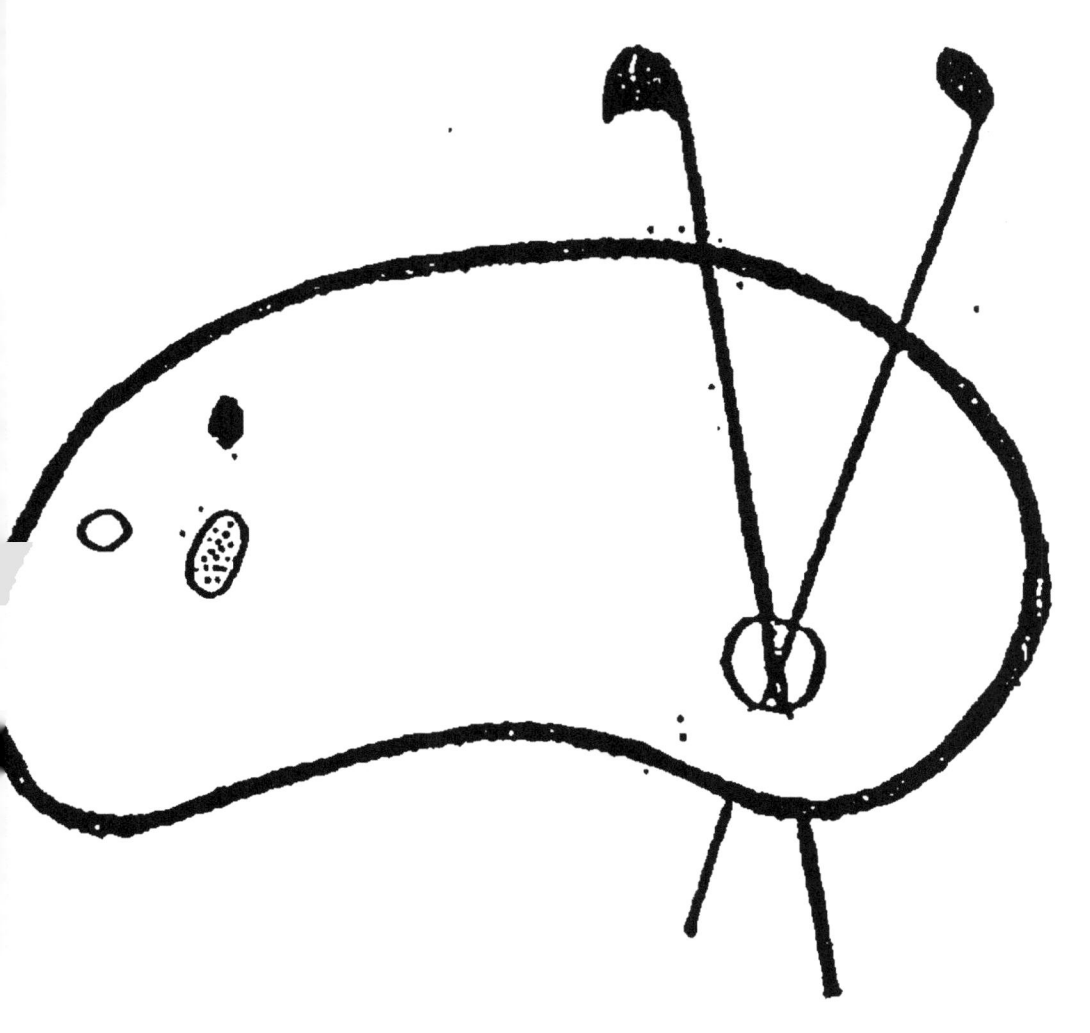

FIN D'UNE SERIE DE DOCUMENTS
EN COULEUR

LA CHRONIQUE DES RUES

Paris. — Imp. de l'Art, E. Moreau et Cie, 41, rue de la Victoire.

PARIS d'HIER et d'AUJOURD'HUI

La Chronique des Rues

Par Edmond BEAUREPAIRE

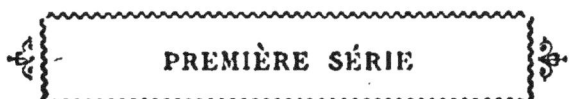

PARIS
P. SEVIN & E. REY, LIBRAIRES
8, Boulevard des Italiens
1900

Nous publions le premier volume d'une série qui paraîtra sous le titre général : Paris d'hier et d'aujourd'hui.

L'auteur, très féru des choses de Paris, a écrit ce livre au courant de ses impressions, quand tombait un vieux mur, quand un incident, un fait, un rien venait fixer un moment son attention sur quelque bâtisse plus ou moins décrépite où des ancêtres ont vécu, aimé, souffert et devant lesquels le passant n'est insoucieux que par ignorance des souvenirs à évoquer.

Tout en gardant le ton alerte de la causerie, l'auteur parle, avec une érudition exempte de pédanterie, des familles qui ont joué un rôle dans l'histoire de la capitale et s'arrête complaisamment aux menus faits que rappellent leurs demeures. Mais qu'on ne s'attende pas à l'indigeste fatras d'un livre didactique; le lecteur goûtera ici le charme de s'instruire tout en s'amusant et le titre même qu'à dessein M. Edmond Beaurepaire a mis en tête de ces pages, la Chronique des rues, *en précise trop bien le caractère et l'esprit pour qu'il soit besoin d'y insister.*

LES ÉDITEURS.

LA CHRONIQUE DES RUES

I

La Maison de la Reine Blanche

Les travaux de couverture de la Bièvre font disparaître une à une les tanneries établies sur les bords de cette rivière déchue, et entraînent la transformation progressive de ce petit coin de Paris si pittoresque.

Les amateurs regretteront notamment les biefs du boulevard de Port-Royal, la très curieuse tannerie de la rue Corvisart, 54, la maison du Clos Payen, construite en 1762 par Peyre, le passage Moret, cette cour des Miracles de la peausserie. Il est aussi question de tracer une voie nouvelle en plein travers de la vaste propriété comprise aujourd'hui sous les n°s 17 et 19 de la rue des Gobelins. On l'appelle communément « la Maison de la Reine Blanche ».

Martial l'a gravée à l'eau-forte sous le nom de « Maison de Saint Louis », dénomination inacceptable : Saint Louis habita le « Palais ».

Serait-il question ici de la reine Blanche de Castille ? la régente mourut en son hôtel de Nesle (*emplacement de la Bourse du Commerce*), le 1er décembre 1252, où elle s'était fait transporter de Melun.

De quelle « reine Blanche » fut donc ce logis ?

Il faut rappeler, tout d'abord, que, jadis, les veuves des rois étaient appelées *reines blanches*, parce qu'elles portaient le deuil en blanc. Catherine de Médicis, la dernière, observa cette coutume.

On dit que ce fut la demeure de Blanche de Navarre, dite « Belle Sagesse », moniale du couvent des Cordelières, qui se trouvait tout à côté : dans la rue de Lourcine. Mais je me souviens que la veuve de Philippe VI décéda, en 1398, dans un hôtel dont le pourpris était circonscrit par les rues des Deux-Portes, de la Verrerie, du Coq et de la Tixeranderie, en fin de compte sur l'emplacement actuel du Bazar de l'Hôtel-de-Ville. Et puis, même dans cette hypothèse, il faudrait, à mon avis, placer le logis qu'elle aurait occupé pendant les premiers temps de son veuvage, sur le côté gauche de l'avenue des Gobelins, là où passe la rue de la Reine-Blanche, tracée dès 1392.

Aussi bien ces constructions paraissent ne dater que de la fin du xve siècle ou du commencement du xvie; vainement on voudrait donc y reconnaître, avec M. de Ménorval, les derniers vestiges d'un hôtel de Hainserville, et y placer la scène de ce « bal de Ardents » où Charles VI faillit trouver une mort bien peu glorieuse. Toutefois, selon Juvenal des Ursins, ce bal eut bien réellement lieu au faubourg Saint-Marceau, le 24 janvier 1394, à l'occasion du mariage de Catherine de Hainserville, qui se remariait pour la troisième fois.

En pareil cas, la cérémonie religieuse s'accomplissait sans pompe, le soir, et elle était le plus souvent accompagnée de quelque charivari. « On faisait impunément mille folies au mariage des femmes veuves, dit la *chronique de Saint Denis*, et l'on prenait, avec des habits extravagants, la liberté de dire des vilenies à l'épousé et à l'épousée ». Il n'y a donc rien d'impossible, si ce vieux logis fut l'hôtel de Hainserville, qu'il n'eût été le théâtre du drame où Hugonin de Grisay, Aimery de Poitiers, le bâtard de Foix et le Comte de Joigny trouvèrent la mort.

On pourrait alors admettre soit une reconstruction, soit une restauration à peu près générale.

Quoi qu'il en soit, vers 1450, on y trouve Jehan Gobelin, ci-devant teinturier à Reims.

Cet industriel apportait au bord de la Bièvre le secret de la teinture rouge que les Rémois possédaient depuis longtemps, ainsi que le prouve un curieux passage de Christine de Pisan. Les Gobelin étaient donc des teinturiers et rien autre, et c'est à tort qu'on s'imagine généralement que notre belle manufacture de tapisseries les a eus pour fondateurs. Jamais aucun d'eux n'a exercé le métier de tapissier. Son nom vient uniquement de ce qu'elle occupe un hôtel qui leur a appartenu : la *Folie Gobelin*, que Louis XIV acheta en 1662, et qu'il fit agrandir ensuite pour y créer la « Manufacture royale des meubles de la Couronne », ancêtre de la manufacture actuelle.

A cette époque, les Gobelin, devenus riches, n'exerçant plus leur profession, anoblis, n'étaient plus représentés que par le marquis de Brinvilliers, mari de la célèbre empoisonneuse, dont le supplice a excité la verve un peu cruelle de Mme de Sévigné, cette caillette.

Le marquis habitait l'hôtel, encore existant rue Charles-V, 12 ; il mourut avant ses enfants mâles, et en lui s'éteignit le nom des Gobelin.

Leur manufacture patrimoniale, celle-là même qui occupait la propriété comprise sous les n°s 17 et 19 de la rue des Gobelins, était possédée, au moment où Louis XIV créait la manufacture royale, par un Hollandais, Jean Gluck, qui a apporté en France le procédé de la teinture « écarlate », dite à la mode hollandaise. Il habitait la vieille maison portant actuellement le n° 3. Plus tard, il s'associa et s'allia avec la famille de François de Julienne, teinturier et confectionneur de draps, et, en 1721, les deux établissements étaient réunis en la personne de Jean de Julienne.

Celui-ci remania le vieil immeuble de Jean Gluck. Il faut lui attribuer notamment un joli couronnement de porte d'entrée qu'on y remarque, un escalier Louis XV, très bien traité, avec balustres en bois, et départ sculpté en plein bois, et une ancienne galerie dont les colonnes et les piliers sont encore visibles. Cette galerie date de 1730 ; c'est là que Julienne avait logé sa magnifique collection de tableaux, de bronzes, de statues, de meubles, de porcelaines, etc., qui fut une des curiosités de Paris jusqu'à la Révolution.

La manufacture patrimoniale des Gobelin a conservé quelques constructions dont plusieurs parties basses appartiennent au XIIIe siècle, et le surplus au siècle suivant.

Le n° 17, bâtiment à l'allure seigneuriale, aux portes cintrées, aux hautes fenêtres, à la toiture élevée en pavillons, est flanquée d'une tour carrée de robuste apparence. Au n° 19, tout un corps de logis présente, sur la rue, ses hautes et larges fenêtres coupées de croisillons en pierre, à moulures accentuées. La porte, qui a gardé des saillies extérieures très prononcées, est d'un réel intérêt, comme aussi un escalier à vis formant tourelle, dont le noyau central, servant de rampe, est formé d'un seul morceau de bois, creusé de moulures et d'un dessin très caractéristique.

Avant qu'ils disparaissent, il faut saluer ces vieux bâtiments si curieux, si intéressants au point de vue archéologique, et qui semblent être comme l'évocation de tout un chapitre de l'histoire de notre industrie.

II

La Butte Bonne-Nouvelle

A la suite de travaux de voirie exécutés rue de la Lune, l'église Notre-Dame de Bonne-Nouvelle se lézarda. La solidité de l'édifice sembla être compromise ; on alla même jusqu'à dire que sa démolition s'imposerait, un jour prochain.

Le monticule qu'il domine, n'est, en effet, qu'un mamelon factice, par conséquent impropre, par soi-même, à la stabilité de constructions importantes.

Situé jadis en dehors des remparts de Charles V, qui, de ce côté, suivaient le tracé de la rue d'Aboukir, il est formé de déblais, de débris et d'ordures de toutes sortes, apportés là de Paris, comme à toutes les décharges publiques, et qu'on y a entassées jusqu'au commencement du xvie siècle. De là, la dénomination de « Butte aux gravois » qui lui fut donnée. Le labyrinthe du Jardin des Plantes, l'ancienne « Butte Copeau » a d'ailleurs semblable origine.

Les exhalaisons malsaines qui s'échappaient de cet amas de gadoues, et qui portent depuis très longtemps le nom spécial de « moffettes » ou « mouffettes », avaient fait donner le nom significatif de « mouffetard » au chemin de la butte aux

Gravois, qui est devenu notre rue de Cléry. Un autre chemin, aujourd'hui partie de la rue des Jeûneurs, était placé sous le vocable de Saint-Roch, protecteur des pestiférés ; un autre encore sous l'invocation de Saint-Fiacre, patron du fumier.

On comprend aisément qu'il fallut mille peines pour attirer une population sur ce territoire où planait une malaria sans trêve.

Une première tentative fut faite sous Henri II. On construisit alors, sur la butte même, une chapelle qui n'eût d'ailleurs pour paroissiens que les gueux de la cour des Miracles et ceux de la cour du Roi François, autre repaire du voisinage. Mais, pour le Parisien, un pied-à-terre à la campagne a toujours été le rêve, les vide-bouteilles et les cabarets s'étagèrent donc bientôt sur les pentes de la Butte-aux-Gravois, devenue la « Montagne du Moulin » depuis qu'un moulin à vent battait des ailes sur sa croupe orientale.

La Ligue détruisit toute cette banlieue champêtre : adieu, moulin ; adieu, courtilles dont les verdoyantes floraisons ont laissé comme un souvenir dans ce nom de « Beauregard » conservé par une des vieilles rues de la butte!

Sous Louis XIII, on tente de nouveaux efforts pour attirer l'industrie de ce côté ; et le roi accorde à toutes personnes qui viendront y exercer les arts et métiers, franchise entière, c'est-à-dire le privilège d'y travailler librement et publiquement et d'y tenir boutique. Les ouvriers en meubles, qu'un avantage du même genre avait alors attirés pour la plupart sur le terrain privilégié de l'abbaye Saint-Antoine, mais qui ne demandaient qu'à pouvoir occuper, aux mêmes conditions, un autre point des faubourgs, s'empressèrent de venir dans ce quartier ; ils y étaient déjà nombreux sous Louis XIV : ils y sont encore.

C'est alors qu'on construisit une église dont le clocher seul subsiste à l'angle des rues Beauregard et Bonne-Nouvelle. C'est aussi à cette époque que la Montagne du Moulin devint la Villeneuve-sur-Gravois.

Longtemps encore, cependant, ce fut un quartier assez mal habité, où étaient nombreuses celles dont on disait alors : elles ont les talons courts et ne tombent qu'en arrière. La rue Poissonnière, c'était le « Val larronneux ». Une nuit, Turenne revenant de je ne sais où, y fut arrêté par des coupe-bourses. Turenne n'ayant pas sur lui le prix de sa rançon, « ces gentilshommes » voulurent bien se fier à sa parole. Le lendemain, un d'entre eux vint à l'hôtel de Bouillon toucher la somme convenue, laquelle lui fut, d'ailleurs, scrupuleusement comptée.

Un autre fait, qui vaut d'être rappelé. En 1792, Nicolas-Jacques Pelletier assassina, rue de la Villeneuve, un passant pour le voler. Il fut exécuté le 29 avril en place de Grève, et c'est lui qui « étrenna » la guillotine.

De ce faubourg de la Villeneuve, quelques maisons sont restées, vieillotes et dépaysées parmi des constructions relativement récentes ; telles, par exemple, les maisons situées sur le côté gauche du boulevard Bonne-Nouvelle, au-dessus de la terrasse bordant la chaussée; d'autres, rue Notre-Dame-de-Recouvrance, et celle de la rue de Cléry, 97, où habitait André Chénier, en 1793.

Après avoir été un temple de la déesse Raison, l'ancienne église de Notre-Dame-de-Bonne-Nouvelle dont le porche avait vu l'arrestation de la Voisin, le 12 mars 1679, fut démolie en 1823, et on construisit l'édifice actuel sur les plans de Godde. Les fouilles exécutées pour asseoir les fondations amenèrent la découverte de quantité d'objets ; puis, quand on arriva au sol naturel, on fut tout surpris de rencontrer un champ de vignes enseveli pour ainsi dire sous l'accumulation des ordures, et c'était comme une évocation des temps lointains où Cybèle, la déesse féconde, protectrice de toute cette banlieue verdoyante du Paris gallo-romain, avait son temple à l'endroit où fut bâtie, au XIIe siècle, une chapelle dédiée à sainte Agnès, où se trouve aujourd'hui l'église Saint-Eustache.

Ces fouilles, au reste, ne furent pas sans danger pour les ouvriers qu'on y employa, en raison des exhalaisons pestilentielles. Il en a été de même lors des travaux de voirie qui ont occasionné, dit-on, les lézardes de l'église de Bonne-Nouvelle.

On dut prendre alors des précautions d'hygiène énergiques, et, à cette occasion, tous les terrassiers furent revaccinés, tant étaient vigoureux les miasmes qui se dégageaient de la vieille « Butte aux Gravois ».

III

Le Carrefour Pirouette et l'Arbre de Jessé

Le dégagement des Halles aura pour conséquence la disparition ou la transformation de quelques petits coins du vieux Paris, échappés jusqu'ici à la pioche de Damoclès de l'édilité parisienne.

Ainsi du carrefour des rues Mondétour, Pirouette et de la Petite-Truanderie.

Toute ville d'esprit ayant, comme la nôtre, une histoire sans pareille et de l'argent dans ses coffres, l'eût confié à un Viollet-le-Duc pour qu'il le nettoyât prudemment, comme Sauvageot purgeait ses vieilles ferronneries de la gangue séculaire, qui en altérait la forme et les détails. Alors, on eût vu reparaître les pans de bois des façades, les boiseries des encorbellements et ces pignons aigus dont le Parisien ne connaît plus ni le charme ni la poésie. Et sur l'océan plat de sa *modernisation*, notre Paris se fût conservé à lui-même un îlot de refuge, un témoin de la jeunesse de la cité où, depuis, il semble que quelque chose s'est perdu : un rien, une petite étincelle qui la rendait plus pittoresque et aussi plus attachante.

Dans le *Bulletin de la Société des Amis des monuments parisiens*, en 1886, M. Arthur Rhoné avait déjà formulé ce souhait ; je le repris plus tard ; je n'eus pas meilleure fortune. Et, l'une après l'autre, tombent ces vieilles maisons, emportant avec elles l'évocation de la vie du marchand et de l'artisan au Moyen âge.

Toutes remontaient (on ne peut plus guère en parler qu'au passé) aux temps où les Halles ressemblaient assez bien à ces bazars de l'Orient, où se vendent toutes sortes d'objets d'habillement et de parure.

Les Halles étaient alors circonscrites par des piliers ou portiques couverts, disparus vers 1854. Ils suivaient à peu près l'alignement occidental de la rue Baltard, jusqu'à l'angle du pavillon de la triperie et de la rue Rambuteau ; de là, ils s'infléchissaient dans la direction de la rue Pirouette, puis, revenant à angle droit, ils se prolongeaient vers le sud, jusqu'à la rue de la Cossonnerie.

La première section, c'était les « grands piliers » ; la seconde, les « piliers du pilori » ; la troisième, les « petits piliers des potiers d'étain ».

Il subsiste au n° 106 de la rue Rambuteau, lequel forme deux maisons numérotées 1 et 3 sur la rue Pirouette, deux piliers des « piliers du pilori », encore facilement reconnaissable. Quant aux « piliers des potiers d'étain », j'ai cru en reconnaître un dans le passage de la maison qui porte le n° 6 de la rue Pirouette, qui est, d'ailleurs, la dernière maison de cette partie de nos vieilles halles.

Le *pilori*, dont j'ai parlé tout à l'heure, était situé sur le passage de la rue Rambuteau, exactement vis-à-vis le pavillon 9 des Halles, pavillon affecté à la vente au détail du poisson et des huîtres, le domaine, par excellence, des petites-filles de Mme Angot. — C'était une tour octogone, percée de hautes fenêtres ogivales, n'ayant qu'un étage au-dessus d'un rez-de-chaussée, et au milieu de laquelle était une roue de fer, percée de trous, où l'on faisait passer la tête et les bras des criminels, voleurs, assassins, courtiers de débauche, blasphémateurs, — condamnés à cette exposition infamante. On les y attachait pendant trois jours de marché consécutifs, deux heures par jour, et en les tournant de demi-heure en demi-heure, dans une direction différente.

En somme, on leur faisait faire la *pirouette*; et c'est peut-être là, n'en déplaise aux savants, la véritable origine du nom de la rue qui s'ouvrait en face.

Le n° 1 de cette rue Pirouette, mérite d'être signalé plus spécialement. C'est, en effet, la maison natale de Regnard. Un hôtel meublé, à l'enseigne du Mont-Blanc, en occupe les étages supérieurs, tandis qu'au rez-de-chaussée, un marchand de vin arbore une enseigne d'autrefois : *Au Vin de pisse-en-l'air.*

Tout est curieux, au reste, dans ce morceau du vieux Paris, tout mériterait d'être signalé. Ainsi, par exemple, cette porte biaise et très ancienne du n° 13 de la rue Pirouette, dont un des piliers est d'une coupe si élégante; ainsi, et surtout, cette vieille *hostellerie* du Heaume qui, depuis le xiv° siècle, a conservé son nom caractéristique des âges écoulés

Elle s'ouvre au n° 5 de la rue Pirouette par une longue allée encore plafonnée de solives et donnant accès à une cour entourée de galeries à piliers de bois; le premier étage est sur encorbellement de modillons en bois, et, à travers les passages d'aération d'un vitrage moderne, on aperçoit un autre étage porté sur un rang de poitraux en charpente, disposés comme les bâtons d'un ratelier.

Quelques-uns des petits métiers des Halles en ont fait leur quartier général. — Voici la resserre où les porteurs viennent au matin louer crochets, hottes ou paniers, et, un peu plus loin, la masse bizarre et pittoresque des ustensiles d'un régiment de gagne-petit, déposés là moyennant une légère redevance; tandis que, dans un coin, des femmes, penchées sur de vastes paniers, confectionnent des petites bottes de légumes assortis, des marchandes des quatre-saisons remisent leurs voitures et les garçons d'un cuiseur de homards s'engouffrent, affairés, dans une des salles s'ouvrant sous les galeries, ainsi que des grottes.

En dépit des vissicitudes que l'on devine et des partielles transformations inévitables, cette vieille auberge est encore un spécimen très intéressant des anciennes *hostelleries*. Avec un peu d'imagination, on peut aisément se figurer l'aspect de cette cour, alors que les hôtes se penchaient curieusement sur les galeries régnant autour de chacun des étages pour écouter quelque ménétrier, ou voir quelque jongleur payant son écot en « monnaie de singe ».

Ainsi que le *Château Fêtu*, cette auberge de la rue Saint-Honoré, dont parle Rabelais, ainsi que le *Lion d'Argent*, que mentionne Froissard, l'hostellerie du Heaume était-elle de celles où, au Moyen âge, il y avait un grand luxe et grande abondance ? Il serait un peu présomptueux de le dire.

Les femmes folles de leur corps, en effet, pullulaient aux environs, et le centre de leurs opérations, le rendez-vous des chercheurs d'aventures se trouvait tout à côté : à la pointe du triangle que forment les rues de la Grande et de la Petite-Truanderie avec la rue Pierre-Lescot. Il y avait là un puits, comme toujours d'ailleurs, aux endroits où fréquentaient les ribaudes, se souvenant peut-être que ce fut près d'un puits que Jésus rencontra la Madeleine ; et « aller au puits » avait, en ce temps-là, une signification sur laquelle on me dispensera d'insister.

Les fripiers étaient les recéleurs des « tireurs de laine », et il était fréquent, que les riches marchands attardés en quelque rôtisserie de la rue aux Oies (*devenue par corruption la rue aux*

Ours, absorbée par la rue Étienne-Marcel) fussent dévalisés, lorsqu'ils rentraient au logis, dans cette ruelle dangereuse que, pour cette raison, on nomma la ruelle *Maudestour* (mauvais passage), dont on fit plus tard *Mondétour*, qui ne signifie rien.

Les mendiants étaient nombreux dans ces parages, et les noms de *Grande* et *Petite-Truanderie* que gardent deux rues voisines ne sont pas des indices trompeurs des mœurs de leurs habitants et de leurs habitantes. La bourse qui s'ouvrait pour l'aumône ou le plaisir paraissait-elle pleine? aussitôt les mains jointes ou caressantes, pour la mettre en péril, se livraient à des tours d'adresse : l'occasion faisait le larron.

Longtemps après que le quartier se fut assaini, les membres de cette corporation mystérieuse continuèrent de se réunir aux alentours. Leurs assemblées étaient périodiques. Elles se tinrent d'abord, sous le règne de Louis XIV et de la Régence, à l'auberge des *Trois-Maillets*, cette vieille et disgracieuse maison du commencement du xviiie siècle, qui porte aujourd'hui le n° 32 de la rue Montorgueil. Plus tard, vers 1760, ils transportèrent leur parloir dans une maison voisine, au n° 36, là où se trouve un cabaret bien curieux: *la Cave*.

Et, pendant près de cent trente ans, sabouleux et teigneux, drilles, malingreux et cagous y vinrent tranquillement causer de leurs affaires. La dernière réunion que je connaisse se tint un mercredi du mois de janvier 1888, mais, soit que l'esprit de solidarité ne fût plus le même, soit pour tout autre motif, il n'y eut, ce jour-là, que onze mendiants au professionnel rendez-vous. Tout s'en va !

N'en est-il point ainsi des vieilles auberges du vieux Paris ?

Les Trois-Maillets n'ont même pas conservé leur enseigne : le *Lion d'Argent* (rue Saint-Martin) a disparu comme le Heaume va disparaître, et l'hôtellerie du *Chariot d'Or* (rue Greneta) s'est vraiment trop modernisée pour qu'on la puisse compter encore parmi celles qui ont conservé leur caractère, leur physionomie d'auberges de grande route.

De celles-ci, il n'en est plus que trois, d'où partent les lentes maringottes des messagers de la banlieue parisienne : l'*Aigle d'Or*, rue du Temple, 41 ; le *Compas d'Or*, rue Montorgueil, 54, et le *Cheval Blanc*, rue Mazet, 5, couronnée de fenêtres à petits pignons, d'où le xvie siècle semble regarder les passants.

Un jour, ces vieilles maisons iront rejoindre dans le dépôt des vieilles lunes les vieux logis qui ont joué un rôle dans l'histoire de Paris, et ce jour sera prochain si, partout, on va aussi vite que dans le quartier des Halles.

Cherchez donc aujourd'hui la *Maison de l'Arbre de Jessé*, qui portait le n° 83 de la rue Saint-Denis ! On vient de la démolir pour élargir la rue des Prêcheurs.

Mais, qu'est-ce qu'un « Arbre de Jessé » ? Voici :

Au chapitre XI du livre d'Isaïe, il est dit : « Il sortira un rejeton du tronc coupé de Jessé, et une fleur naîtra de sa racine. » — Or, (qu'on me pardonne cet étalage d'érudition facile), Jessé ou Isaïe est, comme on sait, l'ancêtre direct de David, de la postérité de qui devait naître Jésus.

Et pour figurer l'arbre généalogique du Sauveur, nos vieux artistes imaginèrent une souche qui semble prendre sa racine dans le corps de l'aïeul et dont les rameaux portent, comme fleurs ou fruits, les autres ascendants du Christ. Le sommet est occupé par la Vierge portant l'Enfant Jésus, qui est comme la fructification suprême de tout l'arbre.

Ce sujet a été souvent reproduit dans les verrières des cathédrales et dans les églises. A la Sainte Chapelle de Paris, dans la dixième fenêtre au nord, on peut voir un vitrail où s'épanouit l'arbre symbolique ; il en est d'autres aux environs de Paris : à Bonneuil, à Groslay, à Saint-Denis, dans un vitrail de la chapelle de la Vierge ; à Beauvais, dans le tympan ajouré de la cathédrale et dans un vitrail de l'église Saint-Étienne ; enfin, à Gisors, où, dans la chapelle des fonts de l'église, on peut remarquer un grand arbre sculpté en pierre. J'ajouterai qu'à la bibliothèque de l'Arsenal, il s'en trouve encore un dans le psautier de saint Louis, et que l'abbaye de Longpont possède un albâtre représentant un arbre de Jessé.

Le Moyen âge, cette période si originale, si préoccupée de l'ornementation des façades, ne manqua pas de tirer parti de cette idée toute religieuse, et la poutre d'écoinçon des maisons, le poteau cornier, pour bien dire, fut sculpté curieusement, rehaussé de couleurs, enrichi d'ors.

Ces poteaux corniers étaient de véritables enseignes de maisons.

Ils étaient fort nombreux et égayaient nos rues. Tel, par exemple, celui de la maison où naquit Molière, à l'angle droit de la rue Sauval et de la rue Saint-Honoré. Il représentait un grand arbre duquel s'élevaient des branches garnies de fruits; des singes y grimpaient, cherchant à les atteindre, tandis qu'un vieux singe, bien tranquille au bas de l'arbre, avait saisi et présentait, avec une grimace de satisfaction complète, un des fruits que les jeunes avaient fait choir par les secousses qu'ils avaient données.

La Motte paraît s'être inspiré de ce sujet pour sa fable, le *Pouvoir exécutif:*

On dit que le vieux singe, affaibli par son âge,
   Au pied de l'arbre se campa,
   Qu'il prévit, en animal sage,
Que le fruit ébranlé tomberait du branchage,
   Et dans sa chute il l'attrapa.
Le peuple à son bon sens décerna la puissance:
   L'on n'est roi que par la prudence.

De cette figuration ornementale, la maison qu'habitait le tapissier Poquelin avait pris le nom de « Maison des singes ». Quand on la démolit, en 1802, le poteau cornier fut transporté au musée des Monuments français, mais il disparut, et il est à croire que la Restauration en fit faire des bûches, ce qui, de sa part, était naturel.

Pareille destinée n'a point été réservée pour l'arbre de Jessé de la rue Saint-Denis, le dernier poteau cornier qui subsistât encore à Paris. Mon ami Ch. Sellier, tant soucieux des reliques du Vieux Paris, a su le sauver de la scie du triste démolisseur, et M. Georges Cain lui trouvera, à Carnavalet, un coin où nous pourrons le revoir.

Pourquoi, réparant les outrages du temps et des hommes, ne lui rendrait-on pas sa splendeur primitive? Ces rois, ces bonshommes fichés dans ce candélabre à douze branches, sont naïvement vêtus des costumes du temps. Il y en a un surtout, celui du bas, en façade sur la rue Saint-Denis, qui est bien un bourgeois du xive siècle, avec sa cotte, son aumônière, son pelisson, son chapel fourré. Ce sont là des témoins précieux, n'est-il pas vrai?

La tentative ne manquerait pas d'être intéressante; et, puisque la vieille maison a disparu, les curieux pourraient retrouver, vigoureux, gaillard, rajeuni, l'arbre de Jessé qui poussait au coin de la rue des Prêcheurs.

IV

Le Bureau des Marchandes-Lingères

Au tiers inférieur de la rue des Halles s'ouvre une petite place de forme irrégulière : la place Sainte-Opportune.

L'église dont elle rappelle le souvenir s'étendait entre la rue de l'Aiguillerie (actuellement partie de la rue des Lombards), où se trouvait le cloître et que dominait la tour festonnée de fleurs de lys, et la rue Courtalon sur laquelle s'ouvrait une porte latérale de l'église.

Celle-ci, une des trois collégiales que l'on appelait les « Filles de l'Evêque », datait, comme oratoire, d'avant l'invasion des Normands. On l'avait rebâtie au XIIIe siècle, et, au siècle suivant, érigée en paroisse. Ses deux bienfaiteurs principaux étaient Louis le Bègue et Louis le Gros. Vendue comme bien national en 1792, elle fut démolie cinq ans après.

La place qui précédait son porche fut longtemps un des endroits les plus fréquentés de ce quartier populeux. A la chute du jour, des groupes nombreux s'y formaient autour des chanteurs et musiciens ambulants qui mettaient en vogue certains airs, et l'on y dansait ces jolies rondes du xvᵉ siècle qui se sont conservées à peu près intactes :

> Où est la marguerite ?
> Oh ! gai, oh ! gai, oh ! gai !
> . . . .
> La tour, prends garde, etc.
> . . . .
> Qu'est-ce qui passe ici si tard,
> Compagnon de la Marjolaine ?
> . . . .

Sainte-Opportune était d'ailleurs le siège, la paroisse de la plupart des communautés, confréries ou corporations du commerce élégant ou luxueux.

Ainsi, par exemple, des « marchandes-lingères » dont l'hôtel menacé, dit-on, d'une démolition prochaine, se trouve à l'angle de la rue Courtalon et de la place Sainte-Opportune, sur laquelle il porte le numéro 6 ; tout à côté de la maison où, d'après Lefeuve, siégeait la justice du fief, et qui, numérotée 4 *bis*, a conservé son pignon.

Quoique nos bons aïeux couchassent tout nus, même à une époque relativement rapprochée : sous Louis XIV, par exemple, l'usage du linge de corps et de table était plus commun, dès le Moyen âge, qu'on le croit généralement, dans les grandes villes surtout, même pour la classe moyenne et pour les ouvriers de métier, à Paris en particulier.

Parmi les preuves qu'on en pourrait fournir, il faut compter l'intérêt que saint Louis portait à cette corporation des marchandes-lingères encore qu'elle ne figurât pas au nombre des grands métiers dont les statuts avaient été revisés par son prévôt de Paris, Etienne Boileau.

Ce fut, en effet, ce prince qui permit aux lingères et aux vendeurs de menues friperies « d'étaler » le long du cimetière des Innocents jusqu'au marché aux Poirées, c'est-à-dire jusqu'à la rue Berger actuelle. Les « gantiers » étaient établis de l'autre côté de la voie (côté impair), aussi Guillot qui rima son « Dit des rues de Paris » au commencement du XIIIe siècle, mentionne-t-il avec soin la « Lingerie » et la « Ganterie ».

Plusieurs des successeurs de saint Louis confirmèrent le privilège accordé aux marchandes-lingères. Les auvents d'origine ne tardèrent point à être remplacés par des boutiques qui subsistèrent jusqu'à Henri II. Le roi, ayant alors racheté toutes les Halles, vendit cet emplacement à plusieurs particuliers, à la charge d'y construire des maisons qui ont formé la rue de la Lingerie.

Avec une intéressante enseigne du XVIe siècle : « Au bon Samaritain », le côté gauche de cette rue, l'ancienne « Ganterie » de Guillot, a conservé quelques vieilles et curieuses maisons, au milieu desquelles s'ouvre l'arcade de la rue Au Lard ; l'autre côté est tout moderne. Entre les rues des Innocents et Berger, les maisons sont placées sur le sol de l'ancien cimetière ; c'est la « Lingerie » primitive, celle de saint Louis, en reportant toutefois les façades jusqu'à l'axe de la rue actuelle.

L'existence de la corporation des marchandes-lingères est une singularité : c'est, en effet, le seul des cent vingt-quatre corps de métiers qui fut exclusivement exercé par des femmes. Les « gardes-jurées » veillaient avec scrupule aux mœurs et à la moralité tant des « maîtresses » que des « apprenties », toutes rigoureusement catholiques : nulle brebis galeuse dans ce troupeau. Eh ! s'il s'en fût glissée quelqu'une, la sainte Véronique, toujours si fleurie, si bien attifée, au milieu de la « halle aux toiles » eût voilé sa face de ses mains tout enrichies de bagues et de pierreries !

La halle aux toiles était, au reste, domaine exclusif des marchandes-lingères. Les forains n'y pouvaient vendre qu'en gros, et encore par tolérance, et les autres corps et marchands de Paris s'en voyaient sévèrement interdire l'entrée, même pour y acheter.

De cette antique corporation il ne reste plus qu'un souvenir : son hôtel, défiguré, dépouillé de ces jolies boiseries que vante un « Guide de Paris » du xviiie siècle. Transformé en magasin, il a cependant conservé sa porte cochère dont les sculptures gracieuses, quoique empâtées de couleurs vert foncé, sont du meilleur style et méritent d'être regrettées. Sur l'écusson on peut encore lire ces mots qui rappellent la destination primitive :

Bureau des Marchandes-Lingères, 1716.

C'est avec la maison des Orfèvres, encore existante au coin de la rue des Lavandières et de la rue Jean-Lantier, le seul vestige matériel, si je peux parler ainsi, des anciennes corporations marchandes de Paris.

Quant aux marchandes-lingères, elles ont pour ainsi dire cessé d'exister.

Après la suppression des corps de métier, elles continuèrent à étaler et à vendre du vieux linge auprès des Innocents et sous les piliers des Halles, en compagnie des fripiers; on les transféra à la place de Grève, puis au vieux marché du Temple, enfin place Monge, et, aujourd'hui, on les rencontre un peu partout, dans les quartiers excentriques.

Mais... où sont les traditions d'antan ?

V

Les Casernes de Penthièvre et de la Nouvelle-France

Comme les casernes de Lourcine, de la Courtille, de la Nouvelle-France, de Babylone et de la Pépinière, la caserne de Penthièvre qui va disparaître, faisait partie du groupe de cantonnements militaires imposés vers la fin du dix-septième siècle aux bourgeois de Paris, pour se rédimer du logement en nature auquel ils étaient astreints jusque-là.

Les braves bourgeois de Paris versèrent scrupuleusement le montant de la contribution qui leur avait été imposée à cet effet ; mais Louis XIV, accablé alors sous le poids de ses dépenses militaires et civiles, ayant à payer Versailles et Marly, en même temps qu'il faisait face à l'Europe coalisée, paraît avoir affecté à d'autres besoins la plus grande partie des sommes encaissées par le receveur de la Ville. Quoi qu'il en soit, un an après que les travaux eurent été entrepris, la municipalité dut reconnaître qu'elle n'était point en mesure de faire face aux dépenses des constructions en cours.

Dans cette fâcheuse extrémité, la Ville eut recours à Jean Beausire, fameux constructeur à qui l'on doit la création de tout un coin du Marais, et qui a laissé son nom à une petite rue voisine de la Bastille. Beausire paya les entrepreneurs, utilisa les matériaux des casernes commencées, et fit en cette circonstance une de ces spéculations foncières si fréquentes sous l'ancien régime, et dans lesquelles grands seigneurs et traitants « tripatouillaient » de concert.

Quant aux gardes françaises et aux suisses, ils continuèrent à loger chez les habitants, qui, ayant payé, avaient pu se flatter du doux espoir d'être exonérés désormais d'une charge vraiment très lourde.

Les soldats, en effet, n'étant plus sous la surveillance immédiate de leurs chefs et n'étant pas toujours régulièrement payés, se livraient à une foule d'excès. Il n'était pas rare même de les voir piller et voler, ainsi que l'attestent les registres manuscrits du Parlement ; bien plus, en 1721, lorsque Cartouche fut pris avec une partie de sa bande, on découvrit que parmi ses complices se trouvaient des soldats aux gardes.

C'est à ce moment que l'on reprit le projet abandonné sous Louis XIV ; mais il se passa cependant encore bien des années avant qu'on le mît à exécution, ce fut seulement vers 1780 que le maréchal duc de Biron, nommé colonel des gardes françaises, usant de son influence, entreprit enfin la construction des six casernes que nous avons citées plus haut, édifiées sur les dessins de l'architecte Goupy.

Elles étaient spécialement affectées aux gardes françaises.

Ce régiment, qui faisait partie de la maison du roi, était composé de six bataillons, dont chacun comprenait quatre compagnies de fusiliers et une de grenadiers. Les compagnies de fusiliers comptaient chacune 126 hommes; celles de grenadiers, 113.

C'était un corps privilégié ; il n'en était pas moins populaire. Son uniforme séduisant, bleu de roi, agrémenté de blanc, à revers rouges, charmait les Parisiens, parmi lesquels il se recrutait principalement. Et quand il passait dans la rue avec sa moustache en croc, son tricorne crânement posé sur ses cheveux poudrés, l'air martial, éveillé, bon enfant, tous les cœurs volaient au beau garde française. Il était le héros des bals de la Courtille et des Porcherons ; et tous les Téniers et les Vadés du temps ne manquent jamais de le signaler, dans leurs peintures des guinguettes, comme un des éléments du tableau.

Quand éclata la Révolution, dont ils allaient devenir les enfants gâtés, les gardes françaises étaient commandés par le duc du Châtelet qui, par ses tracasseries, se les était aliénés.

Leur séjour permanent au milieu de la population les rendait accessibles à toutes les émotions populaires ; et l'on sait que l'un des premiers épisodes qui précédèrent la prise de la Bastille, fut la collision qui se produisit entre un détachement de royal-allemand et les gardes françaises, devant le dépôt du régiment, c'est-à-dire à l'angle de la rue de la Chaussée-d'Antin et du boulevard.

A la caserne qui va disparaître, la caserne de la rue de Penthièvre, de la rue Verte, comme on disait alors, se rattachent quelques souvenirs de cette fameuse journée du 14 Juillet.

C'est un détachement de la compagnie de Lubersac, qui y était casernée, qu'Elie conduisit à l'attaque de la Bastille, et c'est dans la cour qu'entouraient ces vieilles bâtisses sans grand caractère que, la veille, on avait transporté les canons parqués au Gros-Caillou et, que, dit-on, le maréchal de Broglie avait ordonné que l'on enclouât.

De ces casernes d'autrefois, il ne va plus subsister que celles de Babylone et de la Pépinière.

En effet, la caserne de la *Nouvelle-France*, elle aussi, semble vouée à une démolition prochaine.

La Nouvelle-France! Cette dénomination serait une énigme.... si l'on n'était pas si indifférent que l'on daignât s'en inquiéter.

Autrefois, sous Louis XV, pour ne pas remonter au déluge, on appelait toute cette contrée le faubourg Sainte-Anne, du nom d'une petite chapelle située à la hauteur du n° 77 actuel de la rue du Faubourg-Poissonnière, et le chemin qui la traversait se nommait le chemin des Poissonniers, parce que c'était celui des marayeurs se rendant aux halles.

Il n'y avait alentour que terres labourables, vergers et vignes, bordés de haies et de fossés, au travers desquels le grand égout, suivant la direction des rues actuelles Richer et des Petites-Écuries, promenait ses eaux fangeuses.

A peine voyait-on, çà et là, quelques rares maisonnettes ; toutefois, sur partie de l'emplacement du Conservatoire, le comte de Charolais avait sa petite maison, celle où il abrita ses amours avec la belle Mme de Courchamp.

Le soir venu, la région était aussi dangereuse que maussade ; les *mauvais garçons* venaient y rejoindre les filles qui, le jour, se cachaient dans les carrières de Montmartre, d'où le nom de « pierreuses », qui sert encore à désigner certaines d'entre elles. Et toute cette population, guettant les occasions, s'attardait dans les cabarets groupés proche la petite chapelle, en sirotant le guinguet, ce vin suret qui a enrichi notre langue du mot *guinguette* ou le briolet, ce produit des vignobles de Popincourt et de Ménilmontant, ou bien encore le vin de Montmartre, de grande réputation diurétique :

> C'est du vin de Montmartre
> Qui en boit pinte en p..... quatre.

Quand, à certains jours, on se décidait à quelque grande mesure contre les envahissements de la gueuserie ; quand il semblait utile d'écumer un peu la ville, c'est de ce côté, dans les environs de la rue Bleue, alors rue d'Enfer, en raison du bruit qui s'y faisait et des querelles qui y éclataient, c'est de ce côté qu'on venait faire rafle de vauriens et de vauriennes. Les uns étaient mis à la Salpêtrière, les autres étaient embarqués pour le Canada : la *Nouvelle-France*, et le quartier qui servait à peupler ainsi la colonie lointaine en a gardé le nom.

Dès le règne de Louis XV, la Nouvelle-France tend à se transformer : les voleurs disparaissent, mais les fermiers généraux arrivent. La rue Bergère se couvre d'hôtels luxueux, tel, par exemple, l'hôtel de Sénac de Meilhan, encore subsistant au n° 1, où fut donné ce souper de fausses poissardes dont s'amusa tant Rétif de la Bretonne.

Sanson, l'exécuteur des hautes œuvres, avait, sur l'emplacement du n° 69 de la rue du Faubourg-Poissonnière, une maisonnette dont les jardins devaient, en 1781, livrer passage à la rue Papillon ; l'hôtel des Petites-Écuries du roi s'élèvera l'année suivante et, en 1783, on bâtira l'hôtel des Menus-Plaisirs, dont le Conservatoire a, pour ainsi dire, recueilli la succession.

Mais déjà, et depuis 1772, l'architecte Goupil avait construit, sur un coin de l'enclos Saint-Lazare, une des casernes décidées par le maréchal de Biron pour loger les gardes françaises. Hoche et Bernadotte ont été sergents à la Nouvelle-France, bâtiment que rien ne distingue des autres casernes construites à la même époque. La chambre qu'occupait ce dernier servait, il n'y a pas bien longtemps, de cantine aux sous-officiers. Bizarrerie des souvenirs ! Le plan de campagne de l'armée d'invasion est attribué à Bernadotte, devenu prince héréditaire de Suède et traître à sa patrie, et c'est tout à côté de la caserne de la Nouvelle-France, au n° 51 de la rue Paradis, alors hôtel de Raguse, que fut conclue, dans la nuit du 30 au 31 mars 1815, la capitulation de Paris.

Un intéressant souvenir se rattache encore à la vieille caserne.

Lorsque arrivèrent à Paris les cinq cents Marseillais, que Barbaroux avait demandés à Rébéqui, ce fut à la Nouvelle-France qu'on les logea. Ils rapportaient du Midi, où il était allé s'abattre après avoir traversé la France d'un coup de ses larges ailes, l'hymne glorieux que chantaient les bataillons de l'armée de la Moselle quand les conduisait à l'attaque des lignes de Wissembourg, Hoche, l'ancien sergent de la Nouvelle-France.

VI

Un Coin de Paris

On parle décidément de la démolition des bâtiments du Conservatoire de musique devenus insuffisants. Il serait possible que cette opération coïncidât avec le prolongement de la rue Sainte-Cécile dans l'axe de la rue Montyon.

Ce coin de Paris est, pour ainsi dire, tout neuf, et cependant, le vieil hôtel Fould et le Conservatoire disparus, il n'y restera guère de vestiges des temps écoulés.

A droite et à gauche de la rue actuelle du faubourg Poissonnière, et s'étendant vers le nord, était un vaste espace connu à la fin du quatorzième siècle sous le nom de *Clos aux halliers* ou *Masures de Saint-Magloire*, et, plus tard, de *Champ aux femmes* ou de *Val larroneux*. Il était limité à l'occident, à peu près à la hauteur de la rue de Trévise, par les terrains cédés, en 1261, à l'Hôtel-Dieu, par Geoffroy et Marie, et que le chemin de Montmartre séparait du fief de la Grange-Batelière.

Un chemin qui s'appela dans la suite *chaussée de la Nouvelle France*, et qui est devenu notre rue du Faubourg-Poissonnière, traversait ce terrain dans toute sa longueur, bordé sur chaque côté de marais, de jardins et de cultures.

Une ruelle, la *ruelle au Berger*, dont on a fait la *rue Bergère*, servait de communication entre cette chaussée et le chemin de Montmartre.

Sur le tracé des rues Richer et des Petites-Écuries, un ruisselet, descendant à flots limpides des hauteurs de Belleville, suivait l'ancien lit d'un bras disparu de la Seine. Puis la plaine s'étendait jusqu'au pied de Montmartre, sans ombrages, presque sans maisons. C'est ainsi que, peu de jours après la Saint-Barthélemy, le jeune de Thou, étant venu voir son second frère « qui logeait près de la porte Montmartre, » et conduit par lui sur une hauteur voisine, sans doute notre butte Bonne-Nouvelle, put apercevoir de là Montfaucon, et toute la populace catholique dansant en rond autour du cadavre de Coligny pendu au gibet.

Jusqu'au milieu du dix-septième siècle, l'aspect du territoire ne se modifia guère ; seul le ruisselet dont j'ai parlé se transforma ; il perdit ses eaux fraîches et riantes et, recevant tous les détritus de la ville, entraînant tout par ses affluents naturels ou artificiels, devint rapidement un véritable cloaque courant, un foyer pestilentiel aux basses eaux. Sa transformation fut si complète, que le vieux mot *aigou*, employé autrefois pour signifier un cours d'eau aux flots clairs et frais, perdit du même coup sa signification et son orthographe.

Rien ne rappelle moins le vieux mot *aigues*, eaux fraîches, eaux courantes, qui se retrouve encore dans les dérivés *aiguade, aiguière*, que notre mot *égout*.

Regnard, l'auteur du *Joueur*, dont la maison se trouvait vers l'extrémité de la rue Richelieu, nous a laissé, en quelques vers, un curieux paysage de cette banlieue du « temps jadis : »

> L'œil voit d'abord ce mont, dont les antres profonds
> Fournissent à Paris l'honneur de ses plafonds ;
> Où de trente moulins les ailes étendues
> M'apprennent chaque jour quel vent chasse les nues :
> .... Les yeux satisfaits
> S'y promènent au loin sur de vastes marais.
> C'est là qu'en mille endroits laissant errer ma vue,
> Je vois croître à loisir l'oseille et la laitue ;
> C'est là que, dans son temps, des moissons d'artichauts
> Du jardinier actif fécondent les travaux,
> Et que de champignons une couche voisine
> Ne fait, quand il me plaît, qu'un saut dans ma cuisine.

L'aspect a bien changé, n'est-il pas vrai ?

Abandonnant le projet d'un canal navigable qui eût entouré Paris en suivant la ligne de nos boulevards, croyant n'avoir plus besoin de fortifications pour sa capitale et rêvant pour elle une ceinture imitée de celle de Saint-Germain, Louis XIV, en 1676, fit raser les anciens remparts et commencer sur leur emplacement une longue suite de terrasses plantées, aux bastions ombragés de quinconces. L'exécution de ce travail fut désastreuse pour les terrains avoisinants. Par l'accentuation de la pente des rues qui mènent à nos boulevards, par le déblai considérable des cours des propriétés riveraines, notamment aux n°s 3 et 5 du faubourg Poissonnière où, soit dit en passant, fut arrêté Labédoyère, on peut aisément imaginer que, au moment des pluies, les rues basses devenaient de véritables cloaques et que le sol, constamment dénoyé, restait perpétuellement fangeux, à l'état de marais.

D'autre part les émanations du grand égout (notre ruisselet) et de l'égout de Montmartre (la rive droite de la rue du Faubourg-Montmartre) jusqu'au pont des Porcherons (entre les rues de Provence et Richer), le voisinage bruyant des guinguettes de la *Nouvelle-France* et de la courtille *Coquenard* (rue Lamartine), les exploits des voleurs qui descendaient à la nuit de leurs repaires des carrières de Montmartre pour détrousser le pochard attardé ou le passant inoffensif éloignaient toute idée d'habitation possible.

Cependant, les quartiers du Louvre, de Saint-Honoré et de la butte Saint-Roch ayant été couverts de nouveaux hôtels pendant la Régence, on reconnut la nécessité de reculer les limites de la ville et, pour y attirer les habitants, en même temps qu'on leur accordait quelques privilèges, on décida de creuser à nouveau le grand égout et de le revêtir de murs.

Mais si, pour les folies et les caprices des favorites, le trésor ne s'épuisait jamais ; en revanche, pour les entreprises d'utilité ou, bien mieux encore, de salubrité publique, il était toujours à sec.

Il fallait là beaucoup d'argent et on en n'avait pas. Aussi les travaux s'éternisèrent et, en 1734, le plan dit de Turgot nous montre, sur l'espace circonscrit par les rues des faubourgs Montmartre et Poissonnière, le boulevard Montmartre et la rue Richer, à peine quelques masures de maraîchers, un hôtel, rue Bergère alors finissant en cul-de-sac à la hauteur de la rue de Trévise, hôtel bâti par le président Gilbert des Voisins et qu'a remplacé le Comptoir d'Escompte; un autre hôtel occupant presque tout l'emplacement de la cité Rougemont, habité alors par l'envoyé de Hesse-Cassel; enfin, sur le boulevard même, où fut Brébant, la maison d'un marbrier: Dezègre; puis des jardins, des cultures, et, sur une partie du sol du Conservatoire, la *petite maison* de M. le comte de Charolais.

L'assainissement de ce quartier tenait cependant au cœur du chef de l'État et ce fut à Bouret de Vezelay qu'il s'adressa. Ce fermier-général, fils de laquais, reçut un jour, à titre de pot de vin, la concession du grand égout découvert; il se mit à bâtir et, du coup, mit ce quartier à la mode. Alors on construisit partout, et les hôtels sortirent de terre comme par enchantement. Rue Cadet, l'hôtel de Monaco (*le Grand Orient*), rue Drouot, l'hôtel Daugny (*mairie du neuvième arrondissement*) et l'hôtel de Choiseul (*ancien Opéra*), rue

Bergère, les hôtels Bussy (*hôtel Fould, démoli*), Sénac de Meilhan (*1, rue Bergère*), Lenormand de Mézières (*imprimerie Chaix*), Samuel Bernard (*hôtel Rougemont, sol de la rue et de la cité de ce nom*), enfin l'hôtel qu'occupa Flesselle, mitoyen à l'hôtel Fould et occupant le sol de la rue Trévise, jusqu'à la hauteur de la rue Montyon.

Voici, au sujet de ce dernier prévôt des marchands, une pièce curieuse et presque inédite.

Peu de temps avant l'incendie qui allait anéantir nos dépôts historiques de l'Hôtel de Ville, on avait découvert, dans un petit registre d'état civil spécial, les actes suivants, restés jusque-là inaperçus :

REGISTRE DES ACTES MORTUAIRES DE L'HOPITAL SAINTE-CATHERINE, OU LA MORGUE.

Juillet 1789. — Le dix-septième dud. mois et an, (reçu) autre cadavre d'un particulier dépourvu de sa tête, trouvé mort sur les marches de l'Hôtel de Ville de Paris, et déposé le 14 dud. mois à la basse geôle du Châtelet de Paris, ainsi qu'il appert par l'ordonnance de M. le lieutenant criminel. Signé : Thory.

Plus bas se trouvait l'acte que voici :

Juillet 1789. — Le vingtième jour, même mois et an que dessus, et en vertu d'une même ordonnance signé (sic) Thory (le cadavre dont l'extrait mortuaire est ci-dessus), est celui de M. Jacques de Flesselles, prévôt des marchands de la Ville de Paris, âgé de soixante ans ou environ, natif de Paris, y demeurant, rue Bergère, n° 14, pour être de même inhumé.

C'est à l'hôtel Sénac de Meilhan, dont j'ai parlé, qu'un jour de novembre 1789, Rétif de la Bretonne, qui alors évitait d'autant plus le monde que celui-ci mettait plus d'obstination à sa recherche, fut invité à dîner. M. Sénac de Meilhan, intendant de Valenciennes, était un homme fort aimable, occupé lui-même de littérature légère. Rétif avait eu avec lui quelques relations d'affaires; il céda sans doute à ces considérations et se rendit chez lui, rue Bergère, à l'issue de l'Assemblée nationale. Il pouvait être trois heures; on attendait encore deux dames et plusieurs messieurs. A quatre heures et demie tout le monde étant arrivé, on se mit à table. Rétif fut placé entre une sorte d'amazone aux mouvements mâles, à la voix haute, au regard assuré, qu'on lui dit être M™e Denis, marchande de mousseline rayée, et une autre dame, plus timide ou plus fière, à qui l'on ne donna point de qualité. Les autres convives étaient un petit homme propret, en surtout de laine blanche; un beau garçon de vingt à vingt-cinq ans, à physionomie ouverte; un quatrième un peu boiteux, et deux autres qu'il ne remarqua point. On causa politique; la marchande de mousseline demanda à diverses reprises : « Que dit le peuple ? » Elle fit beaucoup d'amitiés à Rétif et lui demanda la permission d'aller le voir, ce qu'il n'eût garde de refuser. Bref le repas fut des plus animés. Rétif, d'ordinaire renfrogné et taciturne, devint fort éloquent dès qu'on le mit sur le chapitre de ses ouvrages ; il charma tout le monde par le feu et l'abondance de son élocution, surtout Mme Denis, surtout l'homme à la physionomie ouverte.

Le lendemain, voici le billet qu'on lui remit de la part de M. de Meilhan :

Mme Denis, marchande de mousseline rayée, est la duchesse de Luynes, l'autre dame, la comtesse de Laval; le beau-fils qui se faisait nommer Nicodème, Mathieu de Montmorency ; l'homme un peu âcre, un peu boiteux, l'évêque d'Autun ; l'homme au surtout blanc, l'abbé Sieyès. C'est pour vous que cette compagnie est venue. On m'avait chargé de vous inviter.

L'hôtel des Menus-Plaisirs, devenu le Conservatoire de musique, occupait tout l'emplacement entre les rues Bergère et Richer et tout le sol de la rue du Conservatoire. Quand il fut bâti, en 1783, on pouvait se donner autant d'espace qu'on en avait trouvé l'année précédente, de l'autre côté du faubourg Poissonnière, lorsqu'on y avait établi les Petites Écuries du Roi, et le terrain à prendre ne fut limité que par le parcours du grand égout. Il y eût tout d'abord un théâtre dans le nouvel hôtel. On le sait par Collé qui fit jouer ses comédies et ses parades. Les répétitions des opéras et ballets qui devaient se jouer à la Cour s'y faisaient : de plus on y exerçait les protégés et surtout les protégées des seigneurs, qui se destinaient au théâtre. De là l'origine de la petite salle encore existante, et sur laquelle fut entendue pour la première fois la charmante partition de J.-J. Rousseau : *le Devin du village*, dont le succès faillit faire mourir Rameau de jalousie. Les artistes les plus célèbres du temps, Molé, Fleury, Dugazon, en furent les premiers professeurs. Talma y forma son génie. L'année 1789, qui fut mortelle à tant d'institutions, vit tomber cette école naissante.

Heureusement Sarrette eut la pensée d'en réunir les débris, dans l'espoir de leur rendre une vie nouvelle et du sein de la nouvelle école sortirent tous les instrumentistes des quatorze armées qui, en 1793, hérissèrent de leurs baïonnettes républicaines nos frontières menacées.

VII

Les Haudriettes

Le nouveau palais de la Cour des Comptes, œuvre de C. Moyaux, le très habile architecte de l'Institut, s'élève assez lentement à l'angle des rues Cambon et du Mont-Thabor, là où fut le couvent des *Filles de l'Assomption*.

Ces Filles de l'Assomption s'appelaient jadis les « Bonnes femmes de la chapelle d'Haudry », et, plus communément les « Haudriettes »; leur origine vaut d'être rappelée.

Etienne Haudry, ayant suivi saint Louis en Terre-Sainte, s'attarda au retour. Il alla péleriner à Saint-Jacques de Compostelle; et, sans nouvelles de lui, Jeanne-la-Dalonne, sa femme, lasse d'attendre sous l'orme conjugal, fit vœu de chasteté et se retira, pour y vivre en prière, dans une maison qui lui appartenait en propre.

Cette maison était située rue de la Mortellerie, et son emplacement est compris dans le jardin particulier du préfet de la Seine. J'ajouterai que la rue de la Mortellerie, actuellement rue de l'Hôtel-de-Ville, tirait son nom de Richard-le-Mortelier, c'est-à-dire « le Maçon », ces deux mots étant synonymes en vieux langage.

Etienne Haudry revint quand on ne l'attendait plus; et, pour faire dénouer l'aiguillette, il dut s'adresser au Pape qui lui imposa de fonder un hôpital destiné à recueillir un certain nombre de femmes pauvres et veuves.

Haudry s'exécuta et il dota assez richement l'hôpital, notamment de propriétés sises au Marais du Temple, en la rue Jehan-l'Huillier, laquelle, après avoir été rue de l'Echelle-du-Temple, en raison d'une échelle patibulaire que le Grand-Prieur de France y avait fait élever, est devenue la rue des Haudriettes.

Cet hôpital fut administré par des femmes qualifiées de *femmes hospitalières*, et présidées par une maîtresse ; mais il arriva, dans cet hôpital, ce qui est arrivé dans plusieurs autres : les administrateurs s'emparèrent insensiblement et jouirent des biens des administrés. Au commencement du dix-septième siècle, si les « Bonnes Femmes d'Haudry » prenaient toujours le titre d'*hospitalières*, et leur maîtresse celui de *supérieure*, on n'y voyait plus de pauvres veuves. Cette maison s'était transformée en un simple couvent, dont les habitantes avaient oublié et leurs vœux et les causes de la fondation de leur ordre.

Leur conduite n'était pas, en effet, s'il faut en croire les mauvaises langues, ni très édifiante, ni très régulière : on nopçait ferme et on festinait fort dans l'hôpital de messire Haudry. Quoi qu'il en fût, l'irrégularité de cette communauté sans caractère religieux bien défini préoccupa le cardinal Duperron, grand aumônier de France, qui tenta, sans y parvenir, de faire rentrer les Haudriettes sous la règle de Saint-Augustin et de les instituer en communauté régulière.

Le mérite de cette réforme, si mérite il y a, revint au cardinal de Larochefoucauld, son successeur. Il est vrai que ce prélat qui, lisant son bréviaire dans les rues, faisait arrêter son carrosse quand il était aux *Oremus*, croyant que Dieu ne pouvait entendre sa prière à cause du bruit, ne paraît avoir poursuivi son dessein que dans le but de se défaire, à bons deniers comptant, de l'hôtel qu'il possédait rue Saint-Honoré.

Les Haudriettes, devenues « les Filles de l'Assomption », s'y installèrent le 6 septembre 1622 ; bientôt elles arrondirent leur domaine, et, en 1670, nous les trouvons faisant bâtir, sur les dessins de Charles Errard, ancien directeur de l'Académie royale de peinture, l'église qui subsiste sur la rue Saint-Honoré.

Le couvent fut supprimé en 1793 et, sur une partie de son emplacement, on a prolongé la rue de Luxembourg, en 1802, et, l'année suivante, ouvert la rue de Mondovi. A la première de ces voies publiques, précédemment rue Neuve-de-Luxembourg, on a donné, en 1879, le nom du conventionnel Cambon qui y demeurait, au numéro 15, dans les premiers temps de la Révolution.

Quand Pache, maire de Paris, eût proposé aux bons citoyens d'envoyer leurs souliers à l'armée, qui en manquait, Cambon fut le seul conventionnel qui défera à cette proposition. Pendant plusieurs jours il siégea en sabots à la Convention. Proscrit sous la Terreur, un rémouleur du quartier Saint-Antoine le cacha. Sa femme, arrêtée, aima mieux se laisser guillotiner, le 8 Thermidor, que de révéler l'asile de son mari.

Curieuse coïncidence, sur le fronton de la porte qui s'ouvrait dans le mur de clôture du vieux couvent, une plaque en marbre noir portait ces mots à demi-effacés : *Archives du Ministère des Finances.* C'est là, en effet, que se trouvait, il y a quelques mois encore, le double du Grand Livre de la Dette publique, créé en 1793, sur l'iniative de Cambon, alors membre du comité de Salut public et de celui des finances.

Du couvent aujourd'hui disparu, successivement dépôt des farines, atelier d'armes, caserne, il restait des constructions assez curieuses, dont la façade noire, triste et sombre, contrastait singulièrement avec les hautes, blanches et modernes bâtisses d'alentour; il restait encore une terrasse élégante avec balustrade en fer forgé et à laquelle montait un escalier à balustres en pierre d'un grand style, un réfectoire aux poutres saillantes où se réunissaient trois fois par décade les députés robespierristes, et aussi une partie du cloître où les Haudriettes allaient pleurer sur les austères renoncements que leur imposait l'intempestif vœu de « benoiste dame Haudry ».

Ce cloître, construit sur les dessins de Clément Métezeau, n'était séparé du presbytère de l'église de l'Assomption que par un mur relativement peu élevé ; et, en 1871, l'abbé Deguerry, curé de la Madeleine, habitait ce presbytère, précisément en face de la maison où Robespierre inspira un si tendre amour à cette fille du menuisier Duplay, que Dubois-Crancé avait surnommée *Cornelie Copeaux*.

Dans la nuit du 4 au 5 avril, on vint pour arrêter l'abbé Deguerry, et on forçait la porte au moment où, à peine vêtu, il parvenait à franchir le petit mur dont je parlais tout à l'heure, et à se réfugier dans le cloître.

Mais l'abbé, craignant de compromettre par sa présence les surveillants des archives du Ministère, se fit ouvrir la porte de la rue Cambon, et sortit.

Aussitôt arrêté, il fit alors le premier pas vers le mur de ronde de la Grande-Roquette.

VIII

Feu le Café d'Orsay

Il n'y avait encore par là, à la fin du dix-septième siècle, que des chantiers de bois couvrant les terrains vagues qui s'étendaient entre la rue de Lille, alors de Bourbon, et les berges de la Seine. Quelques méchants cabarets où Vadé viendra faire ses fredaines, s'y trouvaient aussi : c'était la *Grenouillère*; et cette dénomination ne venait pas de l'état du sol, mais des mœurs de ceux qui y fréquentaient : « Grenouiller, dit le dictionnaire de Trévoux, c'est s'ivrogner à la manière des gens de néant. »

Ce fut Germain Boffrand, le célèbre architecte nantais, qui, le premier, en 1714, fit élever de ce côté une maison de grande apparence, dont il plaça l'entrée dans la rue de Bourbon (de Lille) et les jardins sur le quai que l'on venait de construire et qui fut appelé d'Orsay, en l'honneur de Charles Boucher, seigneur d'Orsay, alors prévôt des Marchands. Cet hôtel porte aujourd'hui les numéros 70 et 72 sur la rue de Lille; il a été habité par le maréchal Ney.

Bientôt après Boffrand, le marquis de Seignelay fit bâtir l'hôtel suivant, où Mme de Tencin précéda Eugène de Beauharnais ; puis la princesse douairière de Conti, l'hôtel qu'occupe l'ambassade d'Allemagne, qui s'est annexé la partie subsistante de l'hôtel du maréchal d'Humières, édifié en 1721, et que le boulevard Saint-Germain a fortement ébréché. En cette même année, Fr. Bruand construisait pour le maréchal de Belle-Ile, petit-fils de Fouquet, l'hôtel de la Caisse des Dépôts et Consignations, incendié en 1871, et réédifié sur les mêmes plans, mais avec un luxe architectural qui en a dénaturé le caractère.

On l'achevait quand Robert de Cotte, premier architecte du Roi, bâtit, sur l'emplacement du numéro 52 de la rue de Lille, une maison qui, après avoir été l'hôtel d'Harcourt, fut louée à des particuliers, parmi lesquels je citerai le maréchal Jourdan et l'abbé Edgeworth de Firmont, qui accompagna Louis XVI sur l'échafaud. On doit également à cet architecte, qui imagina de placer des glaces au-dessus des cheminées, le numéro 1 du quai d'Orsay, maison double à l'origine et dont la première entrée, encore parfaitement visible, était incorporée dans la devanture du café d'Orsay.

Il a été célèbre, ce café d'Orsay ! Sous le premier Empire, les officiers de la garde impériale en avaient fait leur lieu de rendez-vous ; et, plus tard, quand le « Petit Tondu » fut à Sainte-Hélène et que les gardes du corps eurent remplacé la Garde dans la caserne voisine, le café d'Orsay devint souvent le théâtre de ces querelles entre Blancs et Bleus, dont on a trop donné le monopole au café Lemblin (Galeries du Palais-Royal, n° 101).

Le café d'Orsay fut, plus tard, « l'Estaminet » de quelques gens de lettres et d'artistes qui aimaient à s'y réunir pour jouir de ce soleil couchant unique à Paris, quand le Louvre se revêt d'une richesse de tons merveilleux.

Barbey d'Aurevilly y fréquentait, faisant cingler sa badine, commandant un « Vespétro » une liqueur maintenant disparue, troublant les consommateurs par l'éclat de sa voix mordante et par ses apostrophes qui soulevaient, ou des étonnements ou des tempêtes de rires. Aussi Alfred de Musset s'assit à ces tables; c'est là que Léon Cladel lui fut présenté. Le poète de *Rolla* s'était incliné sans rien dire. Il avait toute sa barbe, l'œil éteint, hébété. Devant lui était un verre où verdissait deux doigts d'absinthe. Il le regardait comme s'il en avait peur, le prenait, l'approchait de ses lèvres, puis, sans boire, le remettait brusquement sur la table. Il recommença ainsi trois fois. A la troisième, d'une gorgée, il avala l'absinthe et en demanda une autre.

Alors le gérant, un ancien boucher, s'approcha, lui dit qu'une nouvelle absinthe lui ferait mal. Musset se releva en s'appuyant du dos à la muraille, et, allongeant son bras vers le gérant avec un geste de mépris souverain, il dit : — Vous, à l'étal ! — Puis il s'écroula sur la banquette.

Le 15 mai 1848, s'il faut en croire quelques historiens, George Sand aurait harangué la foule de la fenêtre qui s'ouvre sous le balcon le plus proche de la rue du Bac ; c'est dans le cabinet qu'elle éclaire que Mᵐᵉ Santerre se trouvait en compagnie du prince d'Orange, un soir de 1878, quand son mari tenta de la surprendre en flagrant délit. Mais la maison savait respecter le secret des cabinets particuliers et le rendre inviolable, surtout pour les maris. On déguisa en marmiton la trop folâtre jeune femme ; et, coiffée d'un béret blanc, une manne sur la tête et les pieds dans des chaussons empruntés à un aide de cuisine, elle put s'évader sans encombre par un petit escalier.

Du reste, cette maison de Robert de Cotte est toute peuplée de souvenirs.

Au premier étage, à l'angle de la rue du Bac, M. Pailleron occupa l'appartement qui avait été celui de d'Argental, l'ami fidèle d'Adrienne Lecouvreur, bien connu par sa longue liaison avec Voltaire, qui vint l'y visiter le soir de sa rentrée triomphale à Paris.

Il faut encore citer parmi les locataires, le maréchal de camp, marquis de Chastellux, qui y mourut, et, sous la Restauration, le peintre Robert Lefèvre que la Révolution de 1830 rendit fou.

IX

Le Théâtre Louvois

Dans la deuxième moitié du xviie siècle, l'architecte Chamois construisit pour Louvois un vaste hôtel, ayant façade sur la rue de Richelieu et prolongeant ses jardins jusqu'à la rue placée sous l'invocation de sainte Anne, patronne de la reine-mère, Anne d'Autriche.

Cet hôtel occupait l'emplacement du square Louvois, le sol des rues Louvois, Rameau, Lulli et aussi celui des maisons élevées en bordure des premières.

La veuve du ministre de Louis XIV l'habita après lui, et la vieille demeure était encore intacte, conservait encore son grand aspect, quand, en 1784, le marquis de Louvois en résolut le lotissement, favorisé par l'ouverture de trois rues : deux parallèles, les rues Louvois et Rameau, et une perpendiculaire à celles-ci, la rue Lulli.

Seule, la première fut immédiatement percée ; et l'autorisation royale renferme cette prescription intéressante que les maisons à élever devront être munies de trottoirs.

C'est qu'en effet, l'usage des trottoirs ne date que de 1782.

La première rue qui en fut pourvue est la rue de l'Odéon, alors rue du Théâtre-Français. Formés de minces pavés de grès soutenus par une bordure en pierre de taille, on avait eu l'étrange idée de les protéger de distance en distance par de petites bornes demi-circulaires, dites « bornillons », qui s'élevaient à la hauteur des trottoirs et faisaient saillie sur la chaussée.

Les trottoirs de la rue de Louvois étaient encore ornés de ces bornes incommodes. Néanmoins on la considéra comme une des belles rues de Paris, et « les Beaujolais », chassés du Palais-Royal où on leur avait interdit les *opéras-comiques*, la choisirent pour y faire élever un nouveau théâtre dont Brongniart, le futur architecte de la Bourse, fit les dessins.

L'ouverture de ce théâtre, dont de grands pilastres décoraient l'entrée, fut saluée ainsi qu'une merveille par les Parisiens. Le lustre portant des lampes à la Quinquet — une nouveauté d'alors (on était au mois d'août 1791) — excita surtout l'enthousiasme.

On y jouait l'opéra dialogué et la comédie; et Mme Ducaire en était *l'étoile*.

Mais le succès n'eut qu'une durée éphémère, et la fortune naissante du théâtre Louvois, devenu, en 1793, le théâtre des Amis de la Patrie, fut bientôt étouffée par l'infatigable et célèbre Montansier, infatigable jusqu'à épouser à soixante-dix-huit ans un danseur de corde.

A travers des péripéties diverses, le morcellement de l'hôtel Louvois s'était, en effet, poursuivi. C'est ainsi, par exemple, qu'en 1786, on avait établi un atelier de carrosses et cabriolets en carton, précisément sur les terrains occupés aujourd'hui par le square Louvois.

La librairie était-elle déjà dans le marasme ? Point ne le sais, et, après avoir signalé le fait, je ne veux l'accompagner d'autre commentaire que ce passage emprunté au *Miroir de Paris* : « Cette industrie, écrit Prudhomme, procurait l'écoulement d'un grand nombre d'ouvrages qui pourrissaient dans les magasins des libraires. Ainsi les auteurs, qui ne trouvaient pas leurs productions dans les bibliothèques, les rencontraient dans les rues, métamorphosées en voitures, qui les éclaboussaient sans pitié. »

Les carrosses et cabriolets en carton paraissent avoir eu une existence assez courte, puisque nous voyons la Montansier acheter ces terrains de l'hôtel Louvois qu'ils occupaient, et y faire construire par Louis, l'architecte du Palais-Royal, un vaste théâtre : le Théâtre National, dont l'ouverture eut lieu le 17 août 1793, jour de l'exécution du général Custine.

La Montansier, qui faisait jouer des pièces où accourait tout Paris, excita de vives jalousies.

Sous le fallacieux prétexte que son théâtre faisait courir de grands risques d'incendie à la Bibliothèque Nationale, on lui chercha noise et, finalement, on la fourra en prison. La salle fut confisquée au profit de la nation et, quand l'artiste reconquit sa liberté après avoir accepté une transaction que le gouvernement n'exécuta d'ailleurs jamais, les acteurs de l'Opéra y étaient déjà installés.

Le théâtre National prit alors le nom de théâtre des Arts. En face de l'entrée latérale du théâtre, sur la rue Rameau, récemment ouverte, on avait établi un magasin de décors.

Ce magasin de décors disparut vers l'an VI, et un café, le café du *Rendez-Vous*, prit sa place. C'est entre ce café, n° 3 actuel, et la porte latérale du théâtre que, le 13 février 1820, à onze heures du soir, Louvel assassina le duc de Berry.

Et ce fut un garçon de ce café, Paulmier, qui arrêta l'assassin sous l'arcade Colbert, couvrant l'issue de la rue Colbert sur la rue de Richelieu et détruite lors de la reconstruction de la Bibliothèque.

On sait que le prince fut transporté dans une pièce de la direction du théâtre ; mais ce qu'on sait moins, c'est l'histoire du lit improvisé sur lequel il mourut, après avoir recommandé à la bienveillance de la duchesse ces deux petites Anglaises, ses filles, qui devinrent dans la suite la princesse de Lucinge et la baronne de Charette.

Il n'y avait point de lit au théâtre des Arts ; on courut donc chez un tapissier du nom de Duriez, établi rue Rameau, n° 6, chercher un lit de sangle avec un traversin et un matelas, sur lequel on plaça la royale victime. Peu de temps après, Duriez réclama son lit, et, comme on ne lui répondait pas, il rédigea un mémoire et s'adressa pour le faire imprimer au libraire Pitou, rue Lulli, n° 1. Celui-ci l'imprima à ses frais, exigeant toutefois, à titre de gratification, que lui serait donné le traversin ayant servi au duc de Berry.

Le mémoire à peine paru, Duriez fut largement rémunéré, seulement on ne voulut pas lui rendre le lit, qui lui avait été payé dix ou douze fois sa valeur; et Pitou, très chagrin de n'avoir pas son traversin, intenta un procès à Duriez qu'il fit condamner à cinq cents francs de dommages-intérêts.

L'assassinat du duc de Berry entraîna la démolition du théâtre des Arts, et voici comment :

L'archevêque de Paris (c'était, je crois, le cardinal de Talleyrand-Périgord) refusa de porter le viatique au mourant parce qu'il agonisait dans un théâtre, endroit damnable, et, pour vaincre sa résistance, il fallut que le roi décidât préalablement la désaffectation de l'édifice.

Et les portes en furent fermées, et la démolition en fut résolue.

Alors, des âmes pieuses émirent le vœu que l'on construisît une église sur cet emplacement; toutefois, la politique eut le pas sur la religion, et des royalistes formèrent une souscription à l'effet d'ériger un monument expiatoire en l'honneur du fils du comte d'Artois.

Un monument expiatoire !

La révolution de Juillet, trouvant inachevé, comme les grandes œuvres dont parle Virgile, la chapelle rachitique et bossue dessinée par Moutier en collaboration avec Malpièce, la mit bas sans plus de façon ; et, à l'édifice projeté, on substitua une place plantée d'arbres, au milieu de laquelle Visconti, en 1844, a élevé la fontaine actuelle, aidé d'un sculpteur de talent, Klagmann, peut-être trop oublié aujourd'hui.

Qu'était donc devenu pendant ce temps le petit théâtre Louvois ?

Mlle Raucourt en avait eu la direction, et on l'avait alors appelé le Théâtre français de la rue Louvois. Mais, c'était sous le Directoire, La Rochelle, dans les *Trois frères rivaux*, eut, un soir, le jeu trop parlant.

Il jouait le laquais Merlin ; et quand son maître apostrophant le drôle : « Merlin, vous êtes un coquin ! Merlin, vous finirez par être pendu ! » La Rochelle avait souri d'une mine si comique et si approbative que la salle avait trépigné d'aise.

Les directeurs étaient susceptibles ; le théâtre fut fermé le 21 fructidor an V.

Occupée ensuite par les *Troubadours*, puis par les danseurs Ravel et Forioso, la salle fut restaurée sur les dessins de Peyre et Clément, et réouverte le 17 floréal an IX (7 mai 1801). — Picard, le spirituel auteur des *Marionnettes* et de la *Petite ville* exploita ce théâtre, devenu Théâtre de l'Impératrice, jusqu'en 1808; c'est là qu'il donna ses plus jolies pièces. Depuis, un Théâtre-Italien y fut établi sous les directions successivement malheureuses de Mme Catalani et de Paër ; il servit ensuite de magasin au Théâtre des Arts, qui y communiquait par un pont en fer jeté au-dessus de la rue Louvois, ainsi qu'en témoignait encore une porte très visible dans la façade, à la hauteur du premier étage.

Après l'assassinat du duc de Berry, les artistes du Théâtre des Arts y donnèrent quelques représentations, avant d'aller occuper la salle Favart, où ils demeurèrent jusqu'au moment où s'ouvrit, rue Le Peletier, la nouvelle salle d'opéra, construite dans les jardins de l'ancien hôtel de Choiseul et incendiée le 23 octobre 1873.

Tombé dans une cruelle décadence, le théâtre Louvois servit ensuite de dépôt des décors de l'Opéra-Comique, et il a conservé cette affectation jusqu'à ces derniers temps.

On l'a démoli, ce vieux théâtre, un des derniers de la période révolutionnaire, pour construire, sur l'emplacement qu'il occupait, une maison d'école.

Et, ainsi qu'un symbole, le grand peuplier du square Louvois, le dernier arbre de Liberté qui soit à Paris, élevant sa cime au-dessus des maisons, abritera de son puissant ombrage l'école où iront se rendre libres, en s'instruisant, nos tout petits.

X

Le Passage du Saumon

Les passages, qui jouirent autrefois d'une vogue si grande, disparaissent (tel le passage Delorme), ou languissent abandonnés et poussiéreux (tels le passage de l'Opéra, les galeries Colbert et Vivienne tant d'autres encore). S'ils n'offraient, en temps de pluie, un abri momentané, les *vieux marcheurs*, seuls, en connaitraient encore l'existence.

Aussi, la disparition du passage du Saumon était à prévoir.

C'était, je crois, le doyen des passages parisiens : il est indiqué sur un plan de 1763, non pas, sans doute, à l'état de galerie couverte, mais de voie privée abritant toute une population de marchands forains, comme, aujourd'hui, la cité Berryer, une sorte de ruelle reliant la rue Royale à la rue Boissy-d'Anglas.

Son nom, il le devait à une enseigne, les *Deux Saumons*, désignant, dès le commencement du xvi° siècle, une auberge où débarquaient les voitures de marée. En ce temps-là, Paris finissait tout proche, puisque la porte Montmartre, deuxième du nom, était située exactement entre la rue d'Aboukir et la rue Saint-Sauveur que l'on appelait, en raison de sa situation à l'extrémité de la Ville la rue du Bout-du-Monde. Et les alentours de la porte Montmartre n'étaient garnis que de pauvres et malingres habitations, à cause d'un égout à ciel ouvert qui, après avoir longé la rue Saint-Sauveur, descendait un peu la pente de la rue Montmartre pour s'engouffrer sous terre à l'endroit où s'ouvre aujourd'hui la rue Mandar.

La puanteur suffoquante de cet égout, qui ne fut voûté que sous Henri IV, éloigna longtemps les bourgeois et les gens aisés. Par contre, les gueux pullulaient ; c'est ainsi, par exemple, que la cour Jussienne, qui a son entrée rue Montmartre, 47, n'était autre qu'une succursale de la cour des Miracles qu'abritait la vieille chapelle dédiée à sainte Marie-l'Egyptienne, une sainte qui gagna bien singulièrement l'auréole.

A cet égout dont je viens de parler, et précisément dans le tout petit coin qui nous occupe, se rattachent deux souvenirs.

Jacques Vergier, auteur de contes en vers justement oubliés, fut assassiné dans la nuit du 22 août 1720, à quelques pas de l'ouverture qu'il présentait à la hauteur de la rue Mandar. Vergier sortait du *Soleil d'Or*, ce cabaret dont la curieuse enseigne subsiste au 84 de la rue Saint-Sauveur, où fréquentait avec quelque assiduité Lagrange-Chancel, l'auteur de quelques méchants vers contre le Régent. On dit alors que Vergier avait été assassiné par erreur, que c'était Lagrange-Chancel que devait frapper l'estaffier du duc d'Orléans ; et la malveillance ne désarma pas quand, un peu plus tard, le *Craqueur*, un des hommes de la bande de Cartouche, eut fait les aveux les plus explicites, et déclaré ne s'être attaqué à Vergier qu'à cause des quelques écus dont il était porteur.

L'autre souvenir date de la réaction thermidorienne.

Dans la soirée du 1er février 1795, quelques *collets-noirs* (la « Fille de Madame Angot » les a popularisés) se portèrent dans les différents théâtres et renversèrent les bustes de Marat et de Le Peletier de Saint-Fargeau qui y étaient exposés. Cinq ou six de ces bustes, restés intacts, furent traînés dans les ruisseaux et jetés, finalement, dans l'égout de la rue Montmartre. Quelques heures après, une foule vint y précipiter encore un vase de nuit renfermant les cendres du mannequin d'osier, figurant Marat, que l'on venait de brûler dans la cour du couvent des Jacobins (Marché Saint-Honoré). Cet épisode a donné naissance à la légende, encore volontiers acceptée, du corps de Marat jeté à l'égout.

L'égout de la rue Montmartre disparut quand, en 1827, l'architecte Rohault de Fleury reconstruisit le passage du Saumon, tel qu'il existait en dernier lieu, au moins dans ses parties principales.

Les passages-galeries étaient alors fort à la

mode, et, depuis le succès du passage des Panoramas, ouvert en 1808 sur l'emplacement du panorama de Bouton et Daguerre, la spéculation les multipliait.

Cependant, en dépit du voisinage du fameux Rocher de Cancale, en dépit du petit théâtre de jeunes artistes un peu prétentieusement appelé théâtre Molière, qui s'y établit, le passage du Saumon n'eût qu'une fortune très relative. Il devint, au commencement du deuxième empire, la propriété du général Ben-Ayet, qui s'était exilé plus ou moins volontairement de Tunis avec une soixantaine de millions, et ses galeries sombres, étriquées, se vidèrent peu à peu, tandis que les écriteaux de boutiques à louer devenaient sans cesse plus nombreux à chacune de ses issues.

D'ailleurs, avec les données modernes de l'hygiène, on admet difficilement de semblables agglomérations ; puis, nos rues plus larges et nos trottoirs plus spacieux ont rendu aisée la douce flânerie impossible à nos pères, ailleurs que dans les passages. Le progrès les a condamnés, et, franchement, il n'y a pas lieu de s'en émouvoir.

XI

L'Abbaye-aux-Bois

Un nouveau tronçon du boulevard Raspail va s'ouvrir. Il écornera, en se prolongeant, les murs de l'*Abbaye-aux-Bois* qui, déjà menacée d'un autre côté par l'agrandissement commencé du carrefour de la Croix Rouge, verra disparaître, en sus, ses jardins et les deux ailes bordant sa cour.

L'*Abbaye-aux-Bois* est le nom d'une institution dépaysée qui avait perdu sa solitude et ses ombrages.

En 1202, Jean de Nesle, châtelain de Bruges, et Eustachie, sa femme, fondèrent dans le diocèse de Noyon une abbaye au milieu des bois. Quatre cents ans après, le passage des gens de guerre et les incursions de l'ennemi vinrent troubler cette douce retraite, si profondément ignorée du monde qu'elle ignorait.

Or, il se trouva que des religieuses « Annonciades des dix vertus » allaient être expulsées par leurs créanciers, du couvent qu'elles avaient fondé, en 1640, sur le chemin conduisant à Sèvres, non loin de ce carrefour, au milieu duquel se dressait une croix peinte en rouge qui lui a laissé son nom. Il paraît que payer ses dettes était une onzième vertu que les Annonciades ne possédaient point.

Les vierges exilées de l'abbaye picarde vinrent se réfugier dans le couvent en déconfiture, « comme des oiseaux du désert, vaincus par la fatigue, s'abattent sur un monument ». Elles espéraient bien aussi ne faire que s'y reposer, mais les événements trompèrent leur attente et leurs désirs. Hélas! il n'est pas si aisé qu'on le pense de rentrer dans les bois quand on les a quittés!

Et voilà comment, depuis 1654, il se trouve une Abbaye-aux-Bois dans la rue de Sèvres.

Les bâtiments actuels, à la façade haute et sombre, surmontés de toits à la couverture de tuiles grises et accompagnés d'une église sans clocher, datent du xviiie siècle. C'est la duchesse d'Orléans, princesse palatine et mère du Régent, qui en posa la première pierre, cérémonie qu'elle a contée dans sa *Correspondance* d'une fort piquante façon, suivant sa coutume :

« Je suis revenue hier soir (*8 juin 1718*), à dix heures, de Paris où j'avais été à onze heures du matin, écrit-elle, pour assister à une longue et ennuyeuse cérémonie dans un couvent qu'on nomme l'Abbaye-aux-Bois. Il s'agissait de poser la première pierre d'une église que l'on construit. On est venu à ma rencontre avec des tambours, des fifres, des trompettes, etc., etc... »

L'Abbaye-aux-Bois méritait telle marraine. Ce

fut par excellence une hôtellerie dévote, une retraite aimable de femmes de grand nom : Mme de Poissy, Mme de Mérode, Mme de Vintimille, Mlle de Ravignan, toutes dames avoisinées d'un confesseur et vivant l'absolution sous la main.

Pendant la Révolution, la jolie abbaye devint une maison d'arrêt ; puis, elle fut vendue, comme bien national, en 1797. Cinq ans plus tard, en 1802, l'église fut rendue au culte, comme succursale de Saint-Thomas-d'Aquin, affectation qu'elle a conservée jusqu'en 1856. Quant au couvent, il se reconstitua sous la Restauration, et, dans sa retraite, un certain nombre de dames, qui avaient joué dans le monde un rôle plus ou moins brillant, vinrent chercher la paix qu'elles n'y trouvèrent pas, car il leur manquait pour cela deux conditions essentielles : l'oubli et l'humilité. Parmi les plus illustres, nous citerons : Mmes de Séran, de Gouvello, d'Hautpoul, la duchesse d'Abrantès et, surtout, Mme Récamier.

La *belle Juliette* s'y était retirée dès qu'elle eut compris que l'heure où sa beauté allait baisser et pâlir était arrivée. — « Ah ! ma chère amie, répondait-elle à quelqu'un lui faisant compliment sur son visage, il n'y a plus d'illusion à se faire. Du jour où j'ai vu que les petits Savoyards, dans la rue, ne se retournaient plus, j'ai bien senti que tout était fini ! »

Elle se trompait ; elle ne tint jamais plus de place dans le monde que quand elle fut dans cet humble asile de l'Abbaye-des-Bois, à l'extrémité du Paris d'alors.

Elle habitait au premier étage de l'aile gauche, et dans son salon, le dernier salon littéraire, où Chateaubriand régnait en souverain, le vicomte de Montmorency, chef suprême du parti ultramontain, avait établi son quartier général. Et c'est dans ce salon, dans cette chapelle, allais-je dire, dans la demi-obscurité savante des abat-jour et des discrets chuchotements, que se préparaient les élections académiques.

C'était l'hôtel de Rambouillet de notre siècle, où fréquentaient Ampère, le duc de Noailles, Lebrun, Falloux, Montalembert et le bon Ballanche qui, habitant en face, au numéro 17, n'avait que la rue à traverser.

C'est dans ce sanctuaire que Lamartine lut ses premières *Méditations*, et que Victor Hugo fut salué « Enfant sublime » par l'auteur d'*Atala*.

Un jour du mois de mai 1831, cette maison, habituellement si calme, fut, tout à coup, envahie par une foule s'écrasant autour d'un cercueil : celui de l'abbé Grégoire, évêque de Blois, un de ceux que la Restauration avait chassés de l'Institut ; les autres étaient Carnot, David, Lakanal, Monge, Sieyès.

Grégoire demeurait au numéro 44 de la rue du Cherche-Midi, dans la même maison que Garat, son collègue à la Constituante, aux Conseils du Directoire, au Sénat et à l'Institut.

Gravement malade et se considérant toujours comme prêtre, il avait demandé les sacrements de l'Église ; l'archevêque de Paris exigea qu'il rétractât d'abord son serment à la Constitution civile du clergé. Grégoire refusa ; « c'est alors, dit M de Ménorval, que l'abbé Guillon, un ancien condisciple de Robespierre, un prêtre qui avait refusé le serment civique, puis s'était rapproché des Bourbons et, après bien des *avatars*, était devenu aumônier de la reine Marie-Amélie, osa se passer du consentement de l'archevêque, et, jugeant qu'en une telle circonstance l'humanité devait l'emporter sur la discipline, donna l'extrême onction au mourant, qui expira le 28 mai ». Et comme la chapelle de l'Abbaye-aux-Bois était alors la première succursale de Saint-Thomas-d'Aquin, l'autorité civile dût faire ouvrir les portes que l'intolérant prélat avait fait fermer au convoi d'un homme de bien.

L'Abbaye-aux-Bois vit, aujourd'hui, un peu sur sa célébrité d'autrefois. La communauté de femmes qui, sous le nom de Congrégation de Notre-Dame, en occupe les bâtiments, ne tend point aux bruyants éclats, et, depuis belle-lurette, ce n'est plus là qu'il faut aller chercher l'exequatur académique.

XII

L'Orme de la rue Saint-Jacques

Au printemps de 1899, des savants se sont réunis, ainsi que des morticoles, pour opiner sur l'état de santé d'un arbre.

L'arbre dont il s'agissait n'est pas, d'ailleurs, le premier venu : c'est l'orme bien connu qui, majestueusement, se dresse au milieu de la cour d'honneur de l'Institution des sourds-muets, celui que M. Rivet, le sylviculteur émérite, a appelé « le plus bel arbre de France, et peut-être de l'Europe ».

Son tronc robuste, dont le tour ne mesure pas moins de six mètres au ras du sol, s'élève bien au-dessus des maisons d'alentour, à une hauteur de quarante-cinq mètres : la hauteur de son voisin, le clocher de Saint-Jacques du Haut-Pas, où Blaise Pascal, en 1653, renouvela sa fameuse expérience sur l'impossibilité du vide et la pesanteur de l'air.

Bien qu'on eût pu croire que ce vieillard se ressentait des siècles qui ont passé sur lui, son existence n'était point menacée : il faut s'en réjouir.

L'expression est trop forte? Pourquoi donc?

— C'est presque un monument historique que

cet arbre, et, sans qu'on paraisse s'en douter, il évoque toute une époque disparue.

On sait, en effet, qu'un usage, sur l'origine duquel on n'est pas bien fixé, voulait qu'un ou plusieurs ormes fussent plantés devant les églises ou devant les presbytères de campagne. On s'y rassemblait dans la belle saison, avant ou après la messe dominicale; on y concluait des mariages, des marchés, et, si la nature des arrangements pris, des affaires qu'on y avait commencées ou sommairement conclues exigeait une nouvelle entrevue, on se donnait dans ce cas un rendez-vous positif pour un dimanche ou un jour de fête déterminé, et on se quittait en se disant :

« Si vous arrivez le premier, attendez-moi sous l'orme! »

Depuis longtemps cette formule, devenue proverbiale, ne s'emploie plus que dans un sens ironique, pour faire entendre qu'on attendrait vainement. On pourrait peut-être lui donner une signification tout autre. Voici pourquoi :

Lorsque le régime féodal eut été constitué, que la justice fut passée aux mains des feudataires, les juges ou baillis seigneuriaux, que nos juges de paix remplacent, établirent le siège de leur juridiction aux porches des églises, en hiver; sous l'orme traditionnel, en été. Ce fut là, pendant des siècles, que les parties se présentèrent pour discuter les litiges survenus. — *Attendez-moi sous l'orme* pourrait donc être l'équivalent de la formule moderne : « Je vais vous envoyer du papier timbré. »

C'était encore sous l'ombrage de l'orme seigneurial que les vassaux se rendaient, à des jours précis, pour régler les rentes ou censives féodales. Telle fut la destination de l'orme Saint-Gervais, qui s'élevait au débouché de nos rues Lobau, de Brosse et François-Miron, à quelques mètres en avant de cette façade que Voltaire, un peu légèrement paraît-il, a placée au nombre des merveilles de l'art français.

Le vieil orme Saint-Gervais, épargné par la Révolution parce qu'il avait un air de famille avec l'arbre de la Liberté, a été détruit par le gouvernement impérial qui, comprenant la liberté autrement, le fit couper par le pied, en 1806. Mais, pour nous rappeler les souvenirs du Paris aux coutumes féodales, il nous reste mieux que la curieuse enseigne, aujourd'hui toute dépaysée dans la rue du Temple où on l'a transportée lorsqu'on construisit la mairie du quatrième arrondissement ; il nous reste mieux que les balcons, si curieux cependant, des maisons perchées sur les marches qui dominent l'extrémité de la rue François-Miron, et dont le motif central représente l'orme de Saint-Gervais ; il nous reste l'orme de la rue Saint-Jacques.

Il date de la fin du règne de Charles IX. En 1572, les religieux de Saint-Magloire, dont le monastère se trouvait rue de Saint-Denis, entre les rues Rambuteau et Aubry-le-Boucher, durent se transporter à l'hôpital Saint-Jacques du Haut-Pas, dont l'origine remontait au xiie siècle. Il fallait bien qu'ils cédassent les bâtiments qu'ils occupaient aux Filles Pénitentes, Catherine de Médicis s'emparant du couvent de celles-ci pour la construction d'un vaste palais, dont il ne reste plus, rue de Viarmes, que la tour de guette.

Les religieux de Saint-Magloire avaient droit de haute et basse justice ; ils le conservèrent sur le nouveau domaine qui leur fut attribué en compensation, et ils ne manquèrent pas de planter dans la cour de leur demeure l'orme coutumier sous lequel siégea leur bailli, sous lequel on vint acquitter les redevances de leur fief.

Cet orme est celui dont la santé, je l'ai dit, donna des inquiétudes : c'est l'arbre historique de Paris par excellence, car il en est encore d'autres dans notre chère ville cependant si bouleversée.

Il y a, par exemple, au Jardin des Plantes, le *Cèdre du Liban*, présent du médecin anglais Collinson à Bernard de Jussieu. Ce cèdre, qui date de 1735, n'est pas, d'ailleurs, le seul arbre historique de ce merveilleux jardin, si cher encore à ceux que n'a point atteints le snobisme contemporain.

Voici les *Palmiers éventails* de l'Orangerie, donnés à Louis XIV par Charles III, margrave de Bade-Dourlach ; un peu plus loin, le premier acacia planté en Europe, au moins le prétend-on. Sur l'étiquette que portait cet arbre, il y a quelques années, on lisait : « ROBINIA, *faux acacia*; premier acacia cultivé en Europe, planté par M. Vespasien Robin en 1635 ». La nouvelle étiquette, plus circonspecte, porte seulement : « ROBINIA PSEUDO ACACIA, *acacia virginiensis spinosa* (Amérique septentrionale), introduit en France par Julien Robin en 1601 ; planté par Vespasien Robin en 1636 ».

Quoi qu'il en soit, l'administration du Muséum prend le plus grand soin de ce pensionnaire, dont les branches supérieures sont depuis longtemps maintenues par des armatures.

Puisque j'ai parlé des cèdres, je rappellerai qu'un de ces arbres magnifiques fut, lors de la transformation de Bercy en entrepôt, transplanté au parc des Buttes-Chaumont, dont il est encore un des plus beaux ornements.

Il en est un autre, quai Debilly, n° 20 ; un cèdre bien vieux que Sophie Arnould vit bien jeune, et dont les rameaux toujours verts débordant au-dessus de la grille, projettent sur le quai leur éternel ombrage.

Faut-il parler du « marronnier du 20 mars » ? Il est trop connu ; mais ce que l'on ignore généralement, c'est le nom de celui à qui nous devons les peupliers dont la verdure égaie si bien les abords du Pont-Royal et du quai d'Orsay : c'est à Vigier, garçon baigneur chez Poitevin, qui paraît avoir singulièrement plu à Mme Poitevin, laquelle devint Mme Vigier, lorsqu'elle fut devenue veuve.... bien subitement, disaient les mauvaises langues de ce temps-là.

Mais moi, qui ne veux point écouter les médisances, je me souviendrai seulement que si le terre-plein du Pont-Neuf a sa croupe gracieusement voilée d'ombre ; si les saules et les tilleuls se mêlant à sa base font un élégant taillis de ce cap longtemps aride, c'est à Vigier qu'on le doit.

Il y a encore l'arbre de la Banque qui faisait rêver ce bon Monselet et l'arbre de la Liberté du square Louvois ; je signalerai encore un autre arbre de la Liberté, celui du square de Montrouge, et puis je m'arrêterai à cet arbre *si parisien* qui, il y a une quinzaine d'années, se mit à pousser tranquillement entre les pierres du fronton de la grande porte de l'administration de l'Opéra.

On aime les arbres à Paris, tout le monde sait cela ; on a donc religieusement respecté ce parasite, qui, aujourd'hui ajoute sa frondaison anémiée aux lignes architectoniques de Garnier.

Pour Dieu, qu'on n'y touche pas... c'est presque un symbole !

XIII

Le Monument de Desaix.

Il y a quelques années, les omnibus de Batignolles-Clichy-Odéon, pour un motif qu'on n'a jamais pu connaître, venaient s'engouffrer dans la place Dauphine, pour en ressortir après avoir pivoté autour d'un monument décrépit et très laid : la fontaine Desaix.

La Commission du Vieux Paris l'a récemment découvert, ce monument, dans la nécropole artistique que la Ville possède à Auteuil ; elle en a énergiquement réclamé la restauration sur un point quelconque, au milieu d'un square, d'une promenade, d'une place ou d'un carrefour.

Finalement on doit le rétablir dans un des parterres (?) de la place Dauphine. Comme celle-ci est généralement assez déserte, il n'y a pas grand mal.

Desaix a eu dans Paris un buste et une statue, bien avant que l'on plaçât, dans une des niches du pavillon de Rohan, l'image en pierre que Farochon a sculptée... avec peu de talent. Il est le premier de nos grands hommes qu'on ait « statufiés ».

Ce fut le 25 prairial an XI (14 juin 1802), jour

anniversaire de la bataille de Marengo, que le premier consul inaugura la fontaine tumulaire et triomphale décrétée depuis deux ans à la mémoire de Desaix. Elle se dressait au centre de la place Dauphine, alors de Thionville, et elle avait été érigée au moyen d'une souscription patriotique, couverte en partie par l'armée d'Égypte.

Le projet du monument avait été mis au concours; et un contemporain nous assure que les artistes, membres du jury, eurent à se prononcer entre plus de cent dessins.

Si celui du statuaire Fortin fut choisi, qu'étaient donc les autres? Car le goût, même le moins sévère, n'a jamais adopté le monument Desaix.

Il s'élevait au milieu d'un bassin circulaire où l'eau tombait par quatre mascarons de bronze; sur le piédestal, œuvre bien digne de Percier et Fontaine, un éphèbe, écrasé sous un casque gigantesque, menaçait d'une couronne un buste presque aussitôt fendu par la gelée : on peut croire que Fortin avait eu l'intention d'y représenter Desaix.

Il semblerait, au reste, qu'un sort fâcheux poursuivît, au delà du tombeau, le « Sultan juste », dont l'étoile, au dire de Denon, n'était d'ailleurs qu'une nébuleuse, et les deux monuments qu'il eut à Paris n'ont d'intéressant que leur destinée.

En 1810, au centre de la place des Victoires, là même où se dresse actuellement la belle statue de Bosio, on érigea une statue monumentale de

Desaix, créée avec le bronze des canons pris à l'ennemi par l'armée du Rhin. Le général était représenté en Romain, uniquement vêtu de son baudrier, suivant le goût de l'école de David.

La nudité de cette statue, conception malheureuse d'un artiste de talent, Claude Dejoux, offensa gravement la pudeur des habitants du quartier ; et le mécontentement se traduisit par ce placet adressé au gouvernement :

> Le général Desaix, très modeste en sa gloire,
> Demande à haute voix qu'on cache son histoire.

Cette colossale et inconvenante nudité demeura sur son socle, comme toute penaude, voilée et entourée de charpentes souillées d'affiches multicolores, jusqu'au mois de septembre 1815. A cette époque, le gouvernement de Louis XVIII la relégua, démontée par morceaux, dans des magasins, où elle resta sans emploi jusqu'en juillet 1816, moment des premiers essais de fonte pour la nouvelle statue en bronze de Henri IV ; on sait que la première avait été détruite en 1792.

Et ainsi nous voici revenus devant cette vieille place Dauphine, aujourd'hui si délaissée, après avoir été, au temps de sa jeunesse, une des merveilles de Paris.

Alors, les maisons neuves aux lucarnes historiées, alignaient leurs riantes façades de briques et de pierres blanches. D'un côté, la place s'ouvrait sur le Pont-Neuf, le boulevard des Italiens de l'ancien Paris, toujours encombré de curieux et de baladins, d'étrangers, de flâneurs et de marchands ambulants ; de l'autre, les constructions s'écartant, donnaient accès à la voûte sévère et largement écussonnée de l'hôtel de *M. le Premier*, autrement dit du Président du Parlement.

Et, dès le milieu du xviie siècle, le jour de la Fête-Dieu, après les processions, à l'heure si bien décrite par Mercier, où les enfants faisaient des reposoirs dans la rue, avec des chandeliers de bois, des chasubles de papier, un dais de carton, un petit soleil d'étain, la foule s'y portait encore pour voir l'exposition des tableaux des jeunes peintres, appendus pendant une heure ou deux seulement le long des maisons encore tendues de tapisseries anciennes et ornées de branches vertes.

La place Dauphine fut donc, en réalité, le premier « Salon » ; et le public y avait pris goût à ce point que, longtemps après la création des « Salons académiques », à l'hôtel Brion, puis ailleurs, on continua d'aller visiter l'exposition de la place Dauphine et que son succès se perpétua jusqu'à la Révolution.

Alors, la foule n'envahit plus la vieille place que quand le canon d'alarme, tiré sur le terre-plein du Pont-Neuf, appelait à la défense de la Patrie en danger les volontaires de 1792.

Puis, la solitude se fit, et, longtemps, jusqu'en 1874, il n'y eut plus là pour ornement (!) et pour provoquer l'attention que le hideux monument que l'on propose de restaurer.

La grande statue de Desaix (*celle de la place des Victoires*) a fourni, à elle seule, la moitié à peu près du métal nécessaire à la fonte de la statue équestre du roi Vert-Galant, œuvre de Lemot ; le surplus provient tant de la statue de Napoléon, destinée à être placée sur la colonne de Boulogne, que de celle qui était sur le faîte de la colonne Vendôme, créée des canons pris à Ulm et à Vienne.

Ainsi, originairement et matériellement, les victoires de nos armées républicaines et impériales ont fourni le bronze de cette figure narquoise du plus populaire des Bourbons, qui, en outre, porte dans son bras droit une petite statuette de l'Usurpateur, d'après le modèle de Taunay, introduite subrepticement par le ciseleur Mesnel.

Les statues, comme les livres, ont-elles donc leurs destins ?

XIV

Le Moulin de la Charité

De nombreux moulins égayaient autrefois les hauteurs de Paris et de ses environs.

Vus de loin, on aurait pu les prendre pour des sentinelles avancées gardant la ville, de près ils perdaient cet aspect belliqueux. — Le peuple se réunissait sous leurs tonnelles pour boire le vin clairet et manger de la galette chaude, et, le soir, à l'ombre du chèvre-feuille et de l'épine-vinette, plus d'un mariage s'y faisait, sans tabellion ni curé.

Presque tous ces moulins ont disparu ; et la tradition ne se conserve qu'à Montmartre où, sans médisance,

> Il se frippe plus de jupons
> Qu'il ne se blute de farine.

Le moulin de l'abbaye de Longchamp, trop restauré, n'est plus, en effet, qu'un moulin d'opéra-comique; la tour d'un moulin de Passy, enclavée dans la maison qui porte le n° 86 de la rue de la Tour, passe couramment pour être l'ultime vestige d'un manoir de Philippe le Bel, et le dernier moulin de la rive gauche, le moulin de la Charité, se cache dans un coin du cimetière du Montparnasse.

Le Conseil municipal en a décidé la restauration : il n'était que temps.

Ce moulin, construit au commencement du xviie siècle par les frères de Saint-Jean de Dieu ou de la Charité, attirés à Paris par Marie de Médicis, est davantage qu'un débris, il s'y rattache le souvenir des querelles théologiques qui, au siècle dernier, divisèrent si profondément l'Église de France et l'amoindrirent.

Les jésuites, zélés partisans de la doctrine ultramontaine de l'espagnol Molina, l'ayant adopté pour but des promenades de leurs écoliers du collège Louis-le-Grand, les élèves des autres collèges ne l'appelèrent plus que le moulin *Moliniste*. Aussitôt, le moulin des Cornets, situé à l'angle de l'avenue du Maine et de la rue de Vanves, où fréquentaient de préférence les jeunes gens que dirigeaient les Oratoriens, fort attachés à la doctrine de Port-Royal, devint, par réciprocité, le moulin *Janséniste*.

Aussi bien, tous ces moulins, semés sur l'emplacement actuel du quartier de Plaisance, avaient des qualifications particulières : celui du Montparnasse était le moulin des Douleurs ; celui de la Vierge, dont le nom est rappelé par une rue, le moulin de la Rédemption ; le moulin Fortvêtu, situé vers l'angle des avenues de Montsouris et d'Orléans, le moulin des Lurons; le moulin de Beurre, celui des Plaisirs.

Et cette dernière dénomination n'était pas trompeuse.

La vogue du moulin de Beurre qui agitait ses quatre ailes garnies de toiles là où s'élève la chapelle Notre-Dame de Plaisance, balança celle du fameux moulin de Javel. Vers la fin du règne de Louis XV, grandes dames et abbés au petit collet venaient y jouer à la bergerie; plus tard, pendant la Restauration, le moulin de Beurre, dont la mère Saguet dirigeait les destinées, resta un rendez-vous de gaîté quoiqu'il fût moins florianesque.

En ce temps-là, Emile Debraux, le chansonnier, Thiers, Mignet, David d'Angers, Charlet, Désaugiers, Armand Carrel, Gavarni, Victor Hugo, Deveria, et tant d'autres dont le siècle s'honore, en étaient les clients habituels. La société se nommait, en été, les *Joyeux*; l'hiver, elle se transformait en *Frileux*, et se réunissait rue de Sèvres, n° 59.

Horace Vernet ne venait jamais au moulin de Beurre sans un cor de chasse; et quand on servait un lapin, il sonnait l'hallali, à la grande joie de Béranger, à qui le vin de la mère Saguet a inspiré plus d'un refrain.

Je ne saurais rappeler ici les souvenirs de tout ce bataillon de moulins groupés aux alentours; d'ailleurs, Charles Sellier les a contés, ces souvenirs, avec sa verve spirituelle et son élégante érudition, et puis... ils sont trop ! Revenons donc au moulin de la Charité.

Après l'expulsion des Jésuites, en 1762, et pendant la Révolution, la dispersion des frères de Saint-Jean-de-Dieu, dont l'hôpital subsiste rue Jacob, le moulin resta ouvert et le meunier continua à y vendre de la galette, à y servir ses pichets. Mais, en 1824, lors de la création du cimetière du Montparnasse, il se trouva englobé dans l'enceinte de la nécropole, et il servit alors de logement aux gardiens.

Peu à peu, cependant, les bâtiments se dégradèrent.

Il y a une dizaine d'années, il fallut les évacuer, puis les démolir.

Aujourd'hui, la tour nous reste seule avec son toit en poivrière et son épaisse tapisserie de lierre d'où, au printemps, toutes les pierrettes du voisinage jettent leur bonnet par-dessus les moulins... d'autrefois.

XV

Rue de Chaillot

Une à une, les vieilles maisons de la rue de Chaillot disparaissent, frappées par l'alignement inexorable. Mais quoique ces bicoques, pour la plupart des hôtelleries où fréquentent les Dorines et les Frontins sans place, ne manquent pas d'un certain pittoresque, et offrent même, entre chien et loup, un curieux aspect, un tableau original de mœurs, il serait surabondant de se lamenter sur leur disparition, aussi fatale que prochaine.

Cette espèce d'oasis miséreuse, aux incertaines atmosphères, est choquante aux centres des quartiers luxueux qui la dissimulent, la cachent, ainsi que, dans les familles, l'on fait d'une ancêtre compromettante ou déclassée.

Et c'est bien, en effet, une ancêtre que cette agglomération disparate. — Exactement sur l'emplacement qu'elle occupe se trouvait, dès l'époque gallo-romaine, un hameau de bûcherons, ainsi à proximité de la forêt du Rouvray, dont notre bois de Boulogne est un vestige ultime. Cette destinée première survit d'ailleurs dans le nom lui-même : « Chaillot », d'origine celtique, indique un lieu situé au milieu des bois.

Peu à peu, des défrichements répétés reculèrent les limites des bois, et Chaillot devint un village de cultivateurs, auquel menait, à travers les champs et les vignes, un chemin dont la rue qui nous occupe a épousé une partie du tracé.

A l'extrémité méridionale de ce chemin, sur le côté du square du Trocadéro qui longe la rue de Magdebourg, Catherine de Médicis, l'infatigable bâtisseuse, avait fait élever quelque chose comme une maison de plaisance qui, sous Louis XIII, appartenait au maréchal de Bassompierre. — Quand il l'acheta, raconte cette mauvaise langue de Tallemant des Réaux, la reine-mère lui dit : « Hé, pourquoi avez-vous acheté cette maison ? c'est une maison de bouteilles ! — Madame, répliqua-t-il, je suis Allemand. — Mais ce n'est pas être à la campagne, c'est le faubourg de Paris ! — Madame, j'aime tant Paris, que je ne voudrais jamais en sortir. — Mais ce n'est bon qu'à y mener des g...! — Madame, j'y en mènerai. »

Le fit-il ? C'est au moins probable, étant donné le sire. Quoi qu'il en soit, le lieu est depuis longtemps purifié. En effet, vingt ans plus tard, Henriette de France, fille de Henri IV et veuve de Charles Ier d'Angleterre, transforma le manoir seigneurial et y établit un couvent de Visitandines.

Ce couvent a été la grande illustration de Chaillot, comme Bassompierre en avait été le seigneur en vedette. La reine Henriette y séjourna longtemps ; Mazarin y fit élever ses nièces, et Mlle de La Vallière, avant d'entrer aux Carmélites, s'y réfugia à deux reprises différentes ! la première fois, le roi vint la reprendre ; la seconde, il l'y laissa.

La belle époque des Visitandines passa. Leur dernière grande dame fut la veuve du régent, Mlle de Blois, cette fille légitimée de Louis XIV et de Mme de Montespan. Après cette princesse, le couvent ne fit plus parler de lui, et quand on le démolit, à la Révolution, il n'était déjà plus, pour ainsi dire, depuis longtemps.

A l'autre bout de la rue de Chaillot, du côté des numéros impairs et dans le voisinage immédiat des Champs-Élysées, se trouvait une abbaye de Sainte-Geneviève, longtemps connue sous le nom de Notre-Dame-de-la-Paix. Elle devint abbaye de Sainte-Perrine en 1746, et, en 1806, un homme bienfaisant, M. Duchayla, fonda dans ses bâtiments vidés par la Révolution, un asile de retraite pour les vieillards, qui, modifié depuis, mais toujours prospère, a été transféré à Auteuil quand le percement de l'avenue de l'Alma entraîna la démolition de l'ancien couvent des génovéfaines.

Avant cette opération de voirie, contemporaine de tant d'autres, le territoire de Chaillot, qui s'étendait jusqu'à l'allée des Veuves, aujourd'hui avenue Montaigne, tout ce territoire avait conservé pour ainsi dire son aspect champêtre d'autrefois, du temps où les dames de Chaillot jouissaient d'une réputation qu'il est inutile de préciser, du temps où Manon Lescaut et des Grieux allaient y chercher la solitude.

En ce temps-là, s'il était de bon ton de venir à la fraîche manger des « friandises » chez le pâtissier du pont d'Antin, un ponceau jeté sur le grand égout, et qui enjambait l'avenue des Champs-Élysées à la hauteur de la rue du Colysée, il était de coutume, pour les bourgeois et les boutiquiers, d'aller, le dimanche, manger une gibelotte dans une des nombreuses guinguettes de Chaillot, dont les carrières regorgeaient de lapins.

Alors aussi, grands seigneurs et financiers avaient par là de somptueuses « folies », dont les jardins ont laissé tant d'agréables souvenirs dans les traditions parisiennes.

C'étaient, à droite, le moulin Beaujon, formant perspective au fond de la chartreuse que la rue Balzac traverse aujourd'hui de part en part ; à gauche, le Jardin d'hiver, dont la rue de Marignan a renversé les toitures vitrées ; plus haut, le jardin de l'hôtel Marbeuf, devenu le bal d'Idalie au commencement de ce siècle, un peu au-dessous de la rue de Chaillot ; plus haut encore, sur l'ancienne « pelouse », le Jardin des fleurs, où, sur une estrade en plein air, débuta une chanteuse belge devenue célèbre dans les fastes de l'Opéra-Comique : Mme Marie Cabel.

Et dans la rue de Chaillot elle-même, combien de souvenirs!

Bailly aurait demeuré dans une maison que remplace le numéro 75 actuel, et Barras est mort au numéro 70 (ancien); au numéro 16 (ancien), l'astronome Babinet encombrait son appartement de livres poudreux jonchant le parquet; puis, au hasard, le vaudevilliste Théaulon, le docteur Pinel, le bibliographe Debure, Mme Émile de Girardin (Delphine Gay), le général J.-H. Bataille, combien d'autres encore, sans oublier le père Fipps, le doyen des tailleurs en vieux, mort à cent quatre ans, après avoir exercé son métier pendant quatre-vingt-quinze ans!

Une célébrité de la rue de Chaillot, célébrité bruyante, ce fut Cora Pearl, qui habitait au numéro 101 (ancien), l'hôtel qu'occupa plus tard Blanche d'Antigny.

Cora, avec sa devise: *Parare subjectis et debillare superbo*, était bien de celles qui, suivant Marie de Médicis, devaient fréquenter en la maison de Bassompierre.

XVI

Le Tombeau de La Vallière

Je parlais tout à l'heure de Mlle de La Vallière, à propos du couvent des Visitandines de Chaillot; et voici que je veux en parler encore, après une visite au couvent des Carmélites de la rue Saint-Jacques dont les modestes bâtiments, derniers témoins d'une prospérité d'antan, occupent l'angle des rues Denfert-Rochereau et du Val-de-Grâce.

Bordé de maisons sur la rue Saint-Jacques, où l'on retrouve encore une porte d'entrée qu'encadrent quelques dépendances, aux numéros 182 et 184, il s'étendait jusqu'au boulevard actuel de Port-Royal, les religieuses y succédaient à un prieuré de moines de Marmoutiers, installé là depuis le xie siècle.

Les Bénédictins durent céder la place quand, en 1602, Catherine d'Orléans, duchesse de Longueville, poussée par quelques dévots qui lui offraient le titre de fondatrice, eut obtenu du roi, grâce à l'appui de Marie de Médicis, tous les pouvoirs nécessaires à l'établissement à Paris d'un monastère de Carmélites de la réforme de Sainte-Thérèse.

Les bâtiments d'habitation, dont les religieuses

prirent possession le mercredi 24 août 1605, avaient été reconstruits pour elles, mais on avait conservé l'église, édifice considérable du xiie siècle, sous lequel s'étendait une vaste crypte, aujourd'hui encore subsistante et accessible aux fidèles pendant l'octave de Saint-Denis, où, racontent les légendes du diocèse, ce saint aurait rassemblé les premiers chrétiens.

Quoi qu'il en soit, dès le septième siècle, on peut tenir pour certaine l'existence en cet endroit d'une église placée sous l'invocation de Notre-Dame-des-Vignes, ou Notre-Dame-des-Champs.

Le couvent des Carmélites fut, dès l'origine, un des plus brillants de Paris ; et il était de mode, pour ainsi dire, que les plus grandes dames vinssent y faire retraite, y pleurer momentanément leurs péchés, les vicissitudes de la vie mondaine et les dangers de la cour.

Un jour, le 21 avril 1674, la lourde porte se referma sur Mlle de La Vallière, et jamais plus elle ne se rouvrit pour elle.

Il ne faudrait pas croire, d'après certains passages des lettres de Mme de Sévigné, que l'existence y fût douce à la pénitente. Les règles du Carmel sont sévères et la duchesse ne se déroba à aucune d'elles.

Toutes les cellules se ressemblent dans un couvent de cet ordre. Quatre murs nus, une porte, une fenêtre. Pour meubles, un bois de lit en façon de cercueil, renfermant une paillasse de longue paille, piquée et dure ; des draps de serge. A côté, une chaise de paille. Pour ornement, un crucifix. Au réfectoire, égale simplicité : une cuillère de bois, une écuelle de terre, un petit pot de faïence. Cuisine à l'avenant, toujours maigre ; lait, fromage, légumes ; par extraordinaire, du poisson. On se lève tôt, à cinq heures du matin ; on se couche tard, à onze heures ; et pendant cette longue journée, prieure, professes, novices, postulantes, tout le monde travaille.

On lessive, on balaye, on lave la vaisselle, et non pas un jour, non pas une semaine, non pas en manière de distraction passagère, mais aussi longtemps que la prieure le commande et jusqu'à ce qu'on soit relevée de son emploi.

A ce régime, les postulantes, peu épargnées, sont vite en état de savoir si cette vie leur convient ; il ne leur reste qu'à faire connaissance avec l'habit.

Le 30 juin qui suivit le jour de son entrée, Louise de La Vallière reçut l'habit bénit par l'archevêque de Paris, puis, se retirant avec les religieuses, elle dépouilla pour jamais ses vêtements de duchesse, prit le calice, l'habit de laine grossière, chaussa ses pieds nus des alpargates, sorte de chaussons de corde sans talons, et revint se prosterner devant l'autel : elle n'était plus que sœur Louise de la Miséricorde.

Moins d'une année plus tard, la foule envahissait l'église des Carmélites. On y remarquait Monsieur, frère du roi, Madame, Mademoiselle, fille d'Henriette d'Orléans, Mme de Guise, la duchesse de Longueville, Mlle de Scudéry, tous les personnages de la cour. La reine avait pris place à la tribune des religieuses ; à ses côtés, sœur Louise, qui, dès la veille, avait prononcé ses vœux au chapitre, et, dans la cérémonie de ce jour, allait recevoir le voile noir des professes.

Bossuet monta en chaire ; puis, alors que l'assemblée était encore sous l'impression de la parole de l'évêque, la pénitente descendit de la tribune.

A ce moment de la cérémonie, la mère prieure prend la nouvelle professe par la main et la conduit à une sorte de petit jardin, dessiné au milieu du chœur des religieuses. Là, entre ces fleurs, qui ne semblent plus être que la bordure d'une tombe, la religieuse s'étend face contre terre et on la recouvre d'un voile noir.

Alors un frisson parcourut l'assemblée, les larmes jaillirent, tandis que La Vallière, morte au monde, se relevait vivante en son Dieu.

Pendant près de trente-sept ans, Louise vécut là ; enfin, un jour de juin, de ce beau mois où elle avait fait son entrée à la cour ; où, à Fontainebleau, elle avait inspiré et subi cette passion si longtemps expiée par elle, elle trépassa.

Et une tradition populaire veut qu'elle repose encore, gardant au doigt l'anneau reçu de l'homme qu'elle avait uniquement aimé, sous les dalles de ce charmant petit oratoire, curieux spécimen de l'architecture du commencement du xvii⁰ siècle, qui, au numéro 17 de la rue Nicole, sert de bureau à un entrepreneur de menuiserie.

Rien n'est plus faux.

Les Carmélites ne portent pas d'anneau.

Sœur Louise n'eût pas, d'ailleurs, gardé celui que n'avait jamais eu le droit de porter Mlle de La Vallière : et on l'inhuma comme toutes ses sœurs en religion, non pas dans cet oratoire dont elle fut la « sacristine », mais quelque part dans le vaste enclos qui l'entourait et que traverse maintenant la rue Nicole.

Puis, sur le tertre de terre qui la recouvrit, et conformément aux usages de l'ordre, on posa une petite pierre portant son seul nom de religieuse et la date de sa mort : 6 juin 1710.

Ce qui n'empêche que, dans le quartier, on appelle toujours le petit édicule de la rue Nicole : le « Tombeau de La Vallière »,

Hélas ! les temps incléments ont dispersé votre dépouille, comme la tempête révolutionnaire celle de votre royal amant, douce sœur Louise de la Miséricorde !

XVII

Le P'tit Lazari

Entre la place de la République et les rues de Saintonge et d'Angoulême, le boulevard du Temple s'ouvre en tranchée. A gauche, perchées sur une sorte d'esplanade, quatre maisons (numéros 42, 44, 46 et 48) restent, comme pour indiquer l'ancien tracé, quand le boulevard se continuait jusqu'à la rue du Temple.

L'une de ces maisons, le numéro 42, a de tristes annales. C'est là que le sous-lieutenant Anastay assassina la baronne Dellard, et cette maison, construite en 1842, a remplacé celle où Fieschi avait perpétré l'attentat du 28 juillet 1835.

Or, sur cette esplanade, on a placé un banc et, sur ce banc, il y a quelques années, un petit vieillard venait s'asseoir tous les jours. Les gamins faisaient bientôt cercle autour de lui; alors il se levait, et, gesticulant, il criait : « Prrrenez ! prrrenez ! prrrenez vos billets ! Vous allez voir ce que vous allez voir !... » Tout à coup, il s'interrompait, jetait alentour des regards effarés : « Ah ! mon Dieu ! disait-il, ça n'y est plus ! » Puis il retombait assis, pleurant à chaudes larmes.

Un soir, il ne se releva pas. Il était mort, le pauvre Bambochinet, l'ancien « crieur » du « Petit Lazari »; il était mort sur son boulevard chéri, aussi près que possible de l'endroit où il avait lutté de bonne humeur et de lazzis avec Bobèche, ce roi de la parade.

Et quand les journaux ont annoncé, il y a quelques jours (février 1900), la mort d'Ernest Bienfait, un très vieux comédien, peut-être le doyen des artistes de la scène, j'ai été m'asseoir sur le banc favori de Bambochinet, et là, démolissant par la pensée la bâtisse immense qui porte le numéro 50, j'ai évoqué quelques-uns des souvenirs de ce pittoresque « P'tit Laz' », où débuta Bienfait, et dont elle couvre l'emplacement. *Campos, ubi.*

Le nom de Lazari n'était, à vrai dire, qu'une sorte d'enseigne. Jamais Lazari, le mime charmant qui n'eut de rival que La Porte, le fameux Arlequin du Vaudeville, jamais Lazari n'en foula les planches.

Le théâtre qu'il dirigea au boulevard du Temple, et dont il fit la réputation, était situé là où se trouve le numéro 40. Il avait été construit en 1777 par Tessier, qui en voulait faire une sorte de scène d'essai pour les élèves chantants et dansants de l'Opéra, idée reprise plusieurs fois sans grand succès, notamment par les entrepreneurs de la salle Chantereine (rue de la Victoire, 47) et de l'école lyrique (rue de la Tour-d'Auvergne, 22).

Des mains de Tessier, le théâtre des élèves de l'Opéra passa dans celles de Parisot, singulier homme qui, d'avocat, s'était fait auteur, acteur, directeur. Parisot, raconte Édouard Fournier, condamné à mort par le tribunal révolutionnaire, monta sur l'échafaud en même temps que le général de division Lamarlière, qui s'avisa de haranguer l'honorable assistance, de déclarer qu'il avait toujours été et qu'il mourait républicain. Comme il n'en finissait pas, Parisot s'impatienta : « Hé ! citoyens, ne l'écoutez donc pas, s'écria-t-il ; c'est un f... menteur ; il est aristocrate, plus aristocrate que moi, et ça n'est pas peu dire ! »

La salle des élèves de l'Opéra fut ensuite occupée par un industriel montrant des « jeux pyrrhiques », puis, en 1790, par les Beaujolais, que le privilège accordé à la Montansier chassait de leur salle, la même qui sert aujourd'hui au théâtre du Palais-Royal. Par malheur, les Beaujolais n'y parurent que pour cesser tout à fait l'année même de leur installation. Le « Lycée dramatique » les remplaça. Le menuisier Cauvin présidait à ses destinées ; mais la caisse du théâtre était beaucoup plus qu'intermittente. Un musicien de l'orchestre, ne pouvant parvenir à se faire payer, fit saisir tous les rabots du directeur et les garda chez lui jusqu'à parfait paiement. Cauvin reprit son métier après avoir fermé les portes, et le Lycée dramatique, en 1792, fit place aux « Variétés amusantes », dont Lazari prit la direction et dont il fut le parrain : on n'allait, en effet, chez Lazari que pour Lazari.

Hélas ! le pauvre Arlequin n'avait de souplesse qu'à la scène ; il fut bientôt aux prises avec les plus cruelles difficultés, jusqu'à ce qu'un incendie, que d'aucuns disent avoir été volontaire, vînt l'achever, le 31 mai 1798. Lazari se brûla la cervelle peu de temps après.

La salle ne rouvrit plus comme spectacle ; un café-chantant, qui subsista pendant tout l'Empire et la Restauration s'y installa, puis l'édifice même disparut en 1838.

Mais le souvenir du nom aimé, des farces joyeuses avait été recueilli, et, dès 1821, le « Petit Lazari » était né, humble et modeste, n'occupant que le rez-de-chaussée et le premier étage de la maison mitoyenne à celle qui est actuellement numérotée 48, et qui a été démolie en 1855.

On n'y jouait que des mimodrames ; un homme et une femme, placés derrière la toile de fond, parlaient pour tous les personnages. Survint la Révolution de Juillet ; alors, Frenoy, directeur du Petit Lazari, et Mme Saqui, directrice du théâtre voisin (plus tard les Délassements-Comiques), interprétant la liberté suivant leurs désirs, engagèrent des acteurs vivants, et firent jouer drames et vaudevilles. L'autorité leur signifia qu'ils eussent à se renfermer dans les bornes de leurs privilèges.

Mme Saqui était une femme aux résolutions

viriles. Elle se fit aussitôt conduire au faubourg Saint-Antoine, à l'heure où les ouvriers quittent leurs ateliers : « Mes amis, dit-elle, on veut déjà nous ravir la liberté que vous avez conquise au prix de votre sang ; on veut me forcer à renvoyer mes acteurs et à suivre les ordres de la police de Charles X. Vous ne le souffrirez pas ? — Non, non ! — Mes enfants, venez tous demain à mon théâtre, je vous donne une représentation gratis ! Et vive la liberté ! — Vive la liberté ! Vive Mme Saqui ! »

Le lendemain, quinze cents faubouriens, drapeau en tête, entraient gratis en chantant la *Parisienne* dans le théâtre de Mme Saqui et dans celui de Frenoy. Le gouvernement, qui avait encore besoin de l'appui du peuple, n'osa pas sévir contre les deux théâtres que le faubourg Saint-Antoine avait pris sous sa protection, et depuis ce temps on continua de jouer drames et vaudevilles chez Mme Saqui et au Petit Lazari.

Dans celui-ci, le spectacle se composait quelquefois de trois, plus souvent de quatre pièces ; il y avait deux représentations tous les jours, et trois le dimanche. C'est-à-dire que deux ou trois fois on jouait le même spectacle. Les acteurs étaient payés à la semaine : dix francs, quinze francs, vingt francs au plus. Un acte rapportait à son auteur la somme énorme de dix francs. — Par représentation ? — Non, dix francs une fois payés.

Frenoy était loin d'attacher ses chiens avec des

saucisses. Un soir, il reçut la visite du père Mouriez, son voisin et son émule en avarice. Ils se mirent à causer ; tout à coup, Frenoy souffla l'unique bougie qui éclairait le cabinet directorial.

« Que faites-vous ?

— Nous pouvons bien causer sans lumière. »
Après une assez longue conversation, Frenoy ralluma la bougie pour reconduire son compère ; il l'aperçut qui se disposait à remettre ses culottes.

« Sans doute, mon cher, dit le père Mouriez, je pouvais bien parler affaires sans pantalon. Vous économisez la bougie, moi, mon fond de culotte. »

Les « premières » au P'tit Lazari avaient généralement lieu le samedi ; il y avait spectacle partout, ces soirs-là, surtout dans la salle. Bruyant déjà pendant qu'on jouait, le public devenait d'une turbulence délirante pendant l'entr'acte ; tout le monde criait, chantait, s'appelait.

Et puis on mangeait, mangeait, mangeait. Les plus cossus allaient dehors acheter un chausson aux pommes à la mère *Véfour*, ou « une trogne » (des tripes rôties dans un chiffon de pain) à Mme *Gras-Double ;* les galants offraient des glaces à deux liards. Ensuite, on rentrait gaiement.

Un beau moment était celui où tout le monde demandait l'auteur. « Messieurs, la pièce que nous avons eu l'honneur de représenter devant

vous est de MM. Charles et Adolphe. — Bravo !
— Qu'ils n'en fassent plus ! »

Et la foule s'écoulait comme un ruisseau après l'orage, se mêlant à celles qui s'échappaient des autres théâtres du *boulevard du Crime.*

Et, le lendemain, on se disait à l'atelier : « Ah ! ma chère, allez voir ça... Je me suis tant amusée ; j'ai pleuré tout le temps ! »

XVIII

Le Pavillon du Hanovre

On parle de démolir le Pavillon du Hanovre, ce vestige dernier d'un magnifique hôtel, dont les dépendances s'étendaient sur tout l'espace compris entre le boulevard des Italiens et la rue Saint-Augustin, les rues Louis-le-Grand et de la Michodière.

Cet hôtel avait été bâti sous Louis XIV, par un financier au nom baroque, M. de la Cour-Deschiens. L'entrée principale s'ouvrait exactement à l'endroit où la rue d'Antin coupe la rue Saint-Augustin, et le corps de logis se trouvait à peu près à la hauteur du carrefour des rues d'Antin et de Port-Mahon.

La Cour-Deschiens le vendit, en 1712, au comte de Toulouse, fils légitimé du Roi-Soleil et de Mme de Montespan, qui allait s'y trouver en voisinage de famille. L'hôtel mitoyen était en effet habité par la princesse de Conti, fille du Grand-Roi et de Mlle de La Vallière.

Le comte de Toulouse ne trouva pas sa nouvelle demeure assez vaste; il la revendit, un an après, au seul enfant légitime de sa mère : à Louis de Pardaillan de Gondrin, marquis de Montespan, duc d'Antin.

Ce duc et pair était, en vérité, un assez piètre sire. Lieutenant-général à l'armée de Flandre, il s'était caché derrière un buisson pendant la bataille de Ramillies ; son bonheur au jeu n'était même plus suspecté ; sa platitude était proverbiale. Il sentait le fumier, suivant l'expression de Saint-Simon.

Devenu surintendant des bâtiments, il ne pouvait manquer de faire servir ses fonctions à ses intérêts. L'hôtel d'Antin était entouré de fondrières : d'Antin fit paver la rue Louis-le-Grand ; au delà du rempart et vis-à-vis l'hôtel, le chemin des Porcherons tranchait, boueux, à travers les marais appartenant à l'Hôtel-Dieu ; d'Antin fit jeter une chaussée carrossable, qui s'appela dès lors la Chaussée d'Antin.

Le duc embellit d'ailleurs merveilleusement sa demeure ; singulièrement aussi. Il se plut à l'orner de tableaux et d'objets d'art, mais ces tableaux et ces objets d'art, il les prenait purement et simplement dans le cabinet du roi. Il paraît qu'il était connaisseur, au moins Germain Brice nous l'affirme.

Cet amateur étrange rendit son âme à Dieu en 1736, et l'hôtel d'Antin, qu'on appelait aussi l'hôtel de Travers, parce que sa façade était en oblique par rapport au boulevard, passa aux mains du Maréchal-duc de Richelieu. Celui-ci, la galanterie l'a fait célèbre, encore qu'il soit aussi digne de mémoire par ses talents gastronomiques. N'est-ce point à lui que la science culinaire est redevable du « boudin à la Richelieu », et la « sauce mahonnaise », si improprement dite aujourd'hui : « mayonnaise » n'est-elle pas un souvenir de son plus bel exploit : la prise de Mahon?

A cette époque, le Grand-Cours, c'est-à-dire la ligne de nos boulevards, était devenu la promenade par excellence, et chacun voulait avoir par là une terrasse, un vide-bouteille, d'où l'on pût voir défiler le Tout-Paris de Louis XV, d'où l'on pût écouter commodément l'excellente musique des Gardes-Françaises qui, aux beaux jours, donnait ses concerts sur l'esplanade du Dépôt du régiment, à l'angle de la Chaussée d'Antin.

Richelieu, très féru de toutes les modes, fussent-elles ruineuses, fit aussitôt construire, à l'extrémité de ses jardins, un pavillon que les Parisiens nommèrent immédiatement : le Pavillon *du* Hanovre. On prétendait, en effet, que cette coûteuse fantaisie était le fruit des rapines du maréchal pendant la guerre de Hanovre.

C'est donc à tort que l'on dit actuellement le Pavillon « de » Hanovre, dénomination qui semblerait être un hommage à une campagne glorieuse du maréchal, alors que ce n'est qu'une dénomination ironique. Au reste, voici ce que dit, à ce propos, l'académicien Duclos, dans ses mémoires secrets : « N'ayant pu recueillir l'honneur de la victoire, le duc résolut de bien s'en dédommager par les profits ; il retira, par toutes sortes de voies, des sommes immenses de Westphalie et de l'Electorat : ses soldats l'avaient surnommé le Père-la-Maraude. Loin de rougir de ce brigandage, ni même de le cacher, il déploya le plus grand faste à son retour à Paris ; il s'imaginait être un de ces vainqueurs qui étalaient les dépouilles des vaincus. »

On sait, au reste, que la morale du maréchal était des plus complaisantes, et cela était de telle notoriété qu'à la mort de Louis XV le peuple mit sur la porte de son hôtel cette pancarte : *Alphonse à louer* ; bien entendu nous modernisons, en l'atténuant, une épithète plus énergique. Hélas ! cet *Alphonse* ne trouva plus à employer ses talents domestiques, et il mourut... en |disponibilité au moment où on parlait de la convocation des Etats.

L'hôtel qu'il habitait encore était cependant déjà morcelé. Dès 1780, Chéradame, un spéculateur, avait ouvert la rue de Hanovre au beau travers des jardins, séparant le pavillon de l'hôtel lui-même. Richelieu trépassé, Fronsac vendit l'hôtel à Chéradame qui, aussitôt, projeta de le démolir et de percer la rue du Port-Mahon sur son emplacement. Mais les événements se prêtaient mal aux opérations foncières, et il attendit, louant, pour se couvrir, l'hôtel à des restaurateurs qui en firent un des mille et un établissements de plaisir où courut le Directoire.

Les samedis de la maison Richelieu furent alors très à la mode parmi les robes transparentes et les mentons embéguinés.

Pendant ce temps, que devenait le pavillon du Hanovre ? Une chapelle à la Fortune.

Juliet, le frère de l'acteur de Feydeau, en chassa Creps et Pharaon, ces deux sacrificateurs juifs, qui y recevaient les offrandes et les victimes. Il livra cette bonbonnière aux peintres, aux ornemanistes. Alors, sur la terrasse, s'ouvrirent au public des tentes turques et des kiosques chinois, enjolivés de lanternes, de phénix, de paravents couleur de pourpre et de kilins suffisamment monstrueux. Et voilà le public, amoureux de changement, de courir chez Juliet.

Velloni, le glacier Velloni, dont Tortoni se dira justement l'élève, succède à Juliet, et toute la fine fleur de Tivoli, d'Idalie, de l'Elysée, de Biron et de Bagatelle, enfin toute la légion de *Royal-Anarchie* vient y faire honneur à son « moustachiolly », directement importé de Naples.

C'est la période brillante du Pavillon du Hanovre ; c'est aussi la dernière.

Garchy, au coin de la rue de la Loi (notre rue Richelieu), vient d'ouvrir un nouveau café sur les terrains de l'ancien hôtel de Bondy ; il obtient un succès fou. Alors Velloni voit les Parisiens oublieux de ses pagodes et de ses clochetons s'empresser à Frascati ; Velloni est abandonné ; elle est désertée, cette Chine improvisée du Pavillon du Hanovre, d'où l'on voyait si bien, pour peu que l'on se penchât un peu, tout le boulevard et *Coblentz*, le camp du bon ton, la galerie de la mode, un salon, un parti, une armée, un boudoir, une Fronde!

Puis Simon, marchand de papiers peints, s'y installe ouvrant la marche des industriels qui, dorénavant, s'y succéderont.

Sans doute, après des appropriations multiples, cette coquette construction a subi bien des altérations depuis qu'elle est sortie des mains de l'architecte Chevotet. Ainsi, du robuste soubassement, on a fait un rez-de-chaussée en y perçant des portes et des fenêtres ; aussi, en 1887, on l'a surélevée d'un étage, mais le Pavillon du Hanovre avait néanmoins conservé jusqu'ici son étage noble, ses baies majuscules, son balcon de serrurerie, il avait gardé à peu près intact son caractère primitif, et le curieux des vieilles choses et des vieux souvenirs le regardait volontiers, en pensant tout bas :

> Que ces murs coquets,
> S'ils n'étaient discrets,
> Nous diraient de secrets !

comme a écrit Scribe et gazouillé Auber.

XIX

Ici vécut Molière

Vers le 20 décembre 1644, la troupe de l'*Illustre Théâtre*, la première à la tête de laquelle Molière se trouva placé à Paris, après avoir, au moyen de quelques emprunts, réglé ses dettes les plus criardes, quitta le jeu de paume des Mestayers [1], pour venir s'établir au jeu de paume de la Croix noire, rue des Barrés, devenue rue de l'Ave-Maria depuis 1867.

Voisin de la place Royale, notre place des Vosges, ce quartier était alors celui des beaux esprits et des gens du bel air.

A l'exception d'une partie assez étroite emportée par l'élargissement du quai, l'emplacement de la salle où s'exerça pendant une année la troupe de l'*Illustre Théâtre* est exactement celui de la propriété qui porte actuellement le n° 32 du quai des Célestins. Elle est d'ailleurs désignée à l'attention des curieux par une plaque commé-

---

[1] Le jeu de paume des Mestayers occupait l'emplacement assez vaste que représentent aujourd'hui les n°s 10, 12 et 14 de la rue Mazarine, les n°s 11 et 13 de la rue de Seine.

morative posée en novembre 1889 par les soins et sur l'initiative du comité des Inscriptions parisiennes.

Cette maison a conservé son issue d'autrefois, s'ouvrant encore sur la droite du n° 15. C'était l'entrée des artistes, du temps de l'*Illustre Théâtre*, et la porte est bien toujours la même. Elle s'ouvre sur un étroit corridor, humide, suintant et gras, à l'extrémité duquel on peut encore voir le vieux puits mitoyen au ventre gris, à la margelle trois fois centenaire. Ce misérable puits n'a d'ailleurs de valeur que par la poésie des souvenirs ; au point de vue archéologique, il est bien inférieur à celui qui se trouve à quelques pas, au n° 5 de la rue du Figuier, et que je ne signale qu'incidemment.

Dans les premiers jours de janvier 1645, au plus tard, Molière vint loger rue des Jardins-Saint-Paul, à l'angle de la rue des Barrés.

Ceci est, en apparence, très précis. Mais de quel angle s'agit-il ?

L'une et l'autre des deux maisons qui s'y trouvent semblent bien être les mêmes qui existaient du temps de Molière.

La maison de droite, qui porte le n° 14 sur la rue de l'Ave-Maria et le n° 5 sur la rue des Jardins, est haute de cinq étages, dont le dernier est mansardé. Les fenêtres, étroites et hautes, sont accolées deux à deux. Un cabaret en occupe le rez-de-chaussée, et ce cabaret (c'est presque une certitude dans ce quartier), ce cabaret doit être aussi vieux que la maison elle-même. Ces établissements, ainsi que le remarquait si justement Edouard Fournier, sont immuables. Celui-ci a de plus, pour preuve d'ancienneté, son enseigne : « la Croix d'or », dont le nom est tout à fait du temps, et qui, peut-être, fut choisi pour faire opposition, avec avantage, à l'enseigne du jeu de paume voisin : « la Croix noire », où s'était installé l'*Illustre Théâtre*.

Cette encoignure paraissant avoir été occupée par le cabaret, même avant l'arrivée de Molière au port Saint-Paul, c'est donc à l'autre coin, celui de gauche, dans la maison numérotée 16 sur la rue de l'Ave-Maria, et 6 sur la rue des Jardins, que devait se trouver la maison du mercier où logea le poète.

Le rez-de-chaussée, la *boutique du mercier*, aujourd'hui divisé, est occupé par une crèmerie et une épicerie, et la petite porte basse et voûtée qui s'ouvre sur la rue des Jardins, fait rêver aux vieilles constructions du Moyen âge. Elle est peut-être dans l'état où elle était quand elle voyait rentrer le jeune comédien presque désespéré devant les soucis du lendemain; et il ne me déplaît pas de voir dans la haute lucarne flamande, celle qui éclairait le réduit probablement assez chétif du directeur de la troupe de S. A. R. le duc d'Orléans, où J.-B. Poquelin rêvait à devenir Molière.

Le pauvre grand homme se trouvait alors aux prises avec les plus dures nécessités de la vie; la mauvaise chance l'ayant suivi au port Saint-Paul, en dépit de ses protections et malgré ses efforts pour la conjurer. M. Eudore Soulié a analysé la série d'actes d'emprunts et de reconnaissances souscrites au profit de fournisseurs qui nous montrent assez dans quelle situation précaire se trouvait l'*Illustre Théâtre* vers le deuxième trimestre de l'année 1645. Bientôt l'association ne put faire face à ses engagements, et, au commencement d'août, son chef responsable : Molière, était arrêté pour dettes, probablement là, devant cette porte de la rue de l'Ave-Maria dont je parlais tout à l'heure, et conduit au Grand Châtelet sur la requête d'Antoine Fausser, marchand de chandelles, chargé du modeste éclairage de la salle.

Et comme on s'habitue à ce point aux choses ambiantes qu'il semble qu'elles ont toujours été, je rappellerai que les salles de spectacles furent éclairées, jusqu'à la moitié du xviiie siècle, par des lampions et des chandelles. C'est à Law qu'on dut la substitution des bougies aux chandelles pour l'éclairage de l'Opéra. Au temps de Molière, la rampe était formée d'une série de lampions posés dans une boîte de fer blanc; et des lustres, suspendus sur la scène, supportaient des chandelles plus ou moins nombreuses, que l'on mouchait pendant les entr'actes, afin de ne point interrompre le spectacle par cette opération intéressante, qui ne s'effectuait pas, d'ailleurs, sans provoquer incessamment les lazzis et les quolibets du public.

Mais revenons à Molière, devenu « pensionnaire du geôlier », comme on désignait alors les prisonniers pour dettes détenus au Grand ou au Petit Châtelet, dans un quartier spécial : on les nommait ainsi parce que le geôlier se chargeait de leurs repas, dont la dépense lui était remboursée par les créanciers, d'après un tarif réglé, selon le prix courant des vivres.

Il ne paraît pas que le poète resta longtemps en prison; toutefois on ne peut préciser la durée de sa détention. Il est au Grand Châtelet le 2 et le 4 août 1645; il est libre avant le 13 du même mois puisque ses associés et lui-même s'obligent ce jour-là « à indemniser Léonard Aubry du cautionnement par lui fait pour eux afin de tirer de prison ledit Poquelin »; mais à quelle date avait-il été arrêté? Quel jour a-t-il été mis en liberté? Aucun document ne permet de le dire.

Singulière coïncidence et qui vaut d'être signalée : Dans cette vieille rue des Jardins-Saint-Paul, dont l'aspect s'est peu modifié depuis, en laquelle deux voitures ne peuvent passer de front, dont les maisons sont encore, çà et là, flanquées de grosses bornes destinées à servir de refuges aux piétons, dans cette vieille rue, qui constitue un des rares coins encore intacts du vieux Paris, ont passé, dans des circonstances bien diverses de la vie, les deux penseurs les plus illustres dont la France s'honore : Molière rêvant à vingt ans les chefs-d'œuvre de son âge mûr, et Rabelais rendant le dernier soupir.

Le curé de Meudon avait, au reste, habité ce quartier à une époque où il était un des commensaux de cet hôtel de Sens, encore debout pour nous rappeler l'architecture privée du XVe siècle.

Rabelais devait, alors, loger tout proche; et Charles Nodier, en passant devant le n° 8 de la rue du Figuier, dont le petit escalier à balustres se recroqueville modestement, rivé aux murs de sa cage, ne manquait pas d'ôter son chapeau pour saluer là un ancien séjour de l'auteur immortel du *Pantagruel*.

Le cimetière Saint-Paul où il fut enterré, au pied d'un arbre qui ne tomba que de vieillesse, n'a pas plus fidèlement gardé ses cendres que le cimetière Saint-Joseph celles de Molière.

Par contre, on prétend que la tombe de l'Homme au masque de fer existe encore dans le coin d'un jardin de la rue Beautreillis, 17, situé sur l'emplacement du cimetière Saint-Paul, où étaient inhumés les prisonniers morts à la Bastille.

XX

Le Marché des Blancs-Manteaux

La poterne Barbette, de l'enceinte de Philippe Auguste, s'ouvrait exactement entre les n°s 59 et 61 de la rue Vieille-du-Temple. Elle tirait son nom du voisinage d'une maison de plaisance : la *Courtille Barbette*. Celle-ci occupait le centre du grand quadrilatère compris entre la rue des Francs-Bourgeois, au sud ; la rue du Temple, à l'ouest ; la rue de la Perle, au nord ; et la rue Elzévir, à l'est ; la rue Barbette en coupe l'emplacement à peu près par le milieu.

De la poterne Barbette, près de laquelle le duc d'Orléans fut assassiné par les complices de Jean-sans-Peur, l'enceinte se dirigeait vers l'ouest à travers les bâtiments du Mont-de-Piété ; vers l'est, elle suivait le mur de fond des numéros impairs de la rue des Francs-Bourgeois. Et, de ce côté, il en subsiste un fragment très important derrière les n°s 43 et 41, longeant l'école communale, dite des *Hospitalières*.

Le sol de cette école, celui du marché des Blancs-Manteaux et de la rue d'isolement, le sol enfin de la rue des Hospitalières-Saint-Gervais et des maisons qui la bordent, formaient le pourpris d'une vaste demeure, bâtie pour Louis d'Adjacet, comte de Châteauvillain, avec le concours d'artistes tels que Martin Le Faure, François Lheureux, Germain Pilon. C'était « un palais de pierre et de marbre que l'Italie eût envié à la France », mais dont l'intérieur était décoré dans le goût du xvie siècle, où la pornographie mythologique faisait fureur.

On y remarquait, dit-on, une galerie de tableaux, œuvres de grands maîtres italiens, qui, pour la plupart, représentaient des scènes plus que risquées. Brantôme conte tout au long l'effet que l'une de ses peintures produisit sur les sens de l'une de ces « illustres et honestes dames » qu'une couronne de rosière eût fait pouffer de rire.

Après la mort du comte de Châteauvillain, son hôtel fut vendu au marquis François d'O, un des mignons de Henri III, qui l'accabla de bienfaits sans pouvoir l'enrichir, tant ce protégé était prodigue.

Effectivement, il était maître de la garde-robe, premier gentilhomme de la chambre, chevalier de l'ordre du Saint-Esprit, surintendant des finances, gouverneur de Paris, de l'Ile-de-France, etc.; ce qui n'empêche qu'il mourut insolvable, en 1594.

De son hôtel, seul gage qu'il laissa, ses créanciers furent bien embarrassés. Après avoir fait argent, en barbares, des tableaux et des objets d'art, ils durent attendre environ soixante ans pour s'en défaire.

Enfin, en 1635, après de nombreuses tentatives, on l'adjugea aux Filles de Sainte-Anastase, qui le transformèrent tant et si bien, qu'en réalité il n'en resta plus rien.

Qu'était-ce que ces religieuses?

En 1179, un riche maçon, nommé Garin, convertit en hôpital de pauvres une maison qu'il possédait rue de la Tixanderie, c'est-à-dire, à peu près de la place de l'Hôtel-de-Ville, vis-à-vis le bureau de poste.

Un hôpital était alors destiné bien plus aux malheureux qu'aux malades. On y accueillait les pauvres diables sans gîte et sans pain. C'est ainsi que l'on voit, par exemple, une œuvre très intéressante, un véritable « asile de nuit », fondé en 1216, sous le titre de Sainte-Madeleine, par un bourgeois de la rue Saint-Denis, nommé Imbert de Lions, et destiné à recevoir, pendant la nuit, les femmes mendiantes de Paris. On les renvoyait le lendemain, au matin, avec un pain et un denier. Ce fut aussi dans cette pensée charitable que Nicolas Flamel, en 1407, fit construire la maison encore existante rue de Montmorency, 51, « où gens de mestiers demouroient au bas, et du loyer qu'ilz paioient estoient soutenus poves laboureurs en hault ».

Tel fut essentiellement le caractère de la fondation de Garin, la Maison de Saint-Gervais, primitivement administrée par des religieux, puis, dès le xive siècle, par des religieuses suivant la règle de saint Augustin.

Jusqu'à la Révolution, sous des dénominations diverses, l'hôpital, qui, depuis sa translation dans l'hôtel d'O, en 1657, était aussi devenu une maison d'instruction pour les jeunes filles, continua de donner asile aux voyageurs pauvres, mais pendant trois nuits seulement. J'ajouterai, que le nombre de ses hôtes, qui variait chaque année de quinze à seize mille, atteignit en 1789, le chiffre énorme de 32,238 personnes.

Les Hospitalières Saint-Gervais n'étaient point riches, cependant, puisqu'on les voit, sous Louis XV, solliciter des secours de la commission spéciale que présidait le cardinal de Luynes.

Les préoccupations d'argent n'étaient pas, d'ailleurs, les seuls ennuis qu'elles eussent. Ainsi le comte de Charolais, celui qui joua un tour si cruel à Mme de Saint-Sulpice, profitait d'être leur voisin pour leur faire mille farces. Il demeurait rue des Francs-Bourgeois, dans un hôtel qu'a remplacé le n° 43, et ses fenêtres avaient vue sur le jardin du couvent. C'est là qu'il se plaçait pour commettre toutes les indécences imaginables. Afin de se dérober à ces spectacles, les pauvres Hospitalières durent faire construire, à grands frais, un mur très élevé, dont il ne serait peut-être pas impossible, s'il y avait intérêt, de retrouver un fragment au fond de la cour de cet immeuble.

La communauté supprimée en 1795, ses biens firent retour aux hospices. Conformément à un décret impérial, daté du palais de Trianon, le 21 mars 1813, la ville de Paris acquit l'ancien hôtel d'O pour le démolir et édifier un marché et une boucherie, dont la construction, commencée par Labarre, fut achevée en 1819 sous la direction de Dalespine.

Ce marché a disparu, au moins en partie, dans son affectation initiale. Au reste, les vieux marchés de Paris s'en vont, la Ville ne trouvant plus à louer la totalité de ces petites halles. On a successivement ainsi désaffecté les marchés Necker, d'Auteuil, de Grenelle, et coupé en deux le marché Saint-Germain.

Le tour du marché des Blancs-Manteaux devait venir, et il est venu au mois d'août 1899. Dans une partie remaniée, on vient d'installer un des services de l'administration municipale, l'Hôtel de Ville et l'ex-caserne Lobeau ne suffisant plus.

Quant à la boucherie, cette annexe du marché, il y a bien longtemps déjà qu'on l'a transformée en école communale, et que les deux têtes de bœufs, surmontant les deux fontaines qui flanquent sa façade, ne sont plus que des énigmes de pierre, la primitive destination de l'édifice étant oubliée.

XXI

L'Hôtel de Villarceaux

Cette gracieuse construction, située à l'angle de la rue de Richelieu et de la rue Saint-Augustin, date de la fin du XVIIe siècle, ayant été édifiée pour Louis de Mornay, marquis de Villarceaux, l'amant de Ninon, l'adorateur de Mme Scarron.

Le marquis était capitaine-lieutenant des chevau-légers du Dauphin et du duc d'Orléans, et capitaine de ses gardes. D'après Mme de Sévigné, il ne tint pas à lui de remplir auprès de Louis XIV une autre charge.

Un jour, il dit au roi que le bruit courait à la cour que Sa Majesté avait quelque dessein sur Mlle de Grancey, sa nièce, et que si cela était, il le suppliait de se servir de lui. L'affaire serait mieux entre ses mains que dans celles des autres, et il s'y emploierait avec succès.

Le roi se mit à rire et dit : « Villarceaux, nous sommes trop vieux, vous et moi, pour attaquer des demoiselles de quinze ans! »

Pour si jeunette qu'elle fût, Mlle de Grancey n'en était déjà plus à sa première défaite. Les

habitués de l'*Œil-de-bœuf* l'appelaient cependant
la *Pucelle d'Orléans*. Elle avait, en effet, pour
amant le propre frère du roi, Philippe d'Orléans,
et il paraît que les maîtresses de ce prince, grand
sodomite, ne risquaient pas avec lui une malencontreuse maternité.

Le marquis de Villarceaux rendit sa belle âme
à Dieu en 1691, et l'hôtel passa à Mlle de Villarceaux, sa fille, qui y mourut de la petite vérole, au
mois de février 1694, sans confession, ce qui scandalisa la cour et la ville, mais aussi sans avoir
pu déshériter ses cousines : cette Mlle de Grancey,
dont nous parlions tout à l'heure, et sa sœur, la
comtesse de Marcy, dont Henri de Bourbon, duc
d'Enghien, payait fort cher, dit-on, les plus intimes faveurs.

L'hôtel ne leur échut pas, et revint à Catherine
Brunet, veuve de Charles de Mornay, marquis de
Villarceaux, tué à la bataille de Fleurus, qui, elle-même, en transmit la propriété à Françoise de
Bragelongne, épouse en secondes noces de Charles Le Maistre d'Armoville, lieutenant général de
l'artillerie de France.

Il appartint successivement ensuite à Jean de
Cabanel, grand-maître et receveur général des
domaines et bois pour la Touraine, l'Anjou et le
Maine ; à M. Salomon-Louis Roger, un futur baron de l'Empire ; enfin, à M. André-Joseph
Cartier, en 1813. La famille de celui-ci le possède
encore.

Bizarre coïncidence, le fils de M. Cartier recueillit, plus tard dans la succession de M. Roussel, son beau-père, le château de Villarceaux, en Seine-et-Oise, l'antique demeure qui abrita les amours de Françoise d'Aubigné, veuve Scarron, et du marquis de Villarceaux.

Une autre particularité : il y a eu, dans la rue Richelieu, en outre de l'hôtel du marquis de Villarceaux, deux autres hôtels du même nom. Au reste, cette homonymie n'impliquait aucune parenté entre les trois familles.

Je glisserai rapidement sur le n° 83, maison dont l'aspect extérieur a été peu modifié, qui appartint à Tocquiny de Villarseaux ; l'autre hôtel représenté par la maison portant le n° 102, mérite une mention particulière.

Il avait été construit, vers 1774, par l'architecte de Wailly, pour Roland de Villarseaux, sur le terrain de la basse-cour d'un hôtel Mailly du Breuil.

Quand Voltaire revint à Paris pour y mourir, il désira avoir une demeure à lui. Mme de Saint-Julien, cette amie qu'il appelait son « Papillon philosophe », habitait un hôtel qu'a remplacé le n° 100 actuel. Elle indiqua l'hôtel Villarseaux à Voltaire, qui l'acquit le 27 avril 1777. Voltaire mourut le 30 mai suivant sans avoir habité son hôtel, mais sa nièce, Mme Denis, s'y installa avec son second mari, M. Duvivier ; les mariés réunissaient cent vingt-trois ans à eux deux !

Revenons maintenant à notre hôtel du n° 75.

Il comprenait, indépendamment du corps de logis principal, des bâtiments en retour sur la rue Saint-Augustin et mitoyens avec l'hôtel de Pomponne, la grande maison à deux ailes qui porte aujourd'hui les n°s 5 et 7 sur cette dernière rue.

Au commencement de la Restauration, le chanteur Garat occupait le premier étage de ces bâtiments, sur la cour.

Une belle jeune fille, son élève, était devenue la compagne de ce célibataire, incapable de mariage; elle avait une belle voix grave, ce qui lui avait valu, de la part de son maître, le nom de Mme *Contralto*.

Garat finit par la maltraiter, et comme un ami se hasardait un jour à lui demander la raison de cette dureté envers la bonne et douce Mme Contralto, le maître répondit sèchement : « La malheureuse, elle devient sourde et chante faux! »

Tout ce logis n'a guère été changé, et Carjat reconnaîtrait aisément la loge étroite où s'écoulèrent quelques-unes de ses jeunes années. C'est comme l'hôtel de Pomponne, à côté : avec un peu d'imagination, on peut le revoir tel qu'autrefois, et il semble apercevoir l'abbé de Pomponne sortant de la cour et traversant la rue pour dire, en passant, un amical bonjour au président Ménars, avant que d'aller chez Mme Doublet.

Mme Doublet resta pendant quarante ans sans sortir d'une sorte de petit hôtel qu'elle occupait dans l'enclos du couvent des Filles-Saint-Thomas, à peu près sur l'emplacement actuel du café du Vaudeville ; et, pendant quarante ans, c'est de son salon, de la *Petite Paroisse*, comme on l'appelait, que partirent tous les bruits, toutes les nouvelles dont Paris fut toujours friand.

Bachaumont, *la tête à perruque de M. de Voltaire*, parce qu'il avait copié sa perruque, et Mairobert, que l'on qualifiait d'*Intrigant subalterne*, allaient en chasse, poussant devant eux tout un régiment de nouvellistes, et tout ce reportage arrivait chez Mme Doublet comme au fond de cette gigantesque spirale d'airain que Chateaubriand place au faîte du palais de la Renommée.

Afin de pouvoir se débrouiller dans leur confusion, elle faisait tenir registre, ici de ce qu'elle croyait faux ou hasardé, là de ce qu'elle croyait vrai.

C'était du journalisme en partie double.

Quiconque arrivait chez elle devait lire les deux registres et réfuter ou compléter ce qui s'y trouvait. Après ce contrôle, les nouvelles passaient au Grand Livre tenue par un valet de chambre, qui en tirait, à son profit, des copies bientôt répandues sous le nom de *Nouvelles à la main*.

Les *Mémoires secrets* dits de Bachaumont en furent la suite.

Et cet épisode de l'histoire du journalisme me fait souvenir que les *Petites Affiches*, créées au mois de mai 1751, et non pas en 1612, ont occupé, après M. Delahante mais avant la Révolution, l'ancien hôtel de Pomponne, au nom gracieux évocateur d'une coquette chansonnette du temps passé.

XXII

Balzac à Paris

Au moment où les « Balzaciens » célébrèrent le centenaire de Balzac, je voulus faire comme un pèlerinage aux divers logis parisiens de l'auteur de la *Comédie humaine*, ce Tourangeau.... de Paris.

Et en effet, s'il naquit à Tours, ce fut par hasard.

Son père, originaire de la Nougarié, arrondissement d'Alby, était, dit-on, avocat aux Conseils du Roi, quand survint la Révolution. Lié avec des hommes que les événements firent surgir tout-à-coup, il fut envoyé, en 1792, dans le nord de la France pour organiser le service de l'armée. Il demeurait alors rue Barbette, et, âgé de quarante-six ans, célibataire endurci, et prétendant rester tel, il venait de placer la plus grande partie de sa fortune en viager, moitié sur le « Grand Livre », moitié sur la Caisse Lafarge, cette *tontine* dont les actions constituaient un brevet de longue vie.

Avant d'être... sous la Restauration, plus royaliste que le roi, Bernard-François Balzac avait fait partie, en 93, de la Commune de Paris. Il demeurait alors rue des Francs-Bourgeois, 19 ; c'est l'hôtel que signalent des cheminées très finement et très richement sculptées couronnant un fronton, qui porte aujourd'hui le n° 47.

Il continua d'habiter le Marais, puisque nous le voyons, le 30 janvier 1797, épouser à la Municipalité du VIIIe arrondissement, en ce temps-là place des Fédérés (le n° 14 actuel de la place des Vosges, ancien hôtel de Villedeuil), Anne-Charlotte Sallembier, plus jeune que lui de trente-deux printemps !

Quelques mois plus tard, en 1799, il est envoyé à Tours en qualité de directeur de la Régie, chargé en même temps de l'administration de cette ville. Il loge, alors, rue de l'Armée-d'Italie, 25 (aujourd'hui rue Nationale, 29) ; et c'est là que, le 21 mai ensuivant, naquit Honoré de Balzac — le *De*, je crois, ne fait rien à l'affaire, et le puissant écrivain avait la faiblesse d'y tenir tant !...

Le 22 juin 1807, Honoré de Balzac passa d'un externat de Tours au collège de Vendôme, dirigé par les Oratoriens et fort célèbre à cette époque.

Le cliché habituel : « il fit de bonnes études » ne saurait être ici employé ; Balzac fut un élève très peu brillant et la seule notoriété qui s'attache à son nom, pendant cette période de sa vie, vient de ce qu'on le regarde comme l'inventeur, du moins pour le collège de Vendôme, de la *plume à trois becs*, si utile aux écoliers d'autrefois pour faire leurs pensums.

A la fin de 1814, Bernard-François Balzac appelé à Paris, à la direction des vivres de la première division militaire, vint habiter avec toute sa famille (Honoré était l'aîné de deux sœurs et d'un frère), rue Thorigny, au n° 20, au Marais, je crois.

Balzac continua ses études à l'institution Lepitre (1), rue Saint-Louis, n° 9, aujourd'hui représenté par le n° 37 de la rue de Turenne ; et les acheva à l'institution Coussin et Ganzer, installée dans le bel hôtel de Juigné, ce précieux spécimen de notre architecture au XVIIe siècle, qui fait l'angle des rues de Thorigny et des Coutures Saint-Gervais.

Lorsqu'il fut bachelier, son père voulut qu'Honoré fît son droit et passât les trois années de son cours chez l'avoué et le notaire, afin d'y apprendre les détails de la procédure, et la forme et la teneur des actes.

Il remplaça donc chez l'avoué Merville, Eugène Scribe, qui venait de jeter la cléricature aux orties ; — Merville n'est autre que le *Derville* des

---

(1) M. Lepitre était boiteux, et le soulier de sa jambe infirme avait un talon très haut. Membre du district de la place des Vosges, à la fin de 1792, son service l'appelait au Temple où, au péril de ses jours, il porta plusieurs fois des dépêches au roi et à la reine Marie-Antoinette. Il avait creusé le talon de son soulier, et c'est dans cette singulière cachette qu'il plaçait les papiers dont il osait se charger.

« Scènes de la vie parisienne », l'avoué du *colonel Chabert* et de la *duchesse de Grandlieu :* son étude se trouvait au n° 40 actuel de la rue Coquillière.

Après dix-huit mois de séjour chez Merville, c'est-à-dire en 1818, il passa chez Me Passez, notaire, dont l'étude était située dans la maison même qu'habitait la famille Balzac, rue du Temple, n° 122 actuel.

A la fin de 1819, M. Balzac, père, était mis à la retraite, et, franchement, on ne peut y trouver à redire puisqu'il avait alors soixante-treize ans. — Il était riche, quoi qu'on dise, et, par exemple, il touchait environ douze mille francs de rentes viagères à la Tontine Lafarge.

D'après Mme L. Surville, sa sœur, Honoré de Balzac aurait terminé ses études de droit et passé tous ses examens. Il n'existe pas cependant, que je sache, de diplôme de licencié en droit, ni de thèse au nom de Balzac. Je pense, en conséquence, qu'il ne fut jamais licencié en droit, et c'est ce qui explique pourquoi M. de Balzac, père, quittant Paris pour aller se retirer à Villeparisis, et Honoré déclarant nettement son désir de « faire de la littérature », on le mit à la portion congrue.

Bernard-François Balzac avait, raconte Mme Surville, protégé jadis un homme qu'il retrouva, en 1814, notaire à Paris. Celui-ci, reconnaissant et pour rendre au fils le service reçu du père, offrait de prendre Honoré dans son étude et de la lui laisser après quelques années de stage.

Balzac s'y refusa et déclara sa ferme intention de ne suivre d'autre carrière que celle des lettres.

M. de Balzac, le père, avait écrit; il avait eu des idées et il les avait exposées dans des imprimés aujourd'hui très rares; il était relativement riche, toutefois il ne crut pas devoir accepter *ex abrupto* les désirs, alors peu fondés, du futur grand peintre des mœurs de la première moitié du siècle.

Et, en vérité, on ne saurait blâmer ce père de famille qui, tout en ne sacrifiant pas l'avenir de son fils mais en ne l'entravant pas, lui permit de s'affirmer.

On installa donc Balzac dans une mansarde de la rue Lesdiguière, n° 9, qu'il choisit afin d'être à proximité de la bibliothèque de l'Arsenal où il se proposait d'aller travailler.

On l'a représenté à cette époque beaucoup plus malheureux qu'il ne l'était et on a exagéré assurément les petits ennuis de ses débuts. Une petite pension lui est servie, et une vieille femme, la mère Comin, attachée depuis vingt ans au service de la famille, est chargée par Mme Balzac des soins de son modeste intérieur. Enfin, après dix-huit mois, quand il déclare persister dans ses desseins, il rentre au logis paternel, à Villeparisis, et, s'il vient à Paris, il loge dans l'appartement que son père y avait conservé, rue Sainte-Avoye, n° 47, maison démolie lors de l'ouverture de la rue Rambuteau et remplacée par partie du n° 41 de la rue des Archives.

C'est à cette époque qu'il se présente au public, encapuchonné sous divers pseudonymes qui font penser aux vieilles des prologues de féeries, recouvertes d'une méchante robe de bure avant d'apparaître aux scènes suivantes, éblouissantes de paillons, de gaze et de jeunesse.

En réalité, ses travaux, quoique peu remarquables, lui étaient parfois assez bien payés. Ainsi, en 1822, le libraire Pollet lui offre 2.000 fr., somme qui aujourd'hui vaudrait largement le double, pour une seule édition de deux romans in-8°, et dans une lettre où il annonce cette bonne aubaine à sa sœur alors à Bayeux, il laisse échapper cet aveu précieux à recueillir ! « Pour Pollet, en un mois on fait un roman ».

Mais tous les libraires n'étaient pas sans doute aussi généreux que Pollet, car, dès 1825, Balzac, fatigué d'entasser essais sur essais de romans malencontreux et cédant aux instances de ses parents (il habitait alors rue de Tournon, n° 2), se résolut à tenter une autre voie. Moyennant quelque argent qui lui fut prêté, il devint éditeur et donna au public les œuvres des deux grands écrivains qu'il admirait par-dessus tout : La Fontaine et Molière. Cette opération ne réussit pas et Balzac se fit imprimeur.

En avril 1826, il acheta l'imprimerie de Laurens aîné, rue du Pot-de-Fer-Saint-Sulpice, 14 (*partie de la rue Bonaparte, entre les rues du Vieux-Colombier et de Vaugirard*), obtint le 1ᵉʳ juin l'autorisation nécessaire pour exercer sa profession et s'installa rue Visconti, au n° 17 actuel, s'étant associé à un sieur André Barbier, prote fort habile.

Malheureusement un brevet d'imprimeur coûtait sous Charles X quinze mille francs qui, ajoutés à ce qu'il dût payer à Laurens, absorbèrent à peu près les 30.000 fr. que M. Balzac père lui avait donnés à titre de dot.

Il est donc contraint, et presque dès l'origine, de recourir aux expédients. Toutefois, avec sa belle confiance en l'avenir et guidé sans doute par l'espoir de trouver plus facilement du crédit à mesure qu'il offrirait une plus large surface et des gages plus importants, il n'hésite pas à acheter presque aussitôt une fonderie de caractères, qu'il transporte rue Visconti dans la partie de la maison la plus rapprochée de la rue Bonaparte.

Mais la situation continue de s'aggraver, et ses parents, après quelques mois de continuels sacrifices, se refusent à fournir de l'argent, craignant que leur ruine ne suive celle de leur fils, et Balzac, réduit à liquider, démissionne le 26 septembre 1828.

L'imprimerie fut laissée à Barbier et la fonderie vendue à un M. Deberny qui y gagna, paraît-il, plus d'un million.

Balzac, sorti de là l'honneur sauf, retourna demeurer rue de Tournon, et se remit résolument à la littérature, afin de payer les dettes que l'industrie lui avait fait contracter.

En 1829, il quitte la rue de Tournon et va habiter rue Cassini, n° 1, une maison qui a été démolie en 1897 ; puis de 1832 à 1835, il voyage.

A son retour, il demeure rue des Batailles, n° 13, une rue que la place d'Iéna a absorbée, et où il entraîne Jules Sandeau, pour le mieux dégager d'une chaîne qui eut pour dernier anneau *Mariana*.

Plus tard, il s'installe aux Jardies, petite et maussade propriété, que quelques lignes des *Mémoires* de Saint-Simon lui ont fait acheter.

Etait-ce bien un logement sérieux que ce chalet aux volets verts où n'est jamais entrée l'ombre d'une commode, où n'a jamais été accroché un semblant de rideau ?

Et l'on peut dire que, s'il y a vécu, pensé et travaillé plusieurs années, il ne l'a jamais positivement habité. Il se partageait fréquemment — ce que ses meilleurs amis eux-mêmes ne surent pas tout de suite — entre cette résidence rurale et la rue des Martyrs, n° 43 actuel. En outre, dans les moments de crise aiguë, il se réfugiait chez son tailleur, Buisson, qui mettait à sa disposition une des chambrettes où il logeait son personnel, au dernier étage du n° 112 de la rue Richelieu, cette maison où Moïse Millaud fondera en 1863 le *Petit Journal* sur l'emplacement de l'ancien Frascati.

Balzac, en effet, se débattit toute sa vie contre le fardeau des dettes contractées pendant ses tentatives commerciales ; d'ailleurs, il faut bien le dire, il ne gagnait pas avec sa plume ces sommes folles dont on se plaisait à la dorer comme une pagode de Bénarès.

Balzac n'a jamais dû réaliser en moyenne plus de dix ou douze mille francs par an, même pendant ses plus belles années ; on comprend que, dans ces conditions, il fut long à se dégager du passé.

De ces ennuis, des précautions bien bizarres : par exemple, rue des Batailles, il fallait demander Mme *veuve Durand ;* aux *Jardies*, la porte ne s'ouvrait qu'à certains signaux ; ainsi, encore, quand on répéta, à l'Odéon, les *Ressources de Quinola*, il fallait que Lireux lui envoyât ses bulletins de répétitions aux Champs-Elysées, au vingtième arbre à gauche après le rond-point, où un homme sûr, muni d'un mot de passe, venait les prendre des mains du garçon de théâtre. Ne croyez pas que j'exagère : ceci est absolument exact.

Au reste, si Balzac naquit à Tours, son père était du Tarn, et, il faut en convenir, l'exubérance particulière aux esprits de cette province, le désir de primer et de paraître qui poussa le romancier à ajouter une particule nobiliaire à son nom en *ac*, tout cela appartient plus à la Gascogne qu'à la Touraine, et il est bon de tenir compte de ces questions du sol et de race.

Après avoir vendu les Jardies, Balzac alla demeurer rue Basse, n° 19, à Passy (actuellement rue Raynouard, n° 47), où il resta plusieurs années et qu'il ne quitta que pour aller s'installer dans sa maison de Beaujon.

Nicolas Beaujon, le bienfaiteur du Roule, avait acheté, en quittant l'hôtel d'Evreux, aujourd'hui Palais de l'Elysée, d'immenses terrains compris entre la rue du Faubourg-Saint-Honoré et l'avenue des Champs-Elysées. Il y avait fait dessiner par Girardin, écrit Auguste Vitu, plusieurs pavillons environnés de grands jardins, qu'on appelait la Chartreuse, précédés en façade sur la rue, par une chapelle qu'il dédia à saint Nicolas, son patron, à destination de succursale de Saint-Philippe-du-Roule. Le principal pavillon de la Chartreuse a longtemps appartenu au peintre de marine Gudin, qui, sous l'Empire, y donna des fêtes splendides. Il a fait place, en 1874, à un bel hôtel construit par M. Léon Ohnet pour la baronne Salomon de Rothschild. Plus tard la chapelle Saint-Nicolas, depuis longtemps désaffectée du culte, fut achetée par la baronne et annexée à son jardin.

Une autre dépendance de la Chartreuse, également achetée par la baronne, et démolie, se trouvait à l'angle des rues Balzac, alors Fortuné, et Berryer. C'est là que le Maître mourut, le 20 mai 1850, à l'âge de cinquante et un ans, d'une hypertrophie du cœur, comme Shakespeare et Molière.

XXIII

Les Frères-aux-Anes

A quelques lieues de la ville de Digne, en Provence, s'élève une montagne percée de quelques grottes naturelles où, à une époque bien éloignée de nous, deux pieux solitaires étaient venus chercher un refuge contre le bruit et les distractions du monde. L'un, d'origine obscure, s'appelait Jehan de la Mathe; l'autre, avant de se nommer devant Dieu le père Félix, avait été Hugues de Valois : il était fils de Raoul le Vaillant et d'Aliénor de Champagne, le petit-fils d'Hugues de France, comte de Valois et de Vermandois, le noble descendant du roi Henri premier du nom.

Un jour que les deux anachorètes venaient de faire leurs prières accoutumées, ils aperçurent, arrêté à quelques pas devant eux, un cerf blanc dont le front était surmonté d'une croix moitié bleue et moitié de couleur pourpre. Saisis de frayeur, ils se signèrent en se serrant instinctivement l'un contre l'autre. Au bout de quelques instants, le cerf s'éloigna lentement en se retournant de temps à autre, et alors il fixait sur les deux vieillards des regards d'une douceur inexprimable, et il baissait doucement sa tête, comme pour mieux leur faire remarquer l'emblème mystérieux qu'il portait.

Le lendemain, Jehan de la Mathe et Félix de Valois se mirent en chemin ; un mois après, ils arrivèrent à Rome où ils allaient demander au pape quel glorieux dessein Dieu avait fondé sur eux.

Innocent III, après les avoir entendus en audience publique, ordonna un jubilé pour supplier l'Esprit saint de l'éclairer de sa sagesse divine, et, quelques jours après, ayant fait appeler les frères Jehan et Félix, il leur parla ainsi :

« Au nom de la Très Sainte Trinité, voici ce que j'ai à vous dire : Dieu, mes fils, a daigné exaucer mes prières et m'expliquer le sens du miracle dont vous fûtes témoins. Frères Jehan et Félix, vous avez été choisis pour fonder un ordre religieux dont la mission sera de solliciter par toute la terre la charité des fidèles, afin de payer aux idolâtres la rançon des pauvres esclaves chrétiens. Pour perpétuer le souvenir du prodige par lequel s'est déclarée la volonté de Dieu, vous vous vêtirez de blanc et vous porterez sur la poitrine une croix mi-partie rouge et bleue ; vous vous nommerez les Frères de la Rédemption des Captifs. Allez en paix, mes fils, et Dieu nous pardonne à tous nos péchés ! »

Telle fut l'origine de l'ordre des frères de la Rédemption ou de la Merci.

Jehan de la Mathe et Félix de Valois, ayant quitté Rome, vinrent à Cerfroid-en-Brie et y fondèrent le premier monastère de leur ordre; quelques temps après, ils obtinrent par lettres-patentes la propriété d'une aumônerie de Saint-Benoît, située rue Saint-Jacques, là où s'élèvent aujourd'hui les maisons qui bordent le théâtre, et vinrent s'y établir. Attenant à cette aumônerie et s'étendant sur la rue du Palais-des-Thermes (notre rue du Sommerard) était une petite chapelle où reposait, dit-on, le corps de saint Mathurin. Le nom du saint devint bientôt celui de la rue et des religieux, ces protagonistes de l'Œuvre des petits Chinois.

Les Mathurins s'en allaient prêchant par le monde et sollicitant, au nom de Jésus, l'aumône de tous, humbles ou puissants, pauvres ou riches, « pour rendre un époux et un père à la famille du soldat, du matelot pris sur les galères du roi par les corsaires barbaresques ». Et, comme ils entreprenaient de longs voyages, que leurs forces ne répondaient pas toujours à leur zèle, un pape leur avait permis de se servir d'ânes pour montures; d'où il arriva que le peuple les appelait familièrement les « Frères aux Anes ».

Ils paraissent d'ailleurs avoir été fidèles aux principes de leur institution : le rachat des captifs. En 1448, plusieurs d'entre eux partirent pour aller « racheter des chrestiens qui estoient ès-mains du soldant, ausquels on faisoit souffrir moult martires ». Il serait facile de citer d'autres faits analogues et, en 1754, on les voit encore racheter des captifs du Maroc. Je ne peux oublier toutefois que, ainsi que tous les autres ordres mendiants, ils avaient acquis de grandes richesses et qu'ils étaient devenus de gros propriétaires.

N'était-ce point à eux cette ferme qui se trouvait à peu près à l'angle gauche de la rue de Greffulhe et de la rue des Mathurins?

Le territoire qui en dépendait était immense. Il s'étendait, d'une manière générale, entre la rue de l'Arcade, la rue de Provence, la rue Laffitte et les boulevards. C'était, me semble-t-il, une assez jolie bague au doigt qu'avaient là les Frères-aux-Anes; et, en somme, ce n'était que la capitalisation des aumônes qu'ils eussent dû employer autrement.

Leur couvent aussi avait formidablement accru son pourpris. Peu à peu, il était arrivé à occuper tout l'espace compris entre les rues Saint-Jacques, du Sommerard, de Cluny et du Foin, absorbée par le boulevard Saint-Germain. Ses dépendances allaient jusqu'à la rue de la Harpe, c'est-à-dire jusqu'au boulevard Saint-Michel; et, pour visiter commodément leur pressoir, situé de l'autre côté de la rue du Foin, vis-à-vis le débouché actuel de la rue de Cluny, et tout à côté de ce collège de Bayeux qui deviendra une caserne où logeront les « quatre sergents de la Rochelle », les Frères-aux-Anes avaient jeté sur la rue une galerie, issue facile qui servit de thème à bien des cancans.

Mais au couvent des Mathurins se rattachent d'autres souvenirs. Son cloître, dont la salle du théâtre Cluny, construit en 1865, occupe la place, servit longtemps de chef-lieu à l'Université de Paris ; elle n'en connut pas d'autre avant d'avoir pris possession du collège Louis-le-Grand après l'expulsion des Jésuites. C'est là qu'elle tenait ses assemblées générales où siégeaient les Facultés de théologie, de droit et de médecine et les quatre nations de la faculté des Arts. C'est là que tous les trois mois les nations se réunissaient pour procéder à l'élection du recteur, après que leur turbulence leur eut fait refuser l'entrée du cloître de Saint-Julien-le-Pauvre. Ce fut là que, le 3 février 1316, l'Université de Paris reconnut solennellement pour roi de France le second fils de Philippe-le-Bel, Philippe V, consacrant ainsi, de son autorité, la disposition de la loi salique qui excluait les femmes de la couronne.

Le jour de la Toussaint de 1553, Nicolas Cop, fils du médecin du roi, élu recteur, eut à prononcer dans l'église des Mathurins le discours habituel de rentrée et y parla du purgatoire comme le faisaient les hérétiques. C'était la première fois qu'un tel scandale se produisait. Dénoncé aussitôt par les Cordeliers, cité devant le Parlement, le pauvre recteur crut prudent de prendre la fuite. Un jeune écolier, soupçonné d'avoir composé, ou au moins d'avoir inspiré le discours incriminé, poursuivi par le lieutenant-civil Morin, fut obligé de se déguiser en vigneron et de s'évader par une fenêtre de ce collège de Fortet, dont il reste encore de si curieuses constructions au n° 21 de la rue Valette. Cet étudiant, obscur la veille, célèbre le lendemain, n'était autre que Jean Calvin.

Le couvent des Mathurins, supprimé par la Révolution, fut bientôt après démoli. Il en reste quelques débris dans la cour qui sépare les maisons n°s 4 et 6 de la rue du Sommerard, et une curieuse arcade aveuglée de l'ancienne église, devant laquelle on passe indifférent et qui, pendant les entr'actes du théâtre Cluny, abrite les spectateurs pressés d'expurger le superflu de la boisson, comme dit Molière.

XXIV

La Rue Saint-Médard

Entre la rue Mouffetard — la vieille rue mémorable aux yeux de l'antiquaire — et la rue Gracieuse, — qui doit son nom à Jean Gracieuse, propriétaire au xiiie siècle, — une voie publique, une manière de ruelle, se développait, où chaque maison gardait encore son cachet, quant à l'entour tout se transformait et se modernisait : la rue Saint-Médard.

C'était, sauf l'admirable ruelle qui longe la manufacture des Gobelins, côtoyant la Bièvre, dont l'eau, malade, sent la fièvre et pleure ; c'était, à coup sûr, le plus surprenant coin que le Paris contemporain recelait.

Il y avait là un amas de masures aux ventres gonflés, aux toits fous, aux croisées grillées et bambocheuses, tandis que, partout, s'étalant, un assortiment de hardes indescriptibles prouvait aux yeux qu'il existe des degrés dans la loque et une hiérarchie dans le haillon.

Et, à la brume, la rue Saint-Médard, miséreuse, sans doute, mais anoblie par l'estompe des anciens temps, apparaissait ainsi qu'une délicieuse hideur blasonnée par l'art.

Voici qu'on nous la gâte : on exproprie par là, on y va construire quelques grandes boîtes à loyer : désormais, la vieille rue aura l'air d'un mendiant de Callot coiffé d'un chapeau à huit reflets.

Il y eut un temps — oh! bien autrefois — où ce n'était qu'un chemin coupant, à travers champs, vignes et vergers ; puis au xiiie siècle, Jean de Mauconseil ayant fait construire dans le voisinage de l'église Saint-Médard une habitation de plaisance, sa destinée changea, et bientôt aussi son aspect paisible.

En effet, l'habitation de Jean de Mauconseil passa, après plusieurs, aux mains d'Isabeau de Bavière, femme de Charles VI, qui la donna à son... beau-frère, Louis de France, duc d'Orléans ; et ce prince amena dans les alentours de « son séjour d'Orléans » toute une foule de « clients » qui n'avaient pas deviné Schopenhauer, et il faut les en louer.

On peut croire que de cette époque datait un certain hôtel d'Ablon (et quand je dis « hôtel » c'est par euphémisme), qui, campé sur notre chemin, sur notre rue, continua d'avoir des mœurs telles qu'elles révoltèrent et scandalisèrent si fort les voisins qu'ils demandèrent qu'on en éteignît jusqu'au souvenir et qu'on attribuât une autre dénomination à la rue d'Ablon.

Ceci se passait au xvie siècle et, depuis la fin du règne de François Ier, le territoire s'était en partie couvert de maisons.

9

Alors, le bourg Saint-Médard, qui devait son nom à la vieille église (ruinée par l'invasion normande, réédifiée aux xii° et xiii° siècles, reconstruite et agrandie en 1586), formait, de ce côté, le trait d'union entre le faubourg Saint-Marcel et la ville, dont ils demeurèrent d'ailleurs distincts jusqu'au règne de Louis XV. Et la rue que, du sommet du plateau, descendaient les fidèles se rendant à l'antique moustier que le diacre Pâris et les convulsionnaires ont rendu célèbre, était la rue Gracieuse, appelée, par ce motif, la rue Saint-Médard.

On ne trouva donc rien mieux, pour satisfaire au désir des habitants de la rue d'Ablon, que de changer ce nom en celui de rue Neuve-Saint-Médard, qu'elle a conservé jusqu'en 1877.

Au reste, cette qualification, nous l'avons dit, lui convenait bien mal, et nous ne voudrions pas jurer que les traditions de l'hôtel d'Ablon ne s'y fussent longtemps conservées.

Vous souvient-il, en effet, du « Vieux-Chêne », ce bal bruyant et assez mal fréquenté que chante Colmance, dont une chanson : « Ohé, les P'tits agneaux! » est le plus sérieux titre au souvenir d'une génération déjà bien essaimée?

Ce bal, qui a fermé ses portes en 1882, existait au numéro 69 de la rue Mouffetard, à deux pas de la rue Saint-Médard, dont les jeunes voyous et les petites gourgandines formaient le fond de sa clientèle. Il tirait son nom de l'enseigne d'un marchand de vin, son voisin immédiat, laquelle représentait, représente encore, je crois, un *quercus robur* assez malingre.

Chose bizarre! cette maison dépendait autrefois du couvent des Hospitaliers de la Miséricorde de Jésus et c'est dans cette maison, où, en 1848, s'installa le Club de l'Émeute révolutionnaire, qu'à la mort du poète Scarron, sa veuve se *serait* retirée, d'après quelques écrivains, comme pensionnaire des religieuses.

Quant au couvent, il est englobé, dans sa plus grande partie, par la caserne bâtie sous la Restauration par Rohault de Fleury; peut-être, dans quelques-unes des maisons voisines, pourrait-on en retrouver des vestiges, ainsi que, dans la rue Daubenton, quelques restes du séjour d'Orléans; il y a là des balustres d'escaliers bien curieux, précisément tout à côté de la petite porte du cimetière Saint-Médard, qui se voit encore au numéro 41.

Mais nous voilà bien loin de la rue Saint-Médard. Il me reste à dire, cependant, qu'à la fin du siècle dernier, Girault, architecte et ingénieur des spectacles du roi, habitait au numéro 1, et qu'à la maison d'en face, le numéro 2, pendait, au xviiie siècle, cette enseigne, qui résume, pour ainsi dire, toute l'histoire de cette rue de déshérités : « Le Monde-en-travail d'argent ».

XXV

Le Ministère de la Marine

L'Hôtel du ministère de la marine est considéré comme une des belles pages de l'architecture du xviiie siècle; il a été construit en 1768 par Gabriel, ainsi que l'autre hôtel, son jumeau, pour orner le côté nord de la place Louis XV, qui fut plus tard la place de la Révolution et que l'on nomme place de la Concorde, sans doute parce qu'elle a pour perspective la Chambre des députés, où, tout le monde le sait, on est toujours d'accord.

L'amant de Mme Dubarry avait eu en vue l'installation dans cet édifice, de l'hôtel des Monnaies; une partie des mousquetaires de la garde ordinaire du roi devait occuper l'autre, le jumeau, entre la rue Royale et la rue Boissy-d'Anglas, alors rue de la *Bonne-Morue*; puis on voulut employer ces deux bâtiments à la réception des ambassadeurs extraordinaires.

Tous ces projets avortèrent.

L'un des deux édifices, le premier terminé, fut abandonné à la Ville et morcelé en quatre hôtels particuliers : de Coislin, n° 4; de Pastoret, n° 6; de Fougère, n° 8; de Crillon, n° 10. L'autre, celui de la gauche, construit sur la partie de l'ancienne Orangerie des Tuileries, resta propriété du roi et fut le Garde-meuble de la Couronne : c'est l'hôtel du ministère de la marine.

Qu'était-ce donc que le Garde-meuble de la Couronne ?

Il a des origines fort anciennes, puisqu'il date de l'inventaire dressé à la mort de Charles V. Primitivement situé dans l'hôtel du Petit-Bourbon, en face du Louvre, vers l'endroit où se trouve la statue de Vélasquez, il fut démoli pour dégager le Louvre et transféré, en 1758, à l'hôtel de Conti, également démoli pour la construction, sur son emplacement, de l'hôtel des Monnaies. On le transporta alors à l'hôtel des Ambassadeurs extraordinaires, ancien hôtel du maréchal d'Ancre, actuellement caserne de la Garde républicaine, rue de Tournon, 10; enfin dans l'hôtel que venait d'achever Gabriel.

C'était à la fois un musée et une resserre, un entassement de richesses et de curiosités de tout genre, d'armes précieuses par leur travail ou par le souvenir de ceux qui les avaient portés, de meubles d'apparat, d'objets employés au sacre des rois, de bijoux appartenant à la cour, de tapisseries de Flandre et des Gobelins.

Le public y était admis le premier mardi de chaque mois.

Et quand Marie-Antoinette venait à Paris, les Tuileries ayant été envahies peu à peu par une population disparate, elle habitait quelques pièces vacantes au premier étage du Garde-meuble. Elle s'y trouvait, par exemple, un soir d'automne de 1788, où le duc d'Orléans vint, sur la place Louis XV, sonner l'hallali d'un chevreuil qu'il avait lancé à Villers-Cotterets.

La curée aux flambeaux, à laquelle la reine assista, eut lieu entre le pont Tournant (grille occidentale des Tuileries) et la statue de Louis-le-Bien-Aimé (emplacement de l'obélisque), là même où se dressa, en octobre 1793, l'échafaud de Marie-Antoinette, et, un mois plus tard, celui du duc d'Orléans.

C'est aussi à cette même place que stationne le fiacre historique où montera Louis-Philippe, fils de Philippe-Égalité, après son abdication.

Revenons au Garde-meuble. Le 13 juillet 1789, le peuple soulevé vint y chercher des armes, se les fit remettre et se les partagea. La lance de Boucicaut, l'épée de Duguesclin, l'épée de François Ier, les armes de prix furent emportées par des inconnus... qui ne dirent pas leurs noms et qu'on n'a pas revus.

Cette journée néfaste pour le Garde-meuble ne fut pas la dernière ; c'est ainsi qu'à une époque tourmentée de la Révolution, de curieuses tapisseries des xve et xvie siècles, qui y étaient conservées, en furent extraites et brûlées par mesure administrative, pour en retirer 44,000 francs environ de lingots obtenus par la fonte des fils d'or et d'argent dont elles étaient tissées.

Quant aux diamants, le vol commis en septembre 1792, par Cambon et Douligny, qui expièrent sur l'échafaud leur audacieux attentat, les dispersa.

On sait que le *Régent*, que Napoléon devait un jour faire monter sur la garde de son épée, ne fut retrouvé qu'en 1793 dans un cabaret du faubourg Saint-Germain, et que Joseph Bonaparte découvrit à Madrid, dans le trésor royal, le *Sancy*, le diamant légendaire, que Charles le Téméraire avait perdu à la bataille de Morat.

Après ce vol, le Garde-meuble disparut et les bureaux de l'administration de la marine prirent sa place dans les derniers mois de 1792. Dès lors, l'hôtel n'est plus mêlé à aucun événement politique, et il nous faut arriver à la Commune pour le voir jouer un rôle, mais, cette fois, un rôle essentiellement militaire sur lequel je n'insisterai pas.

Je préfère signaler une particularité peu connue. Si l'on regarde avec attention le fronton de gauche de l'hôtel, vers la rue Saint-Florentin, on peut distinguer sur l'écu ovale que tient une figure allégorique, le profil de Louis XV, qui, tout gratté qu'il a été, se trouve encore parfaitement reconnaissable.

Le plus curieux des personnages qui habitèrent l'édifice jumeau, fut certainement la marquise de Coislin.

Dès 1776, elle acquit l'hôtel qui fait angle sur

la rue Royale, là où est aujourd'hui le cercle de l'Union.

Chateaubriand qui, à son retour d'Angleterre, loua l'attique de cet hôtel, nous a laissé, de la marquise qu'il rencontra souvent, un portrait bien amusant. C'était une femme du plus grand air, très fière de ses ascendants et qui en imposait malgré son avarice extrême. Cousine de Mme de Mailly, elle était entrée dans l'intimité de Louis XV; mais elle n'avouait pas sa défaite, et, bien au contraire, s'en défendait, aux heures même de la vieillesse, alors qu'elle restait couchée jusqu'à deux heures après midi dans un lit à rideau de soie verte, une petite chienne lui tenant compagnie, recevant ainsi, ses cheveux gris mal retenus par une coiffe de nuit, des girandoles de diamants montés à l'ancienne façon descendant sur son oreiller semé de tabac.

Aussi bien, si elle résista à Louis XV, ainsi qu'elle le prétendait, ce ne fut sans doute que par *malentendu,* car la vertu de la marquise eut des défaillances. — Bourette, fameux financier, la pressant de lui accorder ses bonnes grâces, lui offrit un million dans un moment d'enthousiasme. Mme de Coislin persista à refuser et Bourrette s'en retourna. Mais la nuit porte conseil; le lendemain, la marquise, pensant qu'un million était une somme, écrivit à Bourette, qu'elle se ravisait. — Hélas! le financier avait réfléchi, lui aussi, et il répondit : « Ce que je vous demandais hier était d'un grand prix ; ce que vous m'offrez aujourd'hui est trop cher. » Bourette était un homme d'esprit.

A force d'être épargnée par la mort, Mme de Coislin, comme Fontenelle, put se croire oubliée. Elle eut un dernier mot avant de mourir, dans l'été de 1829. Quelqu'un soutenait près de son lit qu'on ne succombait que parce qu'on se laissait aller ; que si l'on était bien attentif et qu'on ne perdait jamais de vue l'implacable ennemie, on ne mourrait point : « Je veux bien le croire, dit-elle, mais j'ai peur d'avoir une distraction ».

Et, ce disant, elle en eut une, sans doute, car elle expira quelques jours après ; elle allait avoir cent ans.

Mais, au moins, Mme de Coislin avait vécu assez longtemps pour assister, de sa fenêtre, à la rentrée des Bourbons et au *Te Deum* que l'empereur Alexandre fit chanter, selon le rite grec, le 4 avril 1814, sur un autel édifié au milieu de la place couverte de troupes étrangères.

Dormez en paix, marquise ! vous qui n'eûtes jamais que deux chemises, renouvelées seulement quand elles étaient usées, parce que, disiez-vous, en avoir davantage, cela sent la parvenue !

XXVI

L'Abbaye de Sainte-Geneviève

On a effectué, en 1899, des travaux de réparations dans les bâtiments du lycée Henri IV.

Est-il besoin de rappeler que la majeure partie de ces bâtiments sont ceux de l'ancienne abbaye Sainte-Geneviève, dont les façades ont été, presque partout, replâtrées et modernisées par les générations d'architectes chargés d'approprier la vieille abbaye à sa destination nouvelle.

Le lycée Henri IV date d'un peu plus d'un siècle : il a été créé en 1795, sous le nom d'Ecole centrale du Panthéon, et installé dans l'ancienne abbaye, où il est resté depuis lors. Ce fut en 1804 que l'Ecole devint le *lycée Napoléon*. Sous la Restauration, le lycée reçut le nom de *Henri IV* — celui qu'il porte aujourd'hui. — *Corneille* a été son parrain en 1848 et en 1870 ; sous le second empire, il avait été replacé sous le patronage de *Napoléon*

Quoique le lycée Henri IV ait une histoire plus courte et moins mouvementée que celle de son voisin Louis-le-Grand, il a cependant compté parmi ses élèves un nombre considérable de personnages connus, dont quelques-uns sont devenus illustres. Citons quelques noms : Casimir Delavigne, les de Wailly, Odilon Barrot, Paul et Alfred de Musset, Saint-Marc Girardin, Eugène Scribe, Patin, Emile Augier, Haussmann, Elie de Beaumont, le maréchal de Saint-Arnaud, Ferdinand de Lesseps, Edouard Hervé, le duc d'Aumale, le cardinal Perraud, Pierre Loti, Victorien Sardou, *de l'Académie française* ; Berthelot, Milne-Edwards, *de l'Institut*; Jules Barbier, les amiraux Victor Duperré et Zédé, Léon Cléry, Georges Duruy, Millerand, Puvis de Chavannes, le peintre de cette légende de Sainte Geneviève qui plane sur tous ces bâtiments.

La tradition rapporte que Clovis, en guerre contre les Wisigoths, fit vœu d'élever, s'il était victorieux, une basilique dédiée aux apôtres saint Pierre et saint Paul. Il vainquit ; et, pour accomplir son vœu, il choisit le sommet de la colline sur le versant de laquelle s'élevait l'ancien palais romain. Là, il brandit sa framée et, la lançant au loin, mesura l'espace assigné à l'édifice futur. C'était l'antique formule, la coutume germanique, le symbole de la prise de possession ; mais, cette fois, le symbole semblait en dire davantage, et plus que le Franc n'eût voulu ; la terre conquise par sa sanglante framée va passer à l'Eglise qui, longtemps, détiendra le sol national qu'elle a, comme à coups de ciseaux, découpé en lambeaux sacrés.

Le nom de Sainte Geneviève, donné tout d'abord, vers le viie siècle, concurremment avec ceux des saints Pierre et Paul, prévaut trois cents ans plus tard, et l'édifice, qui aurait reçu la dépouille mortelle de la bergère de Nanterre, est définitivement placé sous son invocation.

On sait combien la patronne de Paris, dont la légende est tout au moins suspecte, fut populaire. Dans les grandes calamités publiques, c'était la châsse vénérée de sainte Geneviève qu'on promenait dans les rues, et c'était à elle ou à saint Marcel que s'adressait la Foi.

Geneviève avait repoussé Attila. Marcel avait détruit un monstre qui désolait les environs de la ville, vers l'endroit où depuis, par reconnaissance, on éleva une église sous l'invocation du saint évêque, église dont l'emplacement nous est représenté par l'intersection du boulevard Saint-Marcel et de la rue de la Collégiale.

Cette gratitude des parisiens avait autrefois son réveil chaque année, le jour de l'Ascension.

Ce jour-là, on tirait la châsse de saint Marcel de la magnifique crèche que lui avait fait faire le cardinal de Noailles au chevet du chœur de Notre-Dame, et les Orfèvres, portant les reliques, s'en allaient processionnellement par les rues pour s'arrêter de très grand matin devant le portail de l'église Sainte-Geneviève, située sur le sol de notre rue Clovis, entre l'église Saint-Etienne-du-Mont et le lycée Henri IV. Les chanoines de Saint-

Victor, installés depuis 1148 dans le cloître contigu à l'église, sortaient alors, portant la châsse vénérée de la Sainte. Puis, allant de compagnie, la Sainte et le Saint étaient promenés à travers la ville, faisant parfois un miracle, afin de ne pas décourager les dévotieux.

A la nuit, le cortège s'arrêtait rue de la Calandre (exactement sous la voûte des bâtiments de la Préfecture de police qui débouche sur le parvis de Notre-Dame), devant la maison où la tradition voulait que fut né Marcel; et Geneviève et Marcel se séparant alors, retournaient chacun chez soi, pour ne se plus rencontrer qu'à l'an d'après.

Il en fut ainsi jusqu'à la Révolution; à cette époque la vierge de Nanterre n'avait encore rien perdu de sa popularité. En 1789 et 1790, on mêlait sans cesse les démonstrations en son honneur aux manifestations patriotiques. A chaque instant, poissardes, harengères, femmes de la rue de Sèvres et du faubourg du Roule, imaginaient d'aller en cortège, habillées en blanc, bouquet en main, bannières au vent, escortées par la Garde nationale du quartier, avec la musique, remercier sainte Geneviève de la liberté reconquise.

Au retour d'une de ces processions, les dames du marché Saint-Martin passèrent chez Bailly, le nouveau maire de Paris, et lui présentèrent un bouquet avec une brioche. Il fut bien complimenté et bien embrassé. Les jours suivants, les autres districts imitèrent cet exemple, et le bon Bailly, dans ses *Mémoires*, raconte, avec un naïf chatouillement d'orgueil, ces défilés de demoiselles en blanc qui venaient le fêter et le baiser en revenant de faire visite à la Patronne de Paris.

Tout cela est bien oublié aujourd'hui, encore qu'il y ait à Saint-Etienne-du-Mont des reliques de la Sainte, reliques d'autant plus curieuses qu'en 1793 on a brûlé celles qui existaient. Et il ne subsiste plus guère de la tradition que la Neuvaine de Sainte-Geneviève, une occasion de fête dévote et quasi-foraine, qui se tient, du 3 au 12 janvier, devant Saint-Etienne-du-Mont, cette jumelle de l'église Sainte-Geneviève, démolie en 1807.

On sait que ce fut à l'ouverture de la neuvaine de 1857 que Mgr. Sibour, archevêque de Paris, fut assassiné par Verger.

Les bâtiments de l'abbaye elle-même ont, pour ainsi dire, subi la destinée de l'église, sous la direction de l'architecte Bourla.

Qu'en subsiste-t-il? Une carcasse défigurée que domine cette jolie tour carrée, enclavée dans le lycée, mais découronnée de sa flèche de 1486. On l'appelle la « Tour de Clovis », pourquoi? Sa base, de style roman, date du XIIe siècle; le roi franc n'a rien à en revendiquer !

Que reste-t-il encore ? Quelques chapiteaux et quelques fragments échappés à Bourla et à ses successeurs, le grand réfectoire du couvent qu'occupe la chapelle du lycée; puis l'ancienne bibliothèque, transformée en dortoir.

Cette dernière partie de la fameuse abbaye, à l'ombre de laquelle Abélard réunit la foule de ses disciples, demeura longtemps indépendante, même quand les écoliers de Henri-IV eurent remlacé les Génovéfains.

En 1842 seulement, la célèbre bibliothèque fut transportée dans les bâtiments du collège Montaigu, ce collège de « pouillerie », comme dit Rabelais, où étudia Ignace de Loyola.

L'édifice a été remplacé par une construction du dessin de Labrouste, mais, toutefois, il a survécu longtemps dans un néologisme : *hôtel des Haricots*, dénomination qu'il devait à la frugale nourriture des écoliers, ses hôtes d'autrefois, et que l'on attribua, plus tard, à la maison d'arrêt de la Garde nationale, lorsqu'on lui affecta l'ancien Montaigu.

XXVII

Les Étapes de la rue Chauchat

Il est question de prolonger jusqu'au boulevard la rue dont Jacques Chauchat, échevin sous la prévôté de M. de Caumartin, fut le parrain en 1779. Elle ne s'étendait alors que de la rue Chantereine (*notre rue de la Victoire*) à la rue de Provence.

Plus tard, en 1821 et en vertu d'une autorisation du corps municipal datée du 27 juillet 1793, on la continua jusqu'à la rue Pinon, maintenant *Rossini*. — Le président Pinon de Quincy était seigneur du fief de la *Grange-Batelière*, du chef de sa femme, une Vivien. Le nom de cette vieille famille parisienne survit, un peu altéré, dans celui de la rue *Vivienne*. Ce n'est pas un exemple isolé que cette terminaison féminine donnée à la dénomination d'une rue : la rue *Coquillière* doit son nom à un certain Pierre Coquillier; la rue *Payenne* doit le sien à l'un des ancêtres de Deslandes-Payen, l'ami de Scarron.

Le fief de la Grange-Batelière comprenait, d'une façon générale, tout le territoire circonscrit par les rues Laffitte, de Provence et du faubourg Montmartre; puis, au delà du boulevard, par les rues Sainte-Anne, des Petits-Champs et Notre-

Dame-des-Victoires. Le siège du fief, le manoir seigneurial, était situé sur l'emplacement qu'occupe actuellement cet Hôtel-des-Ventes dont Rochefort a écrit les « *Petits Mystères* ». Ce fut, pendant la Révolution et l'Empire un hôtel garni, et des plus réputés. Le duc d'Orléans, l'ancien amoureux de Mme de Genlis et le futur roi des Français, revenant de l'émigration en 1814, ne prit pas d'autre logement jusqu'à ce que ses appartements du Palais-Royal eussent été mis en état.

Vers cette époque, le comte Rzewouski, frère de la princesse Fanny Lubomirska, guillotinée sous la Terreur, descendait, lui aussi, à l'hôtel de la Grange-Batelière. Il venait à Paris chercher la petite orpheline que sa sœur avait laissée. Ses démarches étaient restées vaines et, après quelques semaines, il allait repartir quand, un jour, dans la cour même de l'hôtel, les traits d'une jeune servante, aidant une vieille femme à porter une corbeille de linge, le frappèrent.

— C'est votre fille ? demanda-t-il à la vieille.

— Autant dire oui ; je peux bien la regarder comme mon enfant. Sa véritable mère a été guillotinée sous Robespierre, et je l'ai recueillie en prison.

On devine le reste. Le comte reconnut sa nièce dans cette servante d'hôtel ; il l'emmena en Pologne où elle épousa un Rzewouski, son cousin. Quelques années plus tard, elle passait pour la reine de beauté à la cour d'Autriche.

Au temps où se produisait cet épisode, on distinguait encore sur la façade d'un vaste hôtel voisin cette inscription mal effacée : « Dépôt de beaux meubles. » La situation de cet hôtel est marquée par les maisons neuves qui, sur la rue Drouot, s'étendent du n° 5 jusqu'à la rue Rossini, et, sur la rue qui emprunte son appellation à M. Peletier de Morfontaine, prévôt des marchands quand elle fut ouverte, en 1786, par les maisons numérotées 12, 14 et 16.

Cet hôtel avait été construit pour le fermier général Laborde, l'amant envié de la Guimard, vers 1764; puis, loué à Grimod de la Reynière, en attendant que fut achevé le splendide logis qu'il faisait élever aux Champs-Élysées, occupé aujourd'hui par l'*Épatant*, formé par la fusion de l'ancien Cercle Impérial et du Cercle Artistique, *vulgo* Cercles des Mirlitons.

Le duc de Choiseul, l'ancien ministre de Louis XV, succéda au fermier général des postes dans l'hôtel Laborde, où il mourut en 1785. Plus tard, on y installa successivement le ministère de la guerre, ensuite le ministère du commerce et des manufactures, puis l'état-major de la garde nationale. L'assassinat du duc de Berry par Louvel, en 1820, changea ses destinées.

J'ai dit le motif de la condamnation de l'ancien Théâtre Montansier et comment l'Opéra fut réduit à l'état de vagabondage.

On désigna l'hôtel Choiseul pour l'hospitaliser

et l'architecte Debret éleva sur l'emplacement du jardin la scène, la salle et le foyer du public. L'hôtel lui-même fut approprié aux services administratifs.

On sait que l'Opéra de la rue Le Peletier brûla dans la nuit du 28 au 29 octobre 1873. La rue Chauchat, prolongée à travers son emplacement jusqu'au passage de l'Opéra, fit, en 1875, sa troisième étape.

Le passage de l'Opéra dont je viens de parler a été élevé en 1823, la même année que le Passage Vivienne, sur les terrains de M. Morel de Vindé, pair de France, membre de l'Institut, et, surtout, bibliophile ardent et érudit.

Ces terrains, qui, de la rue Drouot, allaient jusque tout proche la rue Le Peletier, appartenaient, à la fin du XVIIIe siècle, à Pierre Crozat, grand-oncle de Mmes de Richelieu et de Gontaut-Biron, ses héritières. A Mme de Choiseul échut l'hôtel Crozat vendu en 1770 pour éteindre les dettes de l'ancien ministre. Il couvrait tout un côté de la rue de Richelieu, depuis à peu près la hauteur de la rue Feydeau jusqu'au boulevard, et, par sa profondeur, allait toucher aux terrains où s'ouvre aujourd'hui la rue de Grammont; là commençaient les jardins de l'hôtel du maréchal d'Uxelles.

Les terrains de la Grange-Batelière étaient occupés par un potager auquel on arrivait par un chemin souterrain, percé dans le terre-plein du boulevard, que l'on a retrouvé, en 1895, lors des travaux de terrassements entrepris pour l'établissement des fondations du nouvel Opéra-Comique. M. de Gontaut-Biron les vendit à Le Normant d'Étioles, le mari de Mme de Pompadour, qui y fit construire un hôtel assez vaste, vers l'angle de la rue Drouot. Il y mena vie joyeuse; et, après la mort de la marquise, il y vécut avec Mlle Rem, une jolie danseuse de l'Opéra, qu'il faillit épouser.

On fit, à ce propos l'épigramme suivant :

> Pour réparer miseriam
> Que Pompadour fit à la France,
> Le Normant, plein de conscience,
> Vient d'épouser Rem publicam.

Après Mlle Rem, et lorsque son frère, dont elle était l'Egérie un peu acariâtre, vint habiter l'hôtel Laborde, la comtesse de Gramont acheta l'hôtel Le Normant d'Étioles, et y logea jusqu'à la Révolution. Après que M. Morel de Vindé l'eut fait démolir et que Debret eût édifié ces galeries qui firent l'admiration des parisiens sous Charles X, on en vit longtemps subsister un vestige à l'angle de la rue Drouot.

La disparition du passage de l'Opéra, triste, délaissé, évoquera bien des souvenirs en même temps qu'elle marquera la quatrième étape de la rue Chauchat.

XXVIII

Carrefour Saint-Séverin

On se résout enfin à dégager les abords de l'église Saint-Séverin, à peu près ignorée des parisiens, bien qu'elle offre encore aujourd'hui, malgré certains disparates, une remarquable adaptation des types de l'architecture ogivale à ses meilleures époques.

Placée au centre d'un lacis extrêmement curieux de rues étroites qui subsistent comme par miracle entre les larges voies de la rive gauche, elle est, d'ailleurs, entourée de vieilles masures qui la cachent en partie. C'est à peine si, au carrefour que forment les rues Galande et Saint-Séverin en débouchant sur la rue Saint-Jacques, cette immense voie de catholicité et de latinité des temps écoulés, on entr'aperçoit l'élégance du chevet dominant quelques constructions basses qu'accompagnent quatre marronniers d'Inde, chétifs et ridicules.

Qui le croirait? la création de cette placette, grande comme un mouchoir, marque le commencement d'exécution du projet qu'on exécute. Pour la former, on démolit (c'était vers 1855) une vieille maison qui portait autrefois l'enseigne du *Dauphin* et une fontaine, bâtie en 1654, qui était appliquée à l'angle des rues Saint-Séverin et Saint-Jacques; mais on s'arrêta après tant d'efforts, et elles restèrent debout, les caduques bâtisses que l'on se décide à faire disparaître.

Elles furent longtemps, pour la plupart, habitées par des libraires et des graveurs en taille-douce. Au n° 8, était le libraire La Caille; la maison voisine était occupée par les ateliers du graveur Audran, qui avait pour spécialité de graver les thèses, des merveilles de dessin et de calligraphie. Du n° 4, *Maison du Dieu d'amour*, les mœurs nous paraissent avoir été suspectes; le n° 22, *Maison de l'Escu d'argent*, fut une hôtellerie; le n° 20, *Maison du Paon blanc*, une rôtisserie.

Ce quartier était d'ailleurs celui des rôtisseries et des tavernes, où *escholiers*, clercs de la basoche, ribauds et ribaudes venaient faire « longue beuverie et franches repues », tandis qu'au dehors « tire-laine, faquins et gueux de l'hostière », l'escarcelle vide non moins que l'estomac, se pourléchant en la contemplation et humerie des poulardes tournant en broches, mangeaient leur pain sec avec des illusions de ripailles.

Et, tenez ! ce fut précisément au Carrefour Saint-Séverin que *Seigni Joan*, « fol insigne de Paris », nous dit Rabelais, rendit ce jugement, digne du roi Salomon, par lequel il débouta de sa réclamation saugrenue un rôtisseur qui voulait faire payer à un *faquin* la fumée du rôt dont il avait assaisonné son pain.

Seigni Joan, par devant le cercle des badauds assemblés, ordonna au pauvre diable de tirer de sa gibecière un tournoi Philippus et le fit sonner avec sa marotte sous le nez du rôtisseur, en décidant avec gravité que la fumée du rôti était dûment payée par le son de l'argent.

Le carrefour Saint-Séverin était appelé, au XIIIe siècle, le Carrefour du *travail au fèvre*. On sait que le mot « travail » signifie une pièce de charpente dans laquelle les maréchaux attachent les bœufs et les chevaux difficiles pour les ferrer plus facilement.

Le « fèvre » du carrefour devait avoir, au reste, une clientèle toute spéciale.

C'était, en effet, un vieil usage, lorsqu'on entreprenait un voyage, d'invoquer pour son succès l'assistance de saint Martin, un des patrons de la paroisse. Pour témoigner de son invocation, on attachait un fer de cheval à l'un des battants de la porte principale de l'église, et pour que le saint protégeât le voyageur et sa monture, on faisait rougir au feu du *fèvre*, la clef de sa chapelle, et on en marquait l'animal.

Il en était encore de même, d'après Grégoire de Tours, quand les chevaux avaient des maladies, ou, simplement, pour les préserver d'accidents.

Cette porte principale de l'église était alors, et

jusqu'en 1839, celle du porche s'ouvrant sous la tour, à l'angle nord-ouest de l'édifice.

La rue des *Prêtres-Saint-Séverin* était, en ce temps-là, si étroite et si peu passante, que l'église n'y avait pour entrée qu'une simple baie sans aucun ornement.

Aussi bien elle n'avait pas trop bonne renommée, cette rue des Prêtres ! et je ne veux pas dire quel était le métier scandaleux des « meschinettes » que le poète Guillot y met en scène avec beaucoup d'indulgence.

Et puis, qu'en reste-t-il ? Le n° 6, qui conserve, *peut-être* des vestiges de l'ancien logis où fut fondé le collège de Lisieux en 1336, et le n° 8, qui bien avant Henri IV, eut pour enseigne *parlante :* Au Vert-Galant.

La porte légendaire de Saint-Séverin et la tour qui la surmonte, jusqu'à la dernière moulure de la corniche, paraissent dater du milieu du xiiie siècle. A cette époque, l'église ne consistait encore qu'en une nef avec simples bas-côtés, et le porche était en saillie par rapport au vaisseau, alors presque totalement caché derrière des maisons en bordure sur la rue Saint-Séverin, lesquelles étaient situées sur l'emplacement du collatéral, des chapelles et de la première sacristie. La deuxième sacristie occupe le sol d'une construction que d'anciens titres appellent la *Cave Saint-Séverin*.

Qu'était-ce donc que cette *Cave ?*

On sait qu'auprès de plusieurs églises de Paris, il y eut une petite *chambre*, dans laquelle quelques femmes dévotes se firent *murer* et où elles trainèrent le reste d'une misérable existence. Or, nous savons par l'ancien *Nécrologe* de l'abbaye de saint Victor le nom d'une des recluses de Saint-Séverin: elle s'appelait *dame Flore*; et on peut penser que la *chambre* où elle s'emmura, après plusieurs autres enthousiastes sans doute, fut précisément cette *cave* de Saint-Séverin.

Et partout, dans ce coin du vieux Paris, vous poursuivent les usages et les coutumes d'antan !

Ainsi, près de cette porte du clocher dont nous parlions tout à l'heure, on peut encore voir encastrées dans le stylobate, deux inscriptions rendues à peu près indéchiffrables.— D'après l'abbé Lebeuf, elles rappellent les charges auxquelles étaient tenus les fossoyeurs de Saint-Séverin ; et, à gauche de ces inscriptions, on lit encore aisément ce distique :

> Bonnes gens qui par cy passé
> Priez Dieu pour les trépassés.

Puis, d'un côté et de l'autre du porche, deux lions en pierre. L'écu qui pend à leur col est chargé des armes de France réduites à trois fleurs de lys, entremêlées de celles du Dauphin. Une inscription est gravée sur leurs colliers ; le temps l'a rendue illisible, mais les caractères romains qui la composent, servent à en fixer la date :

la seconde partie du xive siècle. « Ces lions, dit
« l'abbé Lebeuf, ont été conservés ici très soi-
« gneusement pour tenir lieu d'autres lions plus
« anciens, qui y avaient été et qui avaient servi à
« supporter le siège du juge ecclésiastique, soit
« official, soit archiprêtre, dans les siècles où
« leurs jugements se prononçaient aux portes des
« églises, ainsi qu'on en connaît plusieurs se ter-
« minant par cette formule : *Datum inter duos
« leones*, donné entre deux lions ».

Et le savant abbé peut bien avoir raison.
L'église Saint-Séverin, en effet, est un de ces
monuments hybrides qui, pour parler comme nos
voisins d'Outre-Manche, *exemplifient* à la fois
quatre ou cinq styles.

Fondée à l'époque mérovingienne, sous l'invocation, non de saint Séverin, évêque d'Agaune,
mais sous celle de saint Séverin-le-Solitaire, contemporain de Childebert Ier, elle fut renversée
lors des invasions normandes, au temps de
Charles-le-Chauve, et ne se releva probablement
de ses ruines que postérieurement au don que,
l'an 1050, le roi Henri en fit à l'évêque Imbert.
Dans le siècle suivant, la population des environs
s'accroissant rapidement, elle fut érigée en paroisse, et en 1210 une sentence arbitrale déter-
mina l'étendue de son territoire. La paroisse
Saint-Séverin a été la première établie dans le
quartier d'*Outre-Petit-Pont*, plus tard dit de
l'*Université*, et en a toujours été la plus impor-

tante. C'est pour cela que le curé chargé de l'administrer avait le titre d'archiprêtre, dignité qui lui assurait la prééminence sur ses collègues.

Ce qu'on aperçoit de plus ancien dans l'édifice actuel, ne remonte qu'aux environs de l'an 1100 ; c'est le pan de mur, sur la rue des Prêtres, qui correspond au premier bas-côté méridional, et où il y avait une fenêtre en plein-cintre, avec archivolte à dent de scie, que Godde, dans sa restauration, sous Louis-Philippe, a maladroitement transformée en une fenêtre ogivale.

Viennent ensuite, dans l'ordre chronologique, et datant du xiiie siècle, les trois premières colonnes ou piliers cylindriques de la nef de chaque côté, le mur où est percée la porte occidentale, et la baie par laquelle on passe du bas-côté septentrional dans le porche. Quant à la porte de celui-ci, s'ouvrant sur la rue Saint-Séverin, et à la tour qui la surmonte, elles sont un peu plus récentes et paraissent, je le répète, avoir été construites vers 1250.

J'ai dit aussi qu'à cette dernière époque, l'église Saint-Séverin ne consistait encore qu'en une nef avec simples bas-côtés, comme le démontre bien clairement le contrefort du porche, qu'on voit encore dans le collatéral du nord, et que le porche lui-même était une saillie par rapport au vaisseau.

En 1347, le pape Clément VI accorda des indulgences dont le revenu devait servir à rebâtir l'église Saint-Séverin ; mais rien dans le monument ne peut être assigné à cette date, et les travaux durent marcher bien lentement. Avant la Révolution, on remarquait, en effet, au second pilier du premier bas-côté méridional, une inscription, gravée sur cuivre, et où il était dit que ce pilier avait été bâti l'an 1414. Le style du pilier justifie l'inscription, et c'est donc à la fin du règne de Charles VII qu'il faut assigner l'édification du second collatéral du midi, avec les piliers qui le séparent du premier. Les contreforts de ce second collatéral, très faciles à distinguer dans les murs séparant aujourd'hui les chapelles de ce côté, prouvent que ces dernières n'ont point été précédées par d'autres. Un contrefort analogue à ceux du sud, encore garni de sa gargouille, et engagé dans le mur de la sacristie, démontre que la seconde extension donnée à l'église, comportait un double bas-côté au nord, de même qu'au midi.

Le dernier grand accroissement de l'église Saint-Séverin a eu lieu à la fin du xve siècle : « Le « lundi ive jour de mai 1489, était-il indiqué dans « les archives de la paroisse, on commença à « faire les vuidanges (*fouilles*), pour faire les fon-« dements de l'accroissement fait à l'église ; et le « xiie jour d'icelui fust assise la première pierre « dudit fondement ». Il était, en outre, consigné dans ces archives que le 14 juillet 1491, on avait posé la première pierre de la chapelle Saint-Séverin ;

le 30 mars 1495 (vieux style). L'Évêque de Paris bénit la nouvelle abside, avec ses chapelles, et le 12 février 1498 on entreprit la construction de celles du midi, sous la conduite de Micheault-le-Gros. On ne sait point exactement la date de la réédification des bas-côtés du nord, mais il est probable qu'ils furent entièrement refaits, à la même époque, et qu'on érigea à peu près simultanément les chapelles attenantes, avec la première sacristie; puis la flèche, à partir de la dernière moulure de la corniche terminant la tour, et les *Charniers* qui jadis entouraient le cimetière.

Pour en finir avec l'âge des différentes portions de l'édifice, je dirai que la seconde sacristie a été élevée sur l'autorisation accordée par le Parlement aux marguilliers, le 12 août 1540, et que la triste chapelle elliptique de la Vierge a été construite en 1673.

Les *Charniers*, dont je parlais tout à l'heure, subsistent encore en partie.

Ils ont leur histoire.

C'est là, qu'en janvier 1474, on fit la première opération de la pierre; c'est là, que Catherine de Lorraine, sœur du Balafré, fit exposer, en juillet 1587, ce tableaux dévotieux, représentant, dit l'Estoile, « plusieurs étranges inhumanités exercées par la reine d'Angleterre contre les bons catholiques, et ce, pour animer le peuple à la guerre contre les huguenots ». On sait d'ailleurs, que la journée de Saint-Séverin (2 septembre 1587) fut le triste prélude de celle des *Barricades*. On sait aussi quelle action eurent sur les événements de la Ligue les assemblées séditieuses, provoquées par le curé Jean Prévôt, qui se tinrent à cette époque dans les charniers Saint-Séverin.

On y accédait notamment, à ces charniers, par un petit passage qui s'ouvre encore entre les n°s 10 et 12 de la rue de la Parcheminerie. Sur la porte de ce passage on lisait au commencement du siècle, cette moralité remarquable par ses jeux de mots :

>Passant, penses-tu passer par ce passage
>   Où, pensant, j'ai passé ?
>Si tu n'y penses pas, passant, tu n'es pas sage ;
>Car, en n'y pensant pas, tu te verras passé.

Mais il ne faut pas rester sous cette impression funèbre, et cette maison sous laquelle s'ouvraient les charniers m'en fournit l'occasion.

Un gentil clerc y demeurait, et comme pendant une gentille bachelette logeait en face. Ils s'aimèrent. Mais la fille était bien gardée. Un soir que le clerc se lamentait, *Satanas*, qui passait par là, lui offrit ses services ; et, se pliant sur le bord du toit, tournant le dos du côté de la rue, il allongea, allongea sa queue jusqu'à la fenêtre de la bachelette. Le clerc, fou d'amour, passa sur la corde roide, et la fenêtre se referma.

L'aube blanchissait quand notre amoureux reparut pour rentrer chez lui et voulut reprendre le même chemin; mais il était moins amoureux, son pied glissa, et, pour conjurer le danger, il fit un signe de croix.

Aussitôt, un jet de feu passa sur les toits. *Satanas* s'enfuit; et l'on entendit un bruit sourd. C'était le pauvre clerc qui s'écrasait sur le sol de la rue.

La légende ajoute que la bachelette, se consolant avec d'autres, eut bien soin, en les faisant passer par un chemin moins dangereux, de ne plus les exposer à faire un *pas de clerc*.

XXIX

L'Abattoir de Grenelle

Le Concours hippique a eu lieu, cette année (1900), place de Breteuil, sur l'emplacement de l'ancien *Abattoir de Grenelle*, dont une partie avait été occupée, depuis le 5 avril, par le *Salon* annuel de la *Société des artistes français*.

Construit de 1810 à 1818 par Gisors, l'Abattoir de Grenelle faisait partie du groupe de « tueries » créées par le décret du 9 février 1810. Antérieurement à ce décret, on tuait au domicile des bouchers. Et Paris empruntait à cette coutume, vainement combattue par la municipalité au nom de la sécurité et de la salubrité publiques, son aspect le plus répugnant. « Le sang ruisselle dans les rues, écrit en 1783 Mercier, dans son *Tableau de Paris*, il se caille sous vos pieds, et vos souliers en sont rougis. En passant, vous êtes tout à coup frappé de mugissements plaintifs. Un jeune bœuf est terrassé, et la tête armée est liée avec des cordes contre la terre ; une lourde massue lui brise le crâne, un large couteau lui fait au gosier une plaie profonde ; son sang, qui fume, coule à gros bouillons avec sa vie. Mais ses douloureux gémissements, ses muscles qui tremblent et s'agitent par de terribles convulsions, ses abois, les derniers efforts qu'il fait pour s'arracher à une mort inévitable, tout annonce la violence de ses angoisses et les souffrances de son agonie, etc.... » — Reconnaissons une fois de plus que s'il nous fallait vivre dans le Paris de nos grands-pères, nous regretterions amèrement notre ville *haussmannisée*, bien qu'il soit de mode d'en médire.

Au moment où Gisors édifia l'abattoir disparu à la fin de 1898, Paris était enserré dans les murs que M. de Calonne avait autorisé les Fermiers Généraux à construire, Louis XVI régnant — ou faisant semblant de régner, occupé qu'il était de serrurerie avec l'ouvrier Gamain.

Ces murs suivaient, de ce côté, l'alignement des numéros impairs des boulevards de Grenelle et Garibaldi. A l'issue de la passerelle de Grenelle sur le quai, se trouvait la barrière de la *Cunette*; vis-à-vis la rue de Lourmel, c'était la barrière des Ministres; place Cambronne, la barrière de l'*École-Militaire*; enfin, au débouché de l'avenue de Ségur, la barrière des *Paillassons*. J'ajouterai, afin de dissuader les amateurs de la « Langue Verte » d'une interprétation maligne que cette dernière dénomination était due tout simplement à une fabrique de paillassons du voisinage.

Grenelle n'était alors qu'une plaine où s'élevait quelques îlots de peupliers; et Javel dont le moulin, guinguette joyeuse que cite Rabelais, avait fait la célébrité bien avant qu'on y fabriquât, dans une grande fabrique de produits chimiques connue sous le nom de Manufacture de Mgr. le comte d'Artois, la composition appelée *Eau de Javel*, Javel n'était guère que cultures traversées par quelques chemins.

Entre le Champ de Mars et la barrière de la Cunette, les « Maisons-Blanches », chétives masures, bordaient la Seine, soulignant, pour ainsi dire, le petit bras du fleuve, alors récemment comblé, qui avait enserré le minuscule archipel groupé sous le nom collectif d'île des Cygnes. Celle-ci s'allongeait, dans la direction de la rue de l'Université, de la rue de Jean-Nicot au boulevard de Grenelle.

L'île des Cygnes a été longtemps une des promenades du dimanche chères aux Parisiens, qu'enchantaient ses gazons parfumés, ses touffes d'osiers et de saules. Des cabarets qui l'avoisinaient, on jeta bien des bonnets par dessus ce moulin de Javel où, selon Dangeau, le prince de Conti, un soir de septembre 1718, donna une si jolie fête de nuit dont certaine dame de Normandie fut la reine, au grand dépit de son.... Normand d'époux.

De ces beaux jours du moulin et de l'île, un témoin survit : c'est une maison de piètre apparence, située à l'angle de la rue de l'Université et de la rue Jean-Nicot.

Elle a été bâtie en 1675 par l'un des entrepreneurs qui venaient de construire l'hôtel des Invalides, et on y employa les restes des matériaux que n'avait pas absorbés l'immense édifice : ce fut l'auberge du *Cygne-Rouge*. Un pont de bois existant encore en 1800, reliait l'île à l'auberge.

A la fin du dix-huitième siècle, ce cabaret était un lieu de rendez-vous galants et de parties fines. On y vit à plusieurs reprises, sous le règne de Louis XVI, le célèbre marin Paul Jones, et ce cabaret était si bien coté que le comte d'Artois, depuis Charles X, y vint dîner en compagnie de quelques intimes.

Au lendemain de Thermidor, Coffinhal, vice-président du tribunal révolutionnaire, y aurait, dit-on, cherché provisoirement asile.

Un fanatique, ce Coffinhal ! N'est-ce pas lui qui s'opposa au sursis de quelques jours demandé par Lavoisier pour mettre la dernière main à une découverte qu'il croyait utile, en s'écriant : « La République n'a pas besoin de chimistes ! » Une cruauté bête (et d'ailleurs suspecte), qu'on aurait peine à pardonner à cet homme, malgré son honnêteté inattaquable.

Bizarrerie des événements ! Ce fut précisément assez près de là, dans les bâtiments de l'ancienne ferme de Grenelle, entre la place Dupleix et le boulevard, que la Convention établit la poudrière dont elle confia la direction au *chimiste* Chaptal. Alors, de Grenelle, partaient chaque jour de longs convois de chariots transportant des munitions aux armées de la République.

Une épouvantable catastrophe vint interrompre la fabrication. Le 31 août 1794, à sept heures et demie du matin, la poudrière sauta. Et la formidable explosion terrorisa Paris.

Les causes premières du sinistre n'ont jamais été bien déterminées. On en accuse assez volontiers le parti *Clichien* et l'on invoque, à l'appui de cette opinion, l'extraordinaire complot, ne tendant à rien moins qu'au renversement du Directoire, qui est connu dans l'histoire sous le nom de *Conspiration de Grenelle*.

C'était en effet sur le camp alors établi dans la plaine que devait être tenté le premier coup de main.

Le principal rendez-vous était au *Soleil d'Or*, une auberge dont l'enseigne peinte en jaune sur fond blanc rayonne encore sur la façade de la maison de la rue de Vaugirard, numéro 226, en face la rue de la Procession. Là était le magasin d'accessoires, c'est-à-dire les piques, les fusils, les sabres, etc.; un autre dépôt d'armes de tous genres se trouvait au cabaret du *Canon ci-devant royal*, rue Saint-Dominique, numéro 81, un bouge.

Le coup fut tenté dans la nuit du 9 au 10 septembre 1790; il échoua piteusement; et, tandis que les chefs parvenaient à s'enfuir, éternelle histoire ! quelques comparses étaient arrêtés. On déporta les uns, on fusilla les autres. Et Grenelle demeura, jusque sous la Restauration, le théâtre des exécutions militaires.

Ces exécutions avaient lieu entre le mur d'enceinte et le château de Grenelle, *l'ancien hôtel de Craon*, dont la caserne Dupleix occupe l'emplacement et, peut-être, conserve quelques vestiges.

C'est là que Chateaubriand vint pour assister à l'exécution de son cousin Armand de Chateaubriand, condamné à mort avec plusieurs *chouans*. « J'arrivai tout en sueur une seconde trop tard, écrit-il dans ses *Mémoires d'outre-tombe*, Armand était fusillé contre le mur de l'enceinte de Paris. Sa tête était brisée ; un chien de boucher léchait son sang et sa cervelle. »

A la même place, en 1813, on fusilla Malet, Laborie et Guidal ; là encore, le 19 août 1819, à six heures et demie du soir, Labédoyère, arrêté dans le petit pavillon qui se trouve au fond de la cour du numéro 5 de la rue du Faubourg-Poissonnière, s'agenouillait devant un peloton d'exécution.

Ce fut le dernier soldat fusillé dans la plaine de Grenelle.

Par un hasard étrange, la place choisie derrière la caserne Dupleix, sur les murs de laquelle on retrouvait encore sous Louis-Philippe la trace des balles qui n'avaient pas porté, était précisément l'endroit où, jadis, se dressait la potence de la Justice seigneuriale de Grenelle.

XXX

La Croix des Petits-Champs

Il faut bien que le pic fasse place à la truelle, et pourtant un morceau du passé tombe avec chaque pierre qui s'abat. Ainsi, par exemple, de cette maison qui porte le numéro 12 de la rue *Croix-des-Petits-Champs* qui vient de disparaître pour l'élargissement de cette rue d'ailleurs très encombrée.

Précisément sur l'emplacement de cette bâtisse, d'ailleurs sans aucun caractère architectural, un riche pelletier, Etienne de Bonpuits, qui avait accepté d'être échevin de Paris pendant la domination des Armagnac, ce qu'il dût expier par une fuite prompte et la confiscation de ses biens, avait fait élever une croix de pierre à laquelle on montait par deux ou trois marches. On l'appela d'abord la *Croix de Bonpuits*, puis ce fut la *Croix des Petits-Champs*. Elle a laissé son nom à la rue, et une enseigne de marchand de vin en a conservé le souvenir.

Paris, quand elle fut dressée, et longtemps encore après, jusqu'en 1629, n'allait pas beaucoup au delà. Le mur d'enceinte de Charles V (dont un fragment est parfaitement visible dans la cave du n° 28 de la rue de Valois), suivait la ligne de notre rue d'Aboukir, et, après avoir coupé la place des Victoires et le jardin du Palais-Royal, allait aboutir à la porte Saint-Honoré. Celle-ci était située à la hauteur du n° 165 de la rue de ce nom.

Alors, et quoiqu'ils fussent en partie renfermés dans la Ville, les *Petits-Champs* d'autrefois n'avaient pas cessé d'être la campagne. Ce fut pour cette raison que Jeanne d'Arc, menant l'armée royale à l'assaut de Paris dont les Anglais étaient les maîtres, dirigea ses efforts vers ce côté. Elle tomba, blessée grièvement, et la maison des *Genêts* où on la transporta, la bonne Lorraine, se trouvait, paraît-il, sur l'emplacement du n° 4 de la place du Théâtre-Français.

Longtemps après les Petits-Champs restèrent un véritable repaire de gueuserie, suivant l'expression de Tallemant des Réaux, en dépit des beaux hôtels du voisinage, comme l'hôtel de la Reine (emplacement de la *Bourse du Commerce*), l'hôtel de Royaumont, qui subsiste encore rue du Jour ; ou bien encore les hôtels d'Epernon (partie de *l'hôtel des Postes*) et de Châteauneuf, situé tout à côté entre nos rues Hérold, Coquillière et Coq-Héron.

Il existait d'ailleurs, rue de la Jussienne, une succursale de la Cour des Miracles, la *Cour Jussienne*, et ses habitués infestaient l'espèce de chemin de ronde qu'on appelait de ce côté : *Chemin sur les murs des Petits-Champs*. Pour ces malandrins, vous arrêter et vous détrousser, était la plus vénielle des peccadilles : le nom de la rue *Vide-Gousset* en est un souvenir autant qu'un témoignage.

Le lendemain de la Saint-Barthélemy, c'est dans ces parages, tout près du *Moulin Joli*, où la Môle et Coconnas, popularisés par Alexandre Dumas, iront conspirer ; c'est dans ces parages, que se fit un des plus odieux massacres, celui de M. de Caumont de la Force et de ses fils. — Le Moulin Joli agitait ses ailes exactement en face du n° 5 de la place des Victoires.

Sous Henri IV, la solitude des Petits-Champs se peupla un peu, et les mauvais coups y devinrent plus rares.

Par exemple, là où s'élève le n° 13 de la rue, se trouvait déjà l'auberge de l'*Image de Notre-Dame* où descendait Malherbe.

Il s'en fallait pourtant que toutes les *places*, ainsi qu'on appelait les terrains vagues, y fussent couvertes de construction. Beaucoup étaient à vendre, dont la plupart étaient à la disposition du roi. Le Béarnais en donna une, et d'assez belle étendue, à Mathurine-la-folle, qui, lors de la tentative de Jean Châtel, avait aidé si adroitement à faire arrêter l'assassin. Mais Mathurine, qui n'était pas folle pour ses intérêts, attendit que le quartier devînt à peu près sûr avant de risquer la dépense d'une construction ; et ce fut seulement sous Louis XIII qu'il cessa d'être dangereux, lorsque le Palais-Cardinal, le futur Palais-Royal, y eut attiré la vie.

La maison de *Mathurine* occupait l'emplacement du n° 31 actuel.

De la même époque date le n° 21, originairement logis du financier La Bazinière, qui ne put laisser son nom à sa maison, mais le donna à l'une des tours de la Bastille où il fut enfermé.

« Plus tard pendant l'hiver de 1662, dit M. de Ménorval, Henriette de France, veuve de Charles Ier, roi d'Angleterre, vint y habiter. »

Le seul prétexte plausible à cette habitation bizarre que je ne veux pas discuter, serait, à mon avis, le voisinage du Palais-Royal; la reine Henriette venait, en effet, de marier sa fille à Philippe d'Orléans, qui y demeurait.

Au commencement du xviiie siècle, quoi qu'il en soit, le propriétaire de l'hôtel était un neveu de Colbert, le comte de Maulevrier, un garçon « d'une ambition démesurée qui allait jusqu'à la folie » et qui s'avisa de « faire les yeux doux » à la jeune duchesse de Bourgogne.

Maulevrier fut-il heureux ou malheureux ? Toujours est-il que, le jour du Vendredi-Saint 1706, il ouvrit une fenêtre (*la dernière à droite au premier étage*), et se jeta dans la cour où il s'écrasa la tête contre le pavé.

De cette aventure romanesque et des passions

qui tuent, il nous arrive de tomber dans des amours royales et des vénalités.

En 1744, une jeune femme, vêtue de bleu et de rose, se promenait dans la forêt de Sénart. Elle fit en sorte que le Roi la rencontrât. Un peu plus tard, elle s'arrangea pour qu'il ramassât son mouchoir, à un bal de l'Hôtel de Ville. Et, mon Dieu ! quelques jours plus tard, la belle danseuse du bal de l'Hôtel de Ville, la belle promeneuse de la forêt de Sénart, entrait par la porte de la rue Croix-des-Petits-Champs, tandis qu'à la même heure le Roi entrait par la porte dérobée de la rue des Bons-Enfants.

C'est ainsi que Louis XV, roi de France et de Navarre, abrita, ainsi qu'un étudiant avec une *Musette* quelconque, ses premières amours avec Mme Le Normand d'Etioles dans un hôtel garni : — l'ancien « Singe-Vert », alors hôtel de Bretagne ; où Louvet, et c'est une note caractéristique, fera loger son *Faublas*.

Plus tard encore, le chansonnier royaliste Ange Pitou y établira sa librairie ; et il ne dédaignera pas pour ses chansons les tréteaux improvisés qui se dresseront au carrefour des Petits-Champs.

Alors la Révolution a passé ; elle n'est plus, la croix de bois qui a remplacé la croix d'Etienne de Bonpuits ; et le vieux manoir, *propriété nationale* par suite de l'émigration des de Juigné, l'un archevêque de Paris, les deux autres officiers de l'armée de Condé, est devenu, par la suite et les chances de la Loterie Nationale (¹), la propriété de Wilhem Jacob Dulbing, un Hollandais, heureux porteur du numéro 22.239.

Et, bientôt, — singularité des choses ! — la *Caricature*, ce journal qui fit une guerre si cruellement spirituelle aux idées monarchiques, va s'installer tout à côté, au n° 31 de la galerie Véro-Dodat, ouverte sur l'emplacement du fastueux hôtel de Poisson de Bourvalais, ascendant très proche de Mme de Pompadour, l'hôte éphémère de l'auberge voisine, le génie malfaisant — bien plus que la Dubarry — de la vieille monarchie.

---

(1) Bourdon (de l'Oise) estimait à quinze milliards la valeur des biens nationaux mis en vente, mais la difficulté était de leur trouver des acquéreurs. La Convention, acculée à une banqueroute imminente, imagina de mettre en loterie, en vertu de deux décrets du 29 germinal et du 8 prairial An III, d'abord cinquante, puis, dit M. de Ménorval, cent maisons de Paris. Le tirage devait se faire dans une des salles du Louvre, en présence de quatre Représentants du peuple.

XXXI

Encore un coin de Paris

En 1624, le cardinal de Richelieu venait d'entrer comme ministre au conseil du roi : il avait intérêt à se rapprocher du Louvre dont son hôtel de la place Royale (aujourd'hui *place des Vosges*, 21) le tenait trop éloigné. Il se fit donc acquéreur de l'hôtel d'Angennes-Rambouillet, un instant hôtel de Mercœur, qui occupait à peu près l'emplacement de la cour d'honneur du Palais-Royal actuel.

Le cardinal attendit qu'il fût premier ministre et qu'il eût de pleins pouvoirs pour entreprendre d'édifier le logis somptueux qu'il rêvait pour abriter son Éminence.

Les jardins de l'hôtel d'Angennes-Rambouillet s'étendaient jusqu'à la muraille de la ville ; ils finissaient net où finissait Paris. Richelieu les voulut plus vastes, et pour en reculer les limites, il recula en même temps celles de Paris jusqu'à un point très voisin de la ligne actuelle des boulevards et de la rue Royale.

Alors, tandis que la rue des Fossés-Montmartre (*rue d'Aboukir*) se traçait sur les grands fossés remblayés, se créait aussi une voie nouvelle, formant coude pour se joindre à notre rue Croix-des-Petits-Champs, cette voie nouvelle fut appelée tout d'abord rue *Neuve-des-Petits-Champs;* c'est aujourd'hui la rue La Vrillière.

En effet, quand, précédemment, j'ai eu à parler de la rue qui allait de la rue Saint-Honoré au rempart, je l'ai appelée *rue Croix-des-Petits-Champs*, au risque d'un anachronisme. Cette dénomination ne lui fut donnée qu'en 1633 : jusque-là, elle se nommait *rue des Petits-Champs*, tout simplement. J'ai dit comment Raoul de Bonpuits eut action sur ses destinées.

Pendant ce temps, tout un quartier nouveau s'était formé au nord des jardins du « Palais-Cardinal », plusieurs personnages considérables de la cour ayant construit des hôtels vers l'intersection des deux voies, sur les terrains des remparts livrés à la spéculation des entrepreneurs Charles Froger et Louis Barbier.

C'était, sur l'emplacement du pâté de maisons que traverse la galerie Colbert, l'hôtel de Bautru, qui fut si célèbre par son esprit que Scarron, dans une de ses épîtres, le cite comme passé en proverbe :

Riche en bons mots comme un Bautru.

Ce pauvre comte avait cet esprit et cette gaîté en dépit de malheurs qu'il faut appeler domestiques, quelque désir qu'on ait d'éviter ici un mauvais calembour. — On sait en effet, par les mémoires du temps, et surtout par Ménage que sa femme, Marthe Bigot, qui se faisait appeler Mme de Nogent de peur qu'on la nommât Bautru, comme le prononçait, *à l'espagnol,* la reine Anne d'Autriche, fut surprise avec un de ses valets qui expia aux galères sa bonne fortune et le scandale dont elle fut cause.

A côté, à l'angle de la *rue Vivien*, dont on a féminisé le nom, c'était la maison Vanel, la première qu'on eût construite dans la rue des Petits-Champs et qui deviendra, avec l'hôtel Bautru, l'hôtel Colbert.

De l'autre côté de la rue Vivien, voici l'hôtel Tubeuf, président de la Cour des Comptes. — Tallemant des Réaux, qui ne manque jamais de recueillir une anecdote plaisante ou un bon mot quand ils portent atteinte à quelque réputation, nous raconte que le duc d'Orléans, étant à la messe le jour de la Passion, vit, à sa droite, La Rivière et, à sa gauche, Tubeuf. Il se mit à dire en regardant la croix : « Je vous vois, Seigneur, entre deux brigands ! »

Et, contigu à l'hôtel Tubeuf, sur l'emplacement des bâtiments de la Bibliothèque nationale, à l'angle de la rue Richelieu et des Petits-Champs, c'est l'hôtel bâti par Duret de Chivry, le fils du médecin de Charles IX et de Henri III, ce même Duret de Chivry qui disait volontiers qu'*un homme de cour doit tenir la chaise percée du favori tant qu'il est en faveur pour l'en coiffer ensuite, et dès le moment de sa disgrâce.*

Longeant la rûe Notre-Dame-des-Victoires et ayant façade sur la rue Neuve-des-Petits-Pères, c'est le couvent des Augustins réformés (¹).

Enfin, à l'angle occidental, de la rue des Fossés-Montmartre (d'*Aboukir*), c'est l'hôtel des Rambouillet de la Sablière qui vraisemblablement y donnèrent asile au *bonhomme* La Fontaine avant que de l'emmener sur la paroisse Saint-Roch.

Puis, encore, entre la rue des Fossés-Montmartre et la rue du *Petit-Reposoir*, cette partie de la rue Pagevin comprise entre la rue d'Argout et la place des Victoires, l'hôtel du maréchal du Hallier de l'Hospital.

Quant aux terrains provenant de la démolition de la totalité de l'enceinte, entre la rue Neuve-des-Bons-Enfants, aujourd'hui *Radziwill*, la rue Baillif et toute la profondeur des maisons bordant la place des Victoires, au Midi et à l'Orient, jusque vers l'axe de la rue Etienne-Marcel, c'est-à-dire tout l'emplacement de l'hôtel de la Banque de France, tout le surplus du sol de la place des Victoires, et celui des maisons numérotées 1 et 2 sur cette dernière, la libéralité royale en avait disposé en faveur du Garde des sceaux Séguier, le 19 avril 1634.

---

(1) Voir chapitre xxxiv.

Séguier jugea qu'il avait mieux à faire qu'à les garder, et il les revendit le 20 mars suivant au secrétaire d'État Louis Phélipeaux de La Vrillière, qui aliéna toute la partie sise au delà de la rue Neuve-des-Petits-Champs (*de La Vrillière*), mais racheta d'autres terrains contigus, de telle façon qu'il posséda à peu près, sans nous arrêter à des détails topographiques, tout le périmètre compris entre les rues Baillif, Croix-des-Petits-Champs, La Vrillière et Radziwill.

Ce fut sur cet emplacement que François Mansart construisit en 1635 (et non pas en 1620, comme on l'a écrit partout) un vaste hôtel qui serait celui du gouvernement de la Banque de France..., s'il n'avait point été réédifié de toutes pièces.

Il se composait, dans l'état primitif, d'un grand bâtiment à double face. L'une donnait sur la cour d'honneur, l'autre sur le jardin qui s'étendait jusqu'à la rue Baillif. De ce côté, Mansart avait prévu une aile en retour dont le rez-de-chaussée, disposé en arcades, devait servir de promenade couverte et l'étage au-dessus de galerie de tableaux. Mais l'architecte se heurta tout-à-coup, au cours de la construction, à une difficulté qui dérouta des plans savamment calculés. Richelieu voulait isoler absolument de tout regard indiscret les jardins de son palais; il était tout-puissant, le Cardinal-Ministre, et le tracé de la rue Neuve-des-Bons-Enfants (Radziwill) fut repoussé vers l'Orient, au grand dépit de Mansart.

L'extrémité de sa galerie, ce pur chef-d'œuvre du xviie siècle, allait-elle être tronquée et la régularité détruite? Ceci se passait vers 1640; la construction de l'hôtel La Vrillière ayant, comme on peut le remarquer, marché assez lentement.

Toutefois, il fallut bien se rendre : Richelieu voulait être chez lui. Il en est d'autres preuves.

C'est ainsi que dans son traité avec l'entrepreneur Barbier, acquéreur d'une grande partie des terrains en bordure, il prescrit avec soin que les maisons à bâtir seront « sans jour ni ouverture sur le parc et la clôture de son Eminence ».

Mansart, en habile architecte, remédia à la difficulté qu'on lui suscitait au moyen de la *trompe* dont la saillie sur la rue Radziwill attire l'attention des passants. Il obtint ainsi la largeur nécessaire pour ne pas modifier les proportions projetées.

Et bientôt, Louis Phélipeaux, sieur d'Herbault, du Verger et de La Vrillière, vint habiter cet hôtel qu'il baptisa de ce dernier nom.

Dès lors, la somptueuse demeure devint héréditaire dans la maison de La Vrillière, comme le fut aussi la charge de secrétaire d'Etat. Seulement la première cessa de lui appartenir en 1705, alors que, au contraire, l'autre se transmit dans cette famille pendant plus d'un siècle et demi, jusqu'en 1775. Le dernier qui l'occupa fut ce fameux comte de Saint-Florentin, ministre de la

Maison du Roi, et si bon, si généreux, si excellent qu'il ne savait point refuser une lettre de cachet à l'ami, ou à l'amie, qui la lui demandait.

Mais, tandis que les La Vrillière étaient encore propriétaires de l'hôtel édifié par Mansart, une véritable révolution topographique s'était produite aux environs et avait bouleversé tout ce quartier.

On avait construit la *place des Victoires.*

XXXII

La Place des Victoires et l'Hôtel de Toulouse

C'est au lendemain de la paix de Nimègue que le maréchal de la Feuillade, estimant que pour célébrer l'apothéose d'un roi mieux vaut ne pas attendre qu'il soit mort et hors d'état de reconnaître cet hommage, conçut le projet d'élever une statue triomphale à son maître. On ne parla tout d'abord que d'une statue pédestre, et pas du tout de monument équestre non plus que de place publique.

Cette statue fut exécutée par Desjardins. Louis XIV, qui avait fourni le bloc de marbre nécessaire, vint la voir et, satisfait, il la fit transporter, quand elle lui eut été offerte, à Versailles, où on l'installa dans la Grande Orangerie. Pour n'avoir plus à en parler, j'ajouterai qu'elle y demeura jusqu'à la Révolution. Enlevée alors et mutilée, il fallut que Louis XVIII lui fît refaire une tête, avant qu'on pût la rétablir, en 1816, dans la galerie centrale de l'Orangerie, où on la voit encore aujourd'hui.

Mais une fois piqué de la tarentule statuaire, La Feuillade voulut faire mieux, faire grand; et, chose bizarre! il se trouva que le projet de basse flatterie que conçut ce courtisan sans vergogne, parvenu à la fortune, aux honneurs, aux dignités par des services inavouables d'entremetteur et de courtier galant rendus aux temps de Mme de Soubise et de Mlle de Fontange, il se trouva que ce projet répondit à une nécessité et que, de plus, il eût une influence décisive sur l'extension de la Ville vers l'ouest.

Le Paris de Louis XIV, en effet, était singulièrement pauvre en places publiques. On ne pouvait évidemment pas compter comme dignes de ce nom les espaces vagues ou déshonorés par des fourches patibulaires, des étaux de boucherie ou de poissonnerie, des échoppes à pain ou à légumes qui s'appelaient les places de *Grève*, du *Chevalier du Guet*, de *Sainte Opportune*, de la *Sorbonne*, du *Parvis*, de la *Croix Rouge*, etc., etc. Une telle pénurie avait ému tour à tour Henri IV et Richelieu, mais la *Place Royale*, puis la *Place Dauphine*, étaient tout ce que le « bon roi » et le grand cardinal avaient pu faire pour les parisiens.

Richelieu, qui s'occupa beaucoup de Paris et étendit sa sollicitude à bien des détails dont on ne veut pas assez se souvenir, avait rêvé de favoriser l'extension de la Ville et d'assainir toute cette banlieue assez mal famée qui dévalait de la *Butte des Moulins* pour s'étendre jusqu'à la ligne de nos boulevards. C'est ainsi qu'il avait projeté la création sur l'emplacement du Marché aux chevaux dont j'ai parlé déjà, d'une place monumentale qui eût été la rivale de la place Royale, comme son *Palais-Cardinal* était le rival du Louvre.

Il l'eût appelée *Place Ducale.*

Dans les bâtiments dont il l'aurait bordée, et qui eussent été, dit la Mesnardière, à qui, pendant son voyage du Roussillon, il en fit voir les plans, *un magnifique et rare collège pour les belles sciences*, il eût établi *son* Académie.

La mort du cardinal fit avorter ce beau projet. Chacun des *Quarante* y perdit un logement, et l'Académie Française un palais, qu'elle chercha durant trente années, avant que Louis XIV lui donnât l'hospitalité dans son Louvre.

Aussi bien Louis XIV réalisa-t-il pour sa gloire, dans ce voisinage même, ce que Richelieu mourant avait rêvé pour les Lettres et les Sciences.

Il acheta, en 1685, l'hôtel de Vendôme, et il y fit commencer cette grande place qui en garda le nom, quoiqu'il eut tout fait pour lui imposer le sien, celui de *Place Louis-le-Grand.*

Un de ses rêves, qui fut encore moins satisfait, dit Edouard Fournier, aurait été de la mettre en communication directe avec celle que M. de La Feuillade lui préparait vis-à-vis l'hôtel de La Vrillière, vers cette même époque.

Il eût voulu que, de loin, à travers la longue voie qui les aurait réunies, les deux statues pussent se regarder. Mais pour exécuter ce projet, il fallait abattre une quantité prodigieuse de maisons. Ce n'était rien moins, en effet, que percer de part en part, la Butte des Moulins, comme on l'a fait en 1878, en traçant l'*avenue de l'Opéra*, mais en allant de l'ouest à l'est, au lieu de prendre du sud au nord.

On hésita, et finalement on ne fit rien.

Pendant ce temps, La Feuillade achetait et faisait abattre l'hôtel de la Ferté-Senneterre et la Ville de Paris, voulant contribuer à la création de la place monumentale qu'il projetait, achetait, et faisait abattre l'hôtel d'Hémery.

Sur l'emplacement qu'occupaient ces deux hôtels, Hardouin Mansart fut chargé de construire des maisons uniformes en façade sur une grande place circulaire qu'on appela : *Place des Victoires*.

L'hôtel de la Ferté-Senneterre, qui disparut alors, occupait tout le périmètre circonscrit par les rues de La Vrillière, des Petits-Pères, Vide-Gousset et Catinat, celle-ci se prolongeant alors jusqu'à la rue des Fossés-Montmartre (d'Aboukir).

Le premier occupant de cet hôtel avait été Alphonse Lopez, un fort singulier personnage, Morisque d'Espagne ou de Portugal, que le cardinal de Richelieu employait à tous les usages, tour à tour diplomate ou espion, brocanteur de curiosités ou courtier, mais surtout prêteur d'argent et marchand de pierres précieuses. C'est lui, dit-on, qui introduisit en France la taille du diamant. Il jouissait, au reste, d'un crédit absolu auprès de son tout puissant patron. Acquéreur d'une partie du terrain que La Vrillière avait acquis lui-même de Séguier, il y avait fait construire, avant 1640, un logis assez beau, assez remarquable surtout par la quantité de cheminées qui hérissaient les toits.

Après la mort de Lopez, en mars 1659, le maréchal de la Ferté-Senneterre acheta cet hôtel et le fit reconstruire par l'architecte Le Fèvre, d'Orléans. A la mort du maréchal (27 septembre 1681) il fut vendu au prix de 222.000 livres au maréchal de La Feuillade qui le fit abattre. Mais comme il voulait en même temps se conserver une maison d'où il put voir la statue qu'il allait ériger, il obtint du roi tout le sol de la rue qui séparait l'hôtel de la Ferté-Senneterre de l'hôtel d'Hémery, laquelle rue enfilait le portail de l'hôtel La Vrillière (c'est, pour une partie, notre rue Catinat), et il la boucha au grand mécontentement de ses voisins ainsi privés d'une perspective, qui, s'il faut en croire un contemporain, *faisait tout leur agrément.*

Quant à l'hôtel d'Hémery, il avait été construit vers 1639 par le propre beau-père de M. de La Vrillière. On en retrouverait peut-être des vestiges derrière le n° 5 de la place des Victoires.

A l'époque où nous sommes arrivés, le quartier n'avait perdu ni son aspect champêtre, ni ses mauvais chemins; et les hôtels dont j'ai parlé s'embourbaient encore dans une sorte de fondrière où, comme en pleine campagne, rien, pas même la plus simple chaussée ou le moindre pavage, permettait de se garer de la boue.

Tout le long des *Petits Champs*, il en était de même, aussi bien devant le Palais Mazarin qui venait de s'annexer l'hôtel Tubeuf et d'absorber l'hôtel Duret de Chivry, que devant l'hôtel Bautru et l'hôtel de La Vrillière, quelque magnifiques qu'ils fussent, surtout pour la grandeur. Toutes ces belles maisons, faute de pavés et de trottoirs au devant d'elles, étaient encore au milieu d'un véritable cloaque à l'époque où l'on inaugura le monument élevé par François, vicomte d'Aubusson, duc de La Feuillade, pair et maréchal de France, à la gloire de Louis XIV (18 mars 1686.)

C'était du bronze doré partout. Le roi, drapé dans un manteau romain, foulait aux pieds un cerbère, symbole de la Triple-Alliance. Une victoire ailée tenait une couronne au-dessus de son auguste front. Quatre esclaves, chargés de chaînes, représentant des nations vaincues, décoraient les angles du piédestal et, parmi les inscriptions fastueuses qui s'étalaient sur toutes les faces se trouvait celle-ci, allusion cruelle à la révocation de l'Edit de Nantes : Deleta Calviniana impietate; *pour la destruction de l'impiété calviniste.*

Un siècle et demi de foi militaire traité d'impiété!

Vers 1694, une modification importante à l'ordonnance de la place se produisit. Elle eut pour conséquence de rendre à l'hôtel de La Vrillière la perspective d'environ 150 toises qui lui avait été enlevée.

M. de La Vrillière et son fils, M. de Châteauneuf, lui aussi secrétaire d'État, en conservait un vif ressentiment contre leur voisin ; l'occasion se présentant favorable pour rétablir les choses en l'état où nous les voyons sur le plan de Gomboust, ce fut sans doute une des conditions du mariage conclu entre Mlle de Châteauneuf et le jeune duc de La Feuillade (mai 1692). D'ailleurs, quand ce mariage eût été fait, l'hôtel de La Feuillade fut vendu pour payer les dettes du défunt maréchal, et tout aussitôt on rouvrit l'ancienne rue *Percée*, qui prit le nom de *Petite rue de La Vrillière*. C'est celle qui, dans notre siècle, s'est appelée *rue de la Banque*, par ordonnance du 19 novembre 1838, et qui est devenue *rue Catinat*, par une autre ordonnance du 11 juin 1847.

Pendant ce temps, la voie ouverte en prolongement de la rue Croix-des-Petits-Champs, c'est-à-dire depuis la rue de La Vrillière jusqu'à la place des Victoires, porta le nom d'Aubusson, mais elle finit par se confondre avec la vieille rue. Les deux voies, qui bordaient la partie non circulaire de la place et faisaient encoignure à droite et à gauche avec la rue des Fossés-Montmartre (d'Aboukir), conservèrent leurs noms caractéristiques de *Petit-Reposoir* et *Vide-Gousset*. La première a disparu lors du percement de la rue

Étienne-Marcel, après être devenue la rue Pagevin, en 1849. Enfin, la voie qui avait été ouverte dans l'axe de la rue des Petits-Champs et qu'on avait d'abord appelée *rue des Jardins*, était devenue, en 1685, *rue de La Feuillade*, dénomination qu'elle a conservée.

Quant à l'ancien hôtel de la Feuillade, très réduit et partagé, comme on le voit maintenant, en maisons bourgeoises, il n'eût plus que des occupants sans importance, sauf un seul, toutefois, qui en valait beaucoup d'autres, Jean Law, dont les bureaux ont été installés pendant un temps dans le bâtiment donnant sur la place, entre la rue de la Feuillade et la rue Catinat.

L'achèvement de la place des Victoires avait, en effet, coïncidé avec une époque d'apogée pour les traitants, qui trouvaient ample matière à s'enrichir sous le ministère Pontchartrain, et leurs somptueuses demeures couvraient ce quartier tout entier.

Sur la place même, en tournant de droite à gauche, à partir de la rue des Petits-Champs, le *Terrier royal* de 1705 nous donne ces noms de financiers plus ou moins célèbres: Crozat, Claude Le Gras, Bauyn de Cormery, Hénault, Nivet, Roland, Pelet, et les fermiers généraux de Blair, Le Gendre et Demouchy, puis encore le sieur de Verton, grand maître des eaux et forêts de Blois, etc., etc. Seuls les deux angles de la rue des Fossés font tache, n'étant pas de finance : le marquis de Clérambault occupe l'angle occidental, l'autre est occupé par les Pomponne.

En cette même année de 1705, vint s'établir, au n° 7, Samuel Bernard, qui y épousa, à l'âge de soixante-dix-neuf ans, une jeune et jolie personne, Mlle Pauline Félicité de Saint-Chamans, et qui y mourut en 1735 avant d'avoir pu habiter l'hôtel qu'il faisait construire *cul-de-sac de l'Orangerie*, aujourd'hui *rue Saint-Florentin*. C'est maintenant l'hôtel du baron de Rothschild, après avoir appartenu successivement à Talleyrand, au duc de L'Infantado et à M. de Saint-Florentin, duc de La Vrillière, descendant de Louis Phélipeaux de La Vrillière, celui qui fit élever l'hôtel occupé par la Banque, et qui eût été bien fier s'il eût pu voir la couronne ducale entrer enfin dans sa famille.

Être duc et pair avait été, en effet, son rêve le plus cher, ce fut aussi celui de son fils ; quant à la femme de ce dernier, elle le poussa, ce rêve, jusqu'à la monomanie.

On sait son aventure avec Schraub, ce suisse, ce drôle, cet intrigant, cet aventurier si rusé, si délié, si Anglais, si ennemi de la France, si ami du ministère de Londres, comme dit Saint-Simon qui ne lui ménage pas les épithètes.

Schraub passait pour avoir l'oreille du cardinal Dubois, et Mme de La Vrillière résolut de l'employer pour la réalisation de ses désirs. Elle l'attira un soir, à l'hôtel La Vrillière, et voulut traiter avec lui de puissance à puissance ; mais, comme il devenait trop pressant, la marquise qui ne voulait pas faire un marché de dupe, saisit le cordon d'une sonnette et fit mine d'appeler. Alors Schraub, saisissant au fond d'une chiffonnière des ciseaux, que le diable avait mis là tout exprès, leva le bras et... coupa le cordon de la sonnette.

Le lendemain, à la cour, il ne fut bruit que de l'aventure de Schraub et de Mme de La Vrillière, que l'on appela désormais la *duchesse au cordon*.

Au vrai, cette pauvre marquise était d'une famille où les chutes étaient nombreuses, celle des Mailly-Nesle, ce harem où Louis XV devait, quelques années plus tard, jeter le mouchoir trois fois en vainqueur.

Schraub, pour en terminer avec cette anecdote, ne se pressa nullement de tenir les promesses qu'il avait peut-être faites. Dubois mourut, le diplomate perdit toute son influence. Mme de La Vrillière fut donc encore, à son grand regret, à son grand dépit, forcée de rester marquise. Heureusement son mari eut pitié d'elle. Il mourut, le galant homme ; et, peu de temps après, la marquise se consolait en devenant duchesse de la Meilleraye, enfin !

Après le marquis de La Vrillière, son hôtel passa entre les mains de M. Rouillé qui l'acheta, en 1705, 450,000 livres. M. Rouillé qu'on nomme parfois M. de Rouillé, je ne sais trop pourquoi, se contentait d'être un brave maître des requêtes et un des plus riches fermiers des postes. Plus tard cependant, par le crédit du maréchal de Noailles avec lequel, s'il faut en croire cette mauvaise langue de Saint-Simon, il vivait « en liaison intime de plaisir », il devint directeur général des finances et déploya, dans cette fonction, en même temps qu'une habileté indiscutable, une honnêteté partout proclamée.

Ce parfait honnête homme aimait le vin jusqu'à l'ivresse.

Un jour, en plein conseil des ministres, il émit un avis contraire à celui du duc de Noailles et le soutint avec une vigueur qui froissa le duc :

— Monsieur Rouillé, lui dit celui-ci, il y a ici de la bouteille.

— C'est possible, monsieur le duc, répondit Rouillé, mais jamais de pot de vin.

M. de Noailles rougit et se tut : tout duc et maréchal qu'il était, il n'aurait pu en dire autant.

Rouillé ne conserva pas longtemps la propriété de l'hôtel de La Vrillière ; il le vendit en 1713, à S. A. R. Mgr le comte de Toulouse ; fils légitimé de Louis XIV et de Mme de Montespan, qui lui donna son nom.

M. le comte de Toulouse, à l'opposé de son frère, M. du Maine, était l'honneur, la vertu, la droiture, l'équité mêmes. Il avait l'accueil aussi gracieux que son naturel glacial pouvait le lui permettre, un certain courage et une envie réelle d'être utile au roi et à la France ; mais cela, par les bonnes voies et par les moyens honnêtes ; s'il était peu spirituel, un sens droit remplaçait chez lui cette verve dont avait hérité son frère aîné, et qu'on appelait l'esprit des Mortemart.

Mais, habitué aux magnificences de Versailles et de Marly, le prince ne retrouva pas dans sa nouvelle demeure, l'élégance et le luxe de ces charmants séjours où s'était écoulée sa jeunesse. Aussi bien ne satisfaisait-elle pas aux nouvelles exigences du bien-être et du confort intérieur ; car, depuis la deuxième période du xviie siècle, la distribution, l'ameublement et la décoration des hôtels s'étaient pour ainsi dire transformés.

Aussi, avant de s'installer, fit-il opérer de grands changements sous la direction de Robert Cotte, premier architecte du roi ; Nicolas Coustou, le Lorrain, Vassé, Charpentier, Mouteau, l'ornèrent de sculptures ; Oudry peignit sur le dessus des portes des groupes d'animaux. D'autres célèbres artistes du temps y prodiguèrent les richesses de leur talent. Après cette restauration intérieure, le prince vint habiter l'hôtel, qu'il ne quitta plus qu'au lendemain de son mariage avec la marquise de Gondrin, sœur du duc de Noailles.

L'histoire s'est peu occupée de celle-ci ; je ferai comme l'histoire.

Louis-Jean-Marie de Bourbon, duc de Penthièvre, fut le seul fruit de cette union, véritable mariage d'amour ; ce fut aussi le dernier héritier des fils légitimés de Louis XIV, comme aussi, encore, le dernier propriétaire de haute naissance qui occupât l'*Hôtel de La Vrillière*, devenu *Hôtel de Toulouse*.

Le duc de Penthièvre semble avoir porté lourdement la fatalité de sa race.

Héritier de l'immense fortune patrimoniale, comme aussi des vertus indiscutables de son père, il pratiqua toujours celles-ci et fit de celle-là le plus généreux usage. Et cela fut tellement de notoriété publique qu'il put mourir à Vernon, en pleine Terreur, entouré des marques d'affection de toute une population reconnaissante, et que la municipalité révolutionnaire, sans qu'aucun sans-culotte élevât la voix, prononça *officiellement* l'éloge funèbre du *Bon Duc*.

La vie lui avait été cruelle.

Il avait épousé Marie-Thérèse-Félicité d'Este, et il l'aimait non pas en prince, mais en bourgeois : elle mourut en 1754 et jamais il ne s'en consola.

De ce mariage, aux souvenirs chéris, six enfants étaient nés : quatre moururent en bas âge, et le deuil envahit l'Hôtel de Toulouse.

Toutefois, un jour, le 18 janvier 1767, le prince put croire avoir conjuré les destins néfastes et pouvoir saluer l'avenir de sa race.

Ce jour-là, son fils, Louis-Alexandre-Joseph-Stanislas de Bourbon, prince de Lamballe, épousait Marie-Thérèse-Louise de Savoie-Carignan.

Malheureusement, le prince de Lamballe interrompit à peine la vie de débauche scandaleuse qu'il menait avec le duc de Chartres, depuis duc d'Orléans, depuis Philippe-Égalité, qui venait, lui aussi, de se marier, sans qu'il y parût beaucoup en sa conduite, avec la propre sœur du prince de Lamballe, Louise-Marie-Adélaïde de Bourbon, laquelle fut la mère du roi Louis-Philippe.

Une séparation était même imminente, quand le prince de Lamballe, mourut le 7 mai 1768, des suites d'une opération à laquelle la galanterie, *la galantise*, comme on disait alors, n'était point étrangère.

Le prince mourut à Lucienne, que la famille de Penthièvre vendit presque aussitôt, et, coïncidence bizarre ! ce fut Mme du Barry qui l'acquit !

Lors du décès de son mari qu'elle pleura comme s'il avait mérité de l'être, la princesse de Lamballe avait dix-neuf ans.

On sait combien l'amitié qui l'unît à la reine Marie-Antoinette prêta à d'odieux commentaires et fournit sujet à des libelles qu'il faut lire, et c'est un courage, pour en juger les turpitudes et en apprécier l'inanité.

La vie entière de la princesse de Lamballe est une protestation éloquente contre des accusations que repousse sa chasteté.

Après la mort de son mari, la princesse de Lamballe était venue habiter l'hôtel de Toulouse où résidait son beau-père le duc de Penthièvre.

L'hôtel, depuis la transformation à laquelle avait présidé Robert Cotte, s'était agrandi par la construction de nouveaux bâtiments, ceux-là mêmes qni existent encore à l'intersection des rues Radziwill et de La Vrillière et qui, après avoir été affectés aux logements des principaux officiers de la maison du duc de Penthièvre, servent aujourd'hui aux logements de certains chefs de services de la Banque de France.

Quand ils furent construits, on les critiqua assez vivement. « La façade d'un pareil bâtiment, dit un contemporain, n'exigeait que simplicité : il est trop orné et fort hors de propos; son encoignure sur la rue des Bons-Enfants (aujourd'hui Radziwill) est d'un plan, qui n'est ni circulaire, ni angulaire, et par là de très mauvais goût. »

Ces bâtiments sont les seuls qui soient restés à peu près intacts de l'ancien hôtel de Toulouse. N'y eut-il que cette raison qu'ils mériteraient d'arrêter notre attention, mais il y en a une autre : c'est dans une des mansardes que demeurait Florian, le poète pastoral, le romancier arcadien.

Il était entré au service du duc en 1768, l'année même de la mort du prince de Lamballe, en qualité de page; c'était un enfant de treize ans. Le duc apprécia son esprit vif, et, séduit sans doute par cette sensibilité lacrymale qui est la note dominante du poète d'*Estelle et Nemorin*, le prit en amitié.

Il le fit successivement lieutenant, puis capitaine des Dragons-Penthièvre, puis un de ses gentilshommmes ordinaires, enfin, son confident, son ami, le dispensateur même de ses bienfaits.

Florian, le doux Florian, a, en quatre vers d'un poème, tracé le portrait de son protecteur et celui de la princesse de Lamballe :

> Pieux comme Booz, austère avec douceur,
> Vous aimez les humains et craignez le seigneur.
> Hélas ! un seul soutien manque à votre famille :
> Vous n'épousez pas Ruth, mais vous l'avez pour fille.

La princesse de Lamballe, accessible à toute idée généreuse, partagea l'engouement de ses contemporains pour la Franc-Maçonnerie. Aussi bien ne fut-elle pas la seule, parmi les grandes dames de la Cour de Louis XVI.

A la fin du XVIIIe siècle, la *grande maîtresse* des loges d'adoption était la duchesse de Bourbon, le duc de Chartres, gendre du duc de Penthièvre, étant *grand maître*.

Voici quelques noms relevés sur le tableau des *sœurs* :

Sœur comtesse de Polignac, *maîtresse* ; Sœur comtesse de Choiseuil-Gouffier, *apprentie* ; Sœur comtesse de Brienne, *grande-maîtresse de la loge*. Sœur première-présidente Nicolaï ; Sœur marquise de Lomenie, *compagnonne* ; Sœur comtesse de Rochambeau, *apprentie* ; Sœur comtesse de Brissac, grande inspectrice, *maçonne parfaite* ; Sœur comtesse d'Ailly, *grande introductrice* ;

Sœur comtesse de Bethysy, *maçonne parfaite;*
Sœur comtesse de Rochechouart, *compagnonne.*

La princesse de Lamballe, fut *initiée* le 12 février 1777, à la loge franc-maçonnique écossaise, et, le 10 janvier 1781, nommée grande maîtresse de toutes les Loges écossaises régulières de France, et ce jour-là, on reçu *apprenties maçonnes*, la comtesse d'Affry, la comtesse de Narbonne, la comtesse de Mailly, Marie de Durfort de Dorissan, Victoire de Durfort de Chastellux, Madeleine d'Affry de Diesbach et Louise de Broc.

La dernière *grande-maîtresse* fut l'impératrice Joséphine.

Sans m'attarder plus longtemps à des détails d'us et coutumes qui ont vécu, je reviens à l'hôtel de Penthièvre qui, trois ans après la réception de la princesse comme *grande-maîtresse* des Loges écossaises, reçut la visite du roi de Suède, Gustave III, voyageant incognito sous le nom de comte de Haga, et celle du prince Henri de Prusse, voyageant sous le nom de comte d'Œls. Cette même année, 1784, un incident en dépit de la modestie des hôtes de l'hôtel de Penthièvre, fut pour eux l'occasion d'un touchant triomphe.

Un incendie ayant éclaté à l'hôtel dans la nuit du 23 décembre, tout Paris, et j'entends celui des quartiers populeux où le duc prodiguait davantage ses bienfaits, tout Paris fut sur pied et se porta, d'un seul élan enthousiaste, au secours de ceux dont il appréciait la bonté.

Et cependant dix ans ne s'étaient point écoulés que la tête de la princesse de Lamballe, frisée, poudrée, s'acheminait au bout d'une pique vers l'hôtel de Toulouse, tandis que ce qu'on appelle un homme détaillait, à l'aide d'une baguette, les beautés de son corps exposé nu sur une borne, au coin de la Force.

Pauvre petite princesse dont la physionomie est demeurée si chaste, en dépit des calomnies obscènes, qui peut nous dire que, si vous vous fussiez assise sur le trône de France à la mort de Marie Leczinska, votre vertu n'eut pas détourné de la monarchie la tempête où elle sombra ?

Mais M. de Choiseul, mais Mme de Grammont, et tant d'autres avaient un intérêt trop puissant à ce que le roi eut des vices pour les exploiter et vous ne fûtes point reine de France, Madame.

Le duc de Penthièvre survécu quelques mois à peine à la princesse qu'il avait vainement essayé de soustraire à la mort. L'année même de son décès ses biens furent déclarés propriété nationale par application de la loi contre les émigrés. En effet son petit-fils, le duc de Chartres, plus tard le roi Louis-Philippe, que l'on regardait comme son héritier, venait de sortir de France avec Dumouriez.

Quand les temps furent devenus plus calmes, en l'an III (1795), la duchesse douairière d'Orléans, qui était la véritable héritière du duc de Penthièvre, et qui n'avait pas quitté la France, revendiqua ses biens patrimoniaux, dans lesquels étaient compris l'ancien hôtel de Toulouse, alors occupé par les imprimeries du *Bulletin des lois de la République* pour l'installation desquelles on avait dépensé 400,000 livres.

La réclamation de la duchesse tomba d'autant plus mal qu'on était moins disposé à renouveler pareille dépense, et on fit si bien que la duchesse alors retenue dans la maison de santé du docteur Belhomme, rue de Charonne, céda la totalité de ses biens pour recouvrer sa liberté. Il est vrai que l'État lui accorda, dans son respect pour la propriété, une rente de 100,000 livres : au taux où était l'argent à cette époque, c'était un peu moins d'un million en capital !

Plus tard, en 1797, la duchesse quitta la France, se retira en Espagne, et l'Imprimerie Nationale continua d'occuper l'hôtel ci-devant de Toulouse.

Le séjour qu'elle y fit dura treize ans ; il n'eût pour l'hôtel que des résultats regrettables. On dut élever des constructions nouvelles nécessaires aux services de l'imprimerie, et on le fit sans aucun ménagement pour les bâtiments existants, sans aucun souci de la préservation des sculptures ; puis encore, sous l'influence des passions du temps, les ouvriers s'étudièrent à effacer, en les brisant, les vestiges aussi bien que les emblèmes du régime déchu.

La galerie échappa à la destruction, parce qu'on

eut l'idée d'en faire un magasin à papier ; elle perdit cependant sa magnifique cheminée, et, pour remplacer les cadres vides des tableaux enlevés, on mit des tentures de papier à emblèmes patriotiques. La Banque en conserve encore des échantillons où l'on voit disposés sur un treillis de ruban tricolore entrelacé la couronne de chêne, la cocarde, le bonnet phrygien, le lien et la balance.

Pendant ce temps, en l'ancien hôtel de Massiac, place des Victoires Nationales, entre les rues des Fossés-Montmartre et Pagevin, se créait la *Caisse des Comptes courants*, issue de la *Caisse d'Escompte*, et qui portait dans ses flancs la *Banque de France*.

XXXIII

Les Origines de la Banque de France

Ces origines valent d'être rappelées.

Après la débâcle de la *Banque générale* de Law, arrivée, en 1720, un tel discrédit s'était attaché dans l'opinion publique, en France, aux banques d'émission qu'aucune n'osa se fonder pendant plus d'un demi-siècle. Ce n'est qu'en 1776, qu'un banquier génevois, Penchaud, réfugié à Paris, demanda et obtint, grâce à l'appui de Turgot, l'autorisation de créer la *Caisse d'escompte*. Cette entreprise financière vivota, plutôt qu'elle ne vécut, entre les exigences du gouvernement et les défiances du commerce. On peut croire que ses opérations n'étaient pas très fructueuses, car, en 1784, il était de mode, pour les femmes, de porter des chapeaux *sans fond*, qu'on appelait des *chapeaux à la Caisse d'escompte*.

Néanmoins, elle subsista tant bien que mal jusqu'à la Convention qui la supprima, sur la proposition de Cambon, par décret du 4 août 1793.

Aucun établissement de crédit n'exista pendant la période qui suivit. Les émissions immodérées du papier-monnaie, sous forme d'assignats, étaient en effet, peu favorables à la fondation des banques de circulation. Mais, à peine le régime de la Terreur avait-il cessé, le souvenir des assignats étant encore très vivace, que de nouvelles banques se créèrent. Les trois principales que l'on peut citer sont la *Caisse des comptes courants*, établie le 11 messidor, an IV, que l'on peut considérer comme une reconstitution de la Caisse d'escompte, car ce furent en grande partie les administrateurs de cette dernière qui l'organisèrent ; la *Caisse d'escompte du commerce*, créée en 1797, qui dut se dissoudre à la suite d'un vol important, mais se reforma aussitôt (10 nivôse, an VII) sous la même raison sociale ; enfin, le *Comptoir commercial* dit aussi *Caisse Jabach*, qui date de 1800.

Le Consulat chercha tout aussitôt à s'emparer de ces trois établissements ; il les réunit sous le titre de *Banque de France*, fondée le 24 pluviose, an VIII, dans les locaux qu'occupait la Caisse des comptes courants, à l'hôtel de Massiac.

Cet hôtel de Massiac, avait été construit par le maréchal du Hallier de l'Hospital, quand il abandonna l'hôtel qu'il habitait rue Croix-des-Petits-Champs, non loin de cette vieille maison qui portait le n° 21 et dont j'ai parlé précédemment.

Le maréchal mourut en cet hôtel de Massiac où sa veuve continua d'habiter.

La fortune de Mme la maréchale avait été singulière.

Quand elle épousa du Hallier, l'ancienne lingère, Françoise Mignot, était déjà veuve de Pierre des Portes, trésorier et receveur général du Dauphiné; du Hallier mort, elle convola en troisièmes noces avec Jean Casimir, successivement prince de Pologne, jésuite, cardinal, roi de Pologne, qui avait abdiqué, s'était retiré en France, où il avait force grands bénéfices, entre autres l'abbaye de Saint-Germain-des-Prés, où il logeait et où il fut enterré. Le mariage, célébré à Saint-Eustache, le 14 décembre 1672, fut su et très connu mais jamais déclaré; encore qu'elle fut virtuellement reine de Pologne, l'ancienne lingère demeura Mme la Maréchale, et Jean Casimir garda ses bénéfices.

Pomponne, l'ami de Mme de Sévigné, après elle, propriétaire de l'hôtel, fut lui-même, remplacé par Michel Bonnier, ce receveur des États du Languedoc, ancien porte-balle qui, ayant commencé par laver la vaisselle dans un petit collège, avoua quinze millions en 1716. Il fit rétablir l'hôtel tout à neuf et le revendit en 1719, à l'agioteuse Chaumont, autrefois *vendeuse* de lits à l'armée, alors à la tête de soixante-dix millions qui ornaient à ce point ses yeux éraillés, son nez en marmite et ses dents de manche de couteau, que c'était à qui l'épouserait. Son fils, M. de la Galaizière, vendit l'hôtel au bâtard Saint-Albin, archevêque de Cambrai, né de Mlle Marquise, ancienne danseuse, plus tard maîtresse du duc d'Orléans, aïeul du roi Louis-Philippe et marquise de Villemomble. Saint-Albin le vendit à la compagnie des Indes, en 1723, à laquelle succéda une dame Gourdan, puis M. de Massiac, puis les citoyens Godard (an IV), Villemot (an V), puis encore la Caisse des Comptes courants (14 floréal, an VII), enfin la Banque de France (2 prairial, an VIII), qui le céda au baron Ternaux, au prix de 315,000 francs, le 21 août 1812 ; quand elle eut pris possession, ainsi qu'on le verra plus loin, de l'ancien hôtel de Toulouse.

Depuis et jusqu'à sa démolition nécessitée, en 1885, par le percement de la rue Étienne-Marcel, l'hôtel appartint à la famille de Vaufreland ; enfin, à la Société Foncière Lyonnaise, qui est encore propriétaire de la partie du sol non absorbé par la voie publique et sur laquelle elle a fait édifier la maison portant le n° 30, rue Étienne-Marcel.

De cet ancien hôtel, M. le duc de la Trémoille a recueilli de belles boiseries qui remontent, dit-on, à 1711 ; d'autres débris précieux sont passés à M. le baron Edmond de Rothschild et à M. de Vaufreland.

Quand la Banque vint s'établir à l'hôtel de Massiac, l'aspect de la place des Victoires était bien différent de celui qu'elle offrait avant la période révolutionnaire.

Dès 1790, les statues des nations vaincues qui étaient aux angles du piédestal avaient disparu pour aller orner, en l'an IX, la façade de l'Hôtel des Invalides où elles sont encore. Odieuses ici, glorieuses là ; c'est la logique habituelle des révolutions.

En 1792, on avait abattu le Roi, le Cerbère, la Victoire ; on avait tout abattu place des Victoires Nationales comme aussi place Louis XV (aujourd'hui de la Concorde), comme encore place Vendôme où le piédestal très élevé, mais à demi brisé, de la belle statue équestre de Louis XIV, du célèbre Girardon, servit, le 22 janvier 1793, de lit de parade au cadavre sanglant de Le Peletier de Saint-Fargeau, après son assassinat.

Quatre-vingt-treize avait remplacé le monument de La Feuillade par un obélisque en planches peintes, bientôt disjointes par le soleil et la pluie, érigé en l'honneur de la *victoire* du 10 août.

La place était devenue le rendez-vous des charlatans et des empiriques, un marché de denrées pharmaceutiques dont les bienfaits étaient vociférés par la foule des guérisseurs des maladies goutteuses, rhumatismales ou vénériennes, tandis qu'à l'ancien hôtel La Feuillade la *Tontine des Sans-Culottes* attirait la masse des gogos. — Tout à côté, dans la ci-devant église des Petits-Pères se tenait *la Bourse* et on disait que le nom de rue Vide-Gousset donné à la voie qui conduisait de la Banque à la Bourse était une épigramme.

Déjà, d'ailleurs, en 1770, on s'était servi de cette malice contre le contrôleur des finances. N'avait-on pas un jour effacé le nom de Vide-Gousset pour y substituer celui de *rue Terrai* ?

Cependant, peu à peu, le calme renaissant et les opérations de la Banque de France prenant chaque jour une extension plus considérable le local dont elle disposait devint insuffisant. Déjà, elle avait dû faire construire dans les jardins de l'hôtel les bureaux dont elle avait besoin, et ces bureaux, eux-mêmes, étaient débordés; à vrai dire, la Banque fut à peine installée que déjà on parla de la déplacer.

Le 6 mars 1808, l'Empereur rendit un décret autorisant la cession de l'hôtel de La Vrillière à la Banque de France, moyennant une somme de deux millions. Mais l'imprimerie nationale, dont le même décret ordonnait la translation dans l'hôtel bâti par le cardinal de Rohan sur une partie du vaste hôtel de Soubise, ne termina son déménagement qu'au mois de novembre 1809, et les changements que nécessitait le service de la Banque, entrepris en 1810 seulement sous la direction de l'architecte Delannoy, ne s'achevèrent qu'en 1811.

Enfin, au mois de janvier 1812, l'assemblée des actionnaires se tint dans la fameuse galerie qui a conservé cette affectation. Mais, en 1812, la cheminée, détruite pendant la Révolution et reconstituée vers 1876, par MM. Cruchet et Gilbert, sculpteurs ornemanistes, laissait encore vide l'emplacement qu'elle avait occupé. Pour combler ce vide, on avait établi là une statue de Napoléon Ier, en empereur romain, un pastiche, en quelque sorte, du Louis XIV, édifié, tout à côté, par La Feuillade. Cette statue alla, d'ailleurs, rejoindre à Versailles, en 1836, celle de Louis XIV; je ne sais ce qu'elle est devenue.

Depuis que la Banque a pris possession de l'ancien Hôtel de Penthièvre, l'extension chaque jour croissante de ses opérations a nécessité des remaniements multiples et l'agrandissement du périmètre des constructions. On a édifié notamment, sur les plans de Crétin, la façade monumentale de la rue Croix-des-Petits-Champs et les bâtiments en retour sur la rue Baillif. Ces remaniements n'ont rien laissé subsister de l'œuvre authentique de Mansart ni de celle de Robert de Cotte. La façade sur la rue de La Vrillière a été refaite de 1870 à 1875 sous la direction de Questel, ainsi que la Grande Galerie (dite *Galerie Dorée*) et la « Trompe » qui la termine sur la rue Radziwill. La reconstruction, il est vrai, en a été faite sur les plans et les dessins primitifs, et la Grande Galerie, qui était la partie la plus remarquable de l'œuvre de Mansart, quoiqu'elle présente aujourd'hui à l'extérieur une ordonnance différente de celle du xviie, offre un des plus beaux modèles de l'architecture du grand siècle.

A l'aspect de la masse énorme de construction où sont logés les services de la Banque, il semblerait qu'ils dussent s'y trouver à l'aise, pour si nombreux qu'ils fussent. Il n'en est rien. La Banque y étouffe, et, depuis longtemps, on parle à ce sujet d'un projet de dégagement des abords du Palais-Royal dont la situation en fond de cuvette n'est pas sans contribuer à sa décadence.

On sait que le *passage Radziwill*, dont le nom rappelle l'habitation que possédait la famille Radziwill à l'encoignure de la rue des Petits-Champs, a été construit pendant la première invasion, par ordre d'un général russe, afin d'avoir un accès plus direct et plus facile dans le Palais-Royal. Il est contenu tout entier dans une maison — la fameuse maison à neuf étages, — qui porte sur la rue de Valois le n° 48, et le n° 35 sur la rue Radziwill, et il renferme un très curieux escalier décrit par Frédéric Soulié dans *Si jeunesse savait, si vieillesse pouvait*.

C'est un escalier à double révolution montant parallèlement dans une sorte de tour et dont les volées n'entrent jamais en contact, de telle façon que deux personnes partant du rez-de-chaussée peuvent monter jusqu'aux combles sans se rencontrer.

Le passage lui-même forme comme un arbre à double tronc du côté de la rue de Valois, dont les deux tiges se réunissent au premier au-dessus de l'entresol. C'est un endroit sombre, incommode, un curieux labyrinthe où on allumait quand il faisait beau et pour lequel les ouragans étaient des bonnes fortunes.

La seule curiosité qu'il possédait, c'était, au rez-de-chaussée sur la rue de Valois, un *W. C.*

à bon marché, où l'on vendait également.... de la parfumerie !

Le projet d'agrandissement sur la rue Radziwill a-t-il été abandonné définitivement ? Quoi qu'il en soit, il y a quelques années, en 1892, la Banque de France a acquis l'hôtel naguère occupé par la Banque d'Escompte, et y a installé une annexe. Cet hôtel mérite de retenir notre attention.

La partie de la rue des Petits-Champs, qui se rapprochait de la Butte Saint-Roch, et vers laquelle celle-ci, en s'aplanissant devait donner issue aux rues Sainte-Anne, des Moulins et Ventadour, ne se couvrit guère de maisons et d'hôtels que lorsque cette communication fut ouverte, c'est-à-dire vers 1633. On laissa alors la population déshonnête s'établir dans les ruelles qui serpentaient sur les autres pentes et tout un quartier seigneurial commença de s'édifier auprès de ce cloaque de vices et de misères, sur cette lisière assez étendue de jardins et de potagers qu'on appelait les *Petits-Champs*.

Un des premiers venus fut le secrétaire d'Etat pour les affaires étrangères, le marquis de Lyonne, « le plus grand ministre du règne de Louis XIV », suivant Saint-Simon. Dans les dernières années de Mazarin, il acheta un vaste terrain sur lequel ont été percés le passage Choiseul, les rues Mehul, Marsollier, Dalayrac, et afin d'être dans le voisinage de celui dont il était le disciple et qui lui légua les hautes traditions de sa politique, il chargea Le Vau de construire sur cet emplacement un hôtel magnifique.

Malheureusement Mazarin mourut (9 mars 1661) avant que l'hôtel fut même commencé, et M. de Lyonne ne le vit pas finir. Le Vau, auquel il ne survécut guère qu'un an, l'avait en mourant laissé incomplet, et M. de Lyonne n'eut pas le temps de lui donner un digne successeur.

C'était malgré tout une demeure de fort grand air : les dedans, suivant Germain Brice, en étaient fort commodes, et le jardin qui s'étendait jusqu'à la rue Saint-Augustin, tout-à-fait magnifiques. On ne regrettait pour les dehors, dit Edouard Fournier, que la mesquinerie de la porte où la main de Le Vau avait manqué ; et, pour l'intérieur, que l'absence d'une bibliothèque digne du reste. M. de Lyonne, qui voulait faire bâtir une galerie tout exprès était mort trop tôt.

L'hôtel, après lui, fut occupé par le maréchal de Villeroy et le duc, son fils ; puis le duc d'Estrées ayant épousé Mlle de Lyonne, l'habita pendant quelques années. Le Chancelier de France, M. Phélipeaux de Pontchartrain, dont le nom devait y rester, l'acheta en 1702, et l'embellit encore.

Pendant ce temps le quartier s'était bâti.

En 1670, Lully était venu s'installer magnifiquement à l'angle occidental de la rue Saint-Anne et de la rue des Petits-Champs, vis-à-vis l'hôtel Thévenin, derrière lequel, longeant la rue Sainte-Anne jusqu'à la hauteur de la rue Louvois, s'étendait le couvent des *Nouvelles Catholiques* où mourut Bossuet. Le mur mitoyen du couvent et de l'hôtel Thévenin était celui de l'hôtel Pontchartrain dont nous nous occupons. Derrière celui-ci, sur la rue Saint-Augustin, s'élevait l'hôtel de Gesvre dont le portail forme aujourd'hui la voûte d'entrée du passage Choiseul. A côté de l'hôtel Pontchartrain, se trouvait la belle maison que M. de Lenglé avait fait construire et qui devint hôtel Mazarin quand Jean Law, l'ayant acquis de Claude Lebas de Montargis, garde du Trésor, l'eut échangé au duc de Mazarin contre la moitié du palais du feu Cardinal où il établit la Compagnie des Indes et la Banque qu'il créait.

Enfin, en ce même temps, en 1744, habitaient une des mansardes de la maison formant l'angle occidental de la rue Ventadour et de la rue des Petits-Champs, Jean-Jacques Rousseau et sa Thérèse.

Au fronton de la façade de l'hôtel Pontchartrain, sur la cour, juste en face la rue Ventadour, se trouvait un large cadran. La mansarde de Jean-Jacques était presque au niveau du cadran, il en voulut profiter pour donner à Thérèse des leçons dont elle avait grand besoin, mais qui n'eurent pas grand succès : « Pendant plus d'un mois, dit-il dans ses *Confessions*, je m'efforçai de lui faire connaître les heures. A peine les sait-elle à présent ». Et il ajoute : « Elle n'a jamais pu suivre l'ordre des douze mois de l'année, et ne connaît pas un seul chiffre. Elle ne sait ni compter l'argent, ni le prix d'aucune chose. Le mot qui lui vient en parlant est souvent l'opposé de celui qu'elle vient de dire. » On est tenté de plaindre Jean-Jacques, mais on n'y est plus disposé après avoir lu les lignes qui suivent : « Autrefois j'avais fait un dictionnaire de ses phrases pour *amuser* Mme de Luxembourg, et ses quiproquos sont devenus célèbres dans les sociétés où j'ai vécu. »

Revenons à l'hôtel de Lyonne où nous voyons, en 1748, M. le duc de Nivernais qui l'échangera bientôt avec le roi pour l'ancien hôtel du maréchal d'Ancre, rue de Tournon, lequel est aujourd'hui une caserne affectée à la *Garde républicaine*.

Les ambassadeurs extraordinaires y descendirent alors. M. de Nivernais prit leur place rue de Tournon, et ils prirent la sienne à l'hôtel de Lyonne. Ils y firent au reste un séjour assez court, puisque, en 1756, l'hôtel devenait le Contrôle général et que les Ambassadeurs extraordinaires passaient au Palais-Bourbon.

Quoiqu'il fût, dès lors, presque entièrement envahi par les bureaux, ce n'avait pas été en pure perte que, de 1749 à 1750, les deux Brunetti, le père et le fils, avaient peint de grandes fresques à l'hôtel de Lyonne ; les appartements laissés à part y restèrent magnifiques. Calonne, le grand prodigue, devenu Contrôleur général, sut enchérir encore par une splendide salle à manger dont le luxe émerveilla Mme Roland, lorsque, pendant la Révolution, l'hôtel du Contrôle étant échu au Ministère de l'intérieur, elle vint l'habiter avec son mari, qui, deux fois, y fut ministre.

« Le Souvenir de Calonne, celui de Necker et des siens, remarque Edouard Fournier, qui avaient eux aussi passé là en pleine puissance, étaient bien faits pour éveiller en sa philosophie, cette petite parvenue raisonneuse si étonnée d'y être à la place de ceux qu'elle avait tant enviés. »

Edouard Fournier est dur pour Mme Roland, qui écrivit cependant ceci : *« Quel jeu de la fortune ! J'en avais trouvé un bien grand, lorsque j'entrais pour la première fois dans ces appartements qu'habitait Mme Necker au jour de sa gloire ; je les occupe pour la deuxième fois, et ils ne m'attestent que mieux l'instabilité des choses humaines. »*

En 1822, on transféra le ministère des Finances et le Trésor royal qui occupaient alors les hôtels de Pontchartrain et de Mazarin dans les bâtiments construits en vertu d'un décret impérial du 26 août 1811, entre les rues de Rivoli, Cambon, du Mont-Thabor et de Castiglione, bâtiments destinés à l'Hôtel des Postes et détruits, en mai 1871, par les incendies de la Commune.

Les terrains qui en dépendaient furent alors vendus à la Compagnie Mallet, et une ordonnance du mois de janvier 1825 décida le percement d'une rue nouvelle destinée, sous le nom de rue Neuve-Ventadour, à relier la rue des Petits-Champs à la rue Saint-Augustin.

Mais il se trouva que la salle Feydeau où les artistes de l'Opéra-Comique exploitaient alors un genre que déjà, avant Auber, Hérold et Adam, on appelait « éminemment national », il se trouva que cette salle menaçait ruine et dut être évacuée.

Le roi ne pouvait laisser ses comédiens sans asile, aussi résolut-on de construire un nouveau théâtre. On parla du boulevard Bonne-Nouvelle, de la rue Notre-Dame-des-Victoires où il eût été facile d'ériger un théâtre qui eût fait face à la Bourse, on parla même du Pavillon de Hanovre; finalement on se décida finalement pour les terrains de l'ancien ministère des Finances.

Les Mallet offrirent de transformer une partie de la rue Neuve-Ventadour en une place quadrangulaire au centre de laquelle s'élèverait la salle projetée. Cette disposition parut satisfaire à toutes les exigences; et, le 19 juillet 1826, un contrat fut passé entre Ambroise-Polycarpe de La Rochefoucauld, duc de Doudeauville, pair de France, ministre de la Maison du Roi, et les banquiers de la Chaussée-d'Antin. Par cet acte, la Couronne devenait propriétaire, au prix de 1.700.000 francs, du terrain offert par la Compagnie Mallet, laquelle conservait l'emplacement nécessaire au percement du passage Choiseul, mais s'engageait à faire les fonds de la construction projetée, remboursables en l'espace de huit années.

Il fut décidé que la rue s'élargirait de façon à

assurer les dégagements de la nouvelle salle de spectacle ; puis on fit appel aux architectes. Une sorte de concours eut lieu, à la suite duquel la construction de la nouvelle salle Ventadour fut confiée à Huvé, architecte du Roi.

Les travaux commencés en novembre 1826 ne s'achevèrent qu'au mois d'avril 1829.

Successivement Opéra-Comique (20 avril 1829-22 septembre 1832), Théâtre Nautique (1834-1835), Théâtre italien (30 janvier-31 mars 1838), Théâtre de la Renaissance (8 novembre 1838-23 avril 1840), Théâtre italien 1841-1870), la prospérité s'assit rarement à la porte de la Salle Ventadour. Il semblerait, au contraire, qu'une sorte de fatalité pesa sur cet édifice, puisqu'un sort malheureux a ruiné l'une après l'autre toutes les entreprises qui s'abritèrent sous son toit.

La guerre fit fermer la salle Ventadour qui servit d'ambulance pendant le siège et l'insurrection communaliste ; puis, en 1872, on essaya, mais sans succès, de jouer sur ce théâtre des comédies ou des tragédies françaises, et au mois de mars de la même année, le gouvernement ayant accordé une subvention à l'Opéra Italien, il fit sa réouverture au mois d'octobre, sous la direction du baryton Verger, avec Mmes Penco, Alboni, Krauss ; MM. Mangini, Capoul, etc.

Depuis, et jusqu'au moment où M. de Soubeyran organisant la *Banque d'Escompte*, en 1878, en fit l'acquisition et la transforma, l'histoire de cette salle exceptionnellement belle, élégante et spacieuse, est lamentable.

Ce n'est plus qu'une nomenclature d'entreprises échouées. A la direction Verger et Lemaire, succèdent Strakosch et Merelli, puis c'est le Troisième Théâtre Lyrique français, des concerts, des auditions, les représentations d'Ernesto Rossi, puis encore les directions Escudier, Capoul, etc. Rien ne réussit, la Banque d'Escompte elle-même dut, après quelques années, céder la place à notre grand étab1isement français qui a fait totalement transformer les bâtiments par l'architecte Petit.

Est-ce le dernier avatar?

XXXIV

Les Petits Pères

Il y avait un dangereux défilé au carrefour que forme la rue de la Banque à son débouché sur la rue des Petits-Champs. On s'est enfin décidé à exproprier les maisons qui portent les numéros 2 et 4 de la rue de la Banque, et personne ne regrettera ces massifs de pierre, dus à Ledoux, l'architecte des pavillons de l'Enceinte dite des *Fermiers-généraux*.

Ces maisons, et celles qui, de l'autre côté de la rue, s'étendent jusqu'à la *Galerie Vivienne*, ont été construites sur l'emplacement d'un hôtel de Bouillon, dessiné, je crois, par Fr. Mansart, dans la deuxième partie du xviie siècle.

Après les Bouillon, l'hôtel passa aux mains de la famille de Duras, puis du duc de Charost, enfin du marquis de La Ferrière, lieutenant-général des armées du roi, et c'est sous le nom d'hôtel La Ferrière qu'il est désigné en 1777.

A cette date, Mathias Pasquier, maître maçon, entrepreneur de bâtiments, en est propriétaire, et il demande à ouvrir, sur l'emplacement de l'hôtel démoli, une rue formant retour d'équerre pour aboutir à l'ancienne cour du couvent des Religieux-Augustins, la place des Petits-Pères actuelle.

Le Parlement autorisa Pasquier, qui chargea Ledoux de construire, en bordure du passage des Petits-Pères dont la partie de la rue de la Banque, entre la rue des Petits-Champs et le passage des Petits-Pères, est une distraction, les maisons qui disparaissent, et celles qui, en face, sont si aisément reconnaissables à leur disgracieuse architecture.

C'est dans l'une d'elles, au numéro 5, qu'est mort l'amiral Bougainville ; une autre, le numéro 1 aussi numérotée 2 sur la rue des Petits-Champs, possède une enseigne qui est une énigme pour beaucoup de parisiens.

Je veux parler de ce chevalier tout doré dominant la boutique d'un charcutier, qui a pour devise : *A l'Homme de la Roche de Lyon*.

Il faut savoir qu'il y eût autrefois à Lyon un certain Jean Fleberg, né à Nuremberg en 1485. C'était un grand guerrier en même temps qu'un officier de bouche de François Ier. Riche et généreux, il dota de 300 francs, chaque année, vingt-cinq jeunes filles pauvres, comme de raison sages, et dans ce temps-là il y en avait beaucoup. Ce n'est pas tout, il sauva la ville d'une famine, fonda un célèbre hôpital, et mourut en 1546 à l'âge de soixante-deux ans.

On lui a élevé un monument dans le quartier qu'il habitait, appelé *la Roche* ou le *Bourg Neuf*, et deux fois la reconnaissance des Lyonnais a relevé le monument que le vernis du temps n'avait pu conserver.

Eh ! que vient faire ceci à propos de notre enseigne ?

Voilà l'explication : la charcuterie en question a été fondée, il y a bien longtemps déjà par M. Etienne, un lyonnais, qui a tout simplement voulu se placer sous les auspices de son compatriote Jean Fleberg, *l'Homme de la Roche*.

En ce temps-là, et depuis 1798, la Bourse occupait l'église des Religieux-Augustins : les *Petits-Pères*, tandis que la troisième municipalité et une caserne d'infanterie étaient installées dans le couvent et ses dépendances.

Qu'étaient-ce donc que ces Petits-Pères ?

Je vais vous le dire et ce me sera une occasion de parler incidemment de la « Reine Margot ».

La Reine Margot, Marguerite de Valois, épouse divorcée de Henri IV, se trouvant au château d'Usson, pendant la Ligue, fit un vœu et promesse « à l'imitation de ceux qu'avoit faits Jacob ». Elle prit l'engagement de donner à Dieu la dîme de ses biens, et d'édifier un autel dont la consécration rappellerait le souvenir du patriarche qui l'avait inspirée. Ce vœu devait avoir son accomplissement aussitôt que Dieu « l'auroit heureusement reconduite en sa terre », c'est-à-dire à Paris ; et l'autel qu'elle promettait d'élever devait être bâti « au lieu le plus commode et le plus proche de sa demeure ».

Marguerite reparut à la cour de France en 1605. Elle s'établit d'abord dans ce beau château de *Madrid* que François Ier avait fait édifié en pleine forêt de *Rouvray* (le bois de Boulogne), et dont il ne reste plus que quelques pans de muraille perdus au milieu de constructions modernes. Puis elle vint se fixer à l'hôtel de Sens, encore debout au carrefour que forment les rues du Figuier, du Fauconnier, de l'Hôtel-de-Ville et de l'Ave-Maria. Quelques mois plus tard, elle quittait l'hôtel de Sens à la suite d'un meurtre dont un de ses caprices amoureux avait été l'unique cause.

Elle vint alors habiter le faubourg Saint-Germain, dans un hôtel somptueux qu'elle ne put achever de construire et dont quelques débris se voient encore au n° 6 de la rue de Seine, au fond de la cour. Cet hôtel occupait la presque totalité des deux îlots compris aujourd'hui entre les rues de Seine et des Saints-Pères, Marguerite ayant obtenu la suppression de la partie septentrionale d'un ancien chemin, *le chemin de la Noue* (notre rue Bonaparte), qui, momentanément, cessa d'aboutir au quai.

Elle avait acquis ces terrains de plusieurs propriétaires, entre autres de l'Université et des *Frères de la Charité*, qui y possédaient, depuis leur arrivée en France, en 1602, une maison et des jardins en bordure sur le quai. C'étaient les restes d'un ancien manoir ayant appartenu à un nommé Jean Bouyn, bourgeois de Paris, que leur avait donné Marie de Médicis.

Sur l'emplacement de cette maison, Marguerite, se rappelant le vœu qu'elle avait fait pendant sa captivité d'Usson, fit élever, en mars 1608, la chapelle qui, aujourd'hui, sert de salle d'études pour les élèves de l'Ecole des Beaux-Arts. Et les moines augustins se chargèrent à sa prière, et moyennant une très grasse donation, de consacrer cette fondation qu'ils appelèrent l'*Autel de Jacob*, pour lui donner, tout d'abord, le nom que voulait la reine.

Il ne fallait que le terrain nécessaire pour une chapelle, mais les moines en demandèrent et en obtinrent assez pour pouvoir se construire un vaste monastère avec jardin et enclos, allant de notre rue Bonaparte jusqu'auprès de celle des Saints-Pères, en longeant une partie du Chemin-aux-Clercs, qui dut bientôt, au voisinage de l'autel, ce nom de *rue Jacob* qu'il a conservé.

La reine leur avait livré tout ce qu'elle possédait, et même un peu de ce qu'elle ne possédait pas dans le grand et le petit Pré-aux-Clercs ; ils n'avaient eu qu'à prendre et ils ne s'y étaient point fait faute. Le couvent et l'église se bâtirent si grands tous deux que l'autel, qui était cependant le seul motif de la fondation, s'y perdit pour ainsi dire. On l'oublia bientôt ; surtout quand, à peu de temps de là, en 1615, la reine Margot fut morte.

Mais déjà, à cette époque, les *Augustins Deschaux* avaient été congédiés parce qu'ils ne chantaient ni assez bien, ni assez longuement les louanges du Seigneur, au dire de Marguerite, qui, jusqu'à ses derniers jours, ne put comprendre que l'on manquât de voix. Par cette raison, elle leur avait substitué, au commencement de 1613, les Augustins réformés de la province de Bourges, dits *Petits Augustins*, afin de les distinguer des *Grands Augustins*, dont la maison était voisine de la leur.

Quant aux pauvres Augustins Deschaux, ils s'en allèrent près des remparts, là où l'église de leur couvent subsiste encore : c'est l'église Notre-Dame-des-Victoires, cette église dont le clocher ne s'aperçoit que du faîte des maisons voisines.

Il était célèbre au siècle dernier, ce clocher, pour son carillon, rivalisant avec celui du Couvent des Filles-Saint-Thomas (emplacement de la Bourse), caquetant dans les airs, comme les nonnettes caquetaient au parloir ou dans leurs cellules. Et Dieu sait, si on y caquetait bien !

Le souvenir des moines Deschaux a survécu dans la dénomination de la place qui précède : la place des *Petits-Pères*.

Pourquoi cette appellation ?

Les Augustins Deschaux la devaient à Henri IV.

Un jour, ayant aperçu dans son antichambre deux de ces religieux, les pères Mathieu-de-sainte-Françoise et François Anet, tous deux de très petite taille, il demanda à plusieurs seigneurs ce que désiraient ces « petits pères ». Il n'en fallut pas davantage pour qu'on continuât de les désigner ainsi, de même qu'on appelait communément « Augustins de la reine Marguerite » les religieux qui leur avaient succédé au faubourg Saint-Germain.

Le couvent de ceux-ci fut supprimé en 1790. Après avoir été consacré, pendant la Révolution, au musée des *Monuments français* créé par Albert Lenoir et dévasté sous la Restauration, il fut démoli, et notre Ecole des Beaux-Arts occupe aujourd'hui la plus grande partie de cet emplacement.

Ce qui en subsiste, en dehors de la chapelle, n'est plus visible de l'extérieur depuis la démolition, en janvier 1899, des vieux bâtiments situés rue Bonaparte, n° 16, sur l'emplacement desquels la nouvelle Académie de Médecine est en train de s'élever, et, de ce séjour de la reine Margot au faubourg Saint-Germain, il reste seulement les mascarons du petit pavillon de la rue de Seine et, je l'ai dit, le nom d'une rue : *la rue Jacob*.

XXXV

Autour du Puits Certain

La rue *Chartière*, que bien peu de parisiens connaissent, finit aujourd'hui en impasse. Autrefois, et cet « autrefois » n'est pas vieux de vingt ans ! elle se prolongeait sur l'emplacement actuel des dépendances du collège Sainte-Barbe, pendant environ cinquante mètres. Puis, sous le nom de rue de *Reims*, elle faisait retour d'équerre pour venir aboutir rue Valette, un peu au midi de la rue Laplace, la vieille rue des *Amandiers-Sainte-Geneviève*.

Cette rue de Reims s'était appelée précédemment la rue au *Duc de Bourgogne*, parce qu'elle longeait, au nord, la résidence parisienne des ducs de Bourgogne de la seconde race. La « basse-cour », autrement dit les « communs » de cette résidence, s'étendait jusqu'à la rue de *Lanneau*, entre les rues *Chartière* et d'*Écosse*.

Dans les derniers temps de sa vie, le duc Philippe-le-Hardi, qui mourut en 1404, transporta sa demeure au quartier des Halles, dans cet hôtel des comtes de Flandre et d'Artois dont le donjon, curieux spécimen de l'architecture civile, encore défensive, du commencement du xve siècle, est resté debout. Le logis qu'il délaissait, hôtel si vous voulez, après être échu au comte de Nevers, fut acquis par une *communauté* d'étudiants champenois pour y former un collège. Ce fut le *Collège de Reims*, pillé et dévasté pendant les événements de 1418.

L'hôtel proprement dit était séparé de sa basse-cour (de ses communs) par un mur; la division en fut donc facile. Vers la moitié du xve siècle, un chanoine d'Amiens : Nicole Coquerel ou Coqueret, la prit en location et, dans les bâtiments réédifiés ou transformés, il installa une « pédagogie de plein exercice ».

Pédagogie, plein exercice! Que veulent dire ces mots ? Et c'est précisément là ce qui fait mon plaisir de courir par les rues de mon Vieux Paris, que les institutions, les usages d'antan s'accrochent aux pans des murs, et que partout surgissent des fantômes pour me chuchoter ce qui n'est plus.

Donc, rappelons-nous que l'Université de Paris exista longtemps sans collèges.

Lorsqu'on commença à fonder des établissements de ce genre, ils ne furent, en principe, que de petites maisons de charité où quelques écoliers pauvres d'une même ville, d'un même diocèse, d'une même province, trouvaient le gîte et la nourriture. Ceux qui étaient admis à jouir de ce bienfait s'appelaient « boursiers ». Les autres, comme nos externes d'aujourd'hui, restaient libres, se bornaient à suivre les cours : c'étaient les

« martinets », qualification empruntée à une sorte d'hirondelle qui, écrit le *Dictionnaire de Trévoux*, « vole toujours sans s'arrêter, et ne se perche que sur son nid ». Les écoliers âgés de trente à quarante ans, ayant quinze à vingt années d'études, n'étaient pas rares. On appelait « galoches » ces élèves surannés, sans doute parce que, plus soucieux de leur santé, ils portaient pendant l'hiver de grosses galoches pour se conserver les pieds secs à travers les boues du quartier.

En ce temps-là, il n'y avait, en effet, d'enseignement public que pour la philosophie. Les cours si renommés et si fréquentés de la rue du Fouarre portaient uniquement sur cette science ; et, jusqu'à ce qu'on fut en état d'y être admis, on allait apprendre chez les professeurs. Cependant, à la fin du xiv° siècle, l'exercice des classes fut institué dans quelques collèges avec un succès qui amena presque tous les autres à les imiter. Des professeurs de latin donnèrent à heure fixe des leçons où purent assister les élèves du dehors. Bientôt on reçut à demeure dans les collèges, sous le même toit et à la même table que les boursiers, ceux de ces écoliers qui pouvaient payer pension ; puis le défaut de place dans les collèges fit établir, sous le nom de *pédagogies*, des maisons que l'on peut comparer à nos pensionnats suivant les cours des lycées.

Les pédagogies étaient de deux sortes : celles où l'on se bornait à loger et à nourrir les élèves, qu'elles envoyaient suivre les cours des grands collèges, et celles où l'on pouvait faire toutes ses classes. Ces dernières étaient dites de *plein exercice.*

Telle fut l'origine du collège Coqueret dont, par un calembour fort en usage dans le monde universitaire du Moyen âge, on décora la porte cintrée d'une *coquille* symbolique, sculptée en plein bois. On peut la voir encore, au n° 11 de la rue Chartière.

C'est dans cet humble collège que naquit la *Pléiade* ; c'est là que Ronsard, au retour de plusieurs voyages en Ecosse, près de Marie Stuart, et forcé de quitter la Cour, vint demeurer, avec Baïf, Rémy Belleau, Jodelle, Amadys Zamyn, Joachim du Bellay ; et c'est de ce bâtiment, qui tombe de vieillesse, que du Bellay lança le superbe manifeste de la nouvelle école, la « Défense et illustration de la langue françoise », qui eut une si grande influence sur la littérature.

Il est d'ailleurs tout plein de souvenirs et de témoins subsistants, ce coin de Paris !

Tenez ! le petit-rond point formé par la rencontre des rues Chartière et Lanneau (la vieille rue Saint-Hilaire), et ce qui a survécu des rues Fromentel et Jean de Beauvais, ce petit rond-point est bien l'un des rares endroits où le curieux des choses d'autrefois peut se croire chez lui et rêver à son aise.

Avant que, vers 1570, Robert Certain, recteur

de Sainte-Barbe et curé de Saint-Hilaire (¹), y eut fait forer, à ses frais, un puits public qui prit son nom et le transmit au carrefour, disent les auteurs, on l'appelait le « Carrefour du Clos Bruneau ».

Ce Clos Bruneau comprenait tout le quadrilatère circonscrit par les rues Jean-de-Beauvais, Saint-Hilaire, des Carmes et le boulevard Saint-Germain. Il était traversé, dans sa longueur, par un chemin désigné, en 1380, sous le nom de la *Longue Allée;* plus tard, sous celui de *ruelle Jousseline;* aujourd'hui, d'*impasse Bouvard*, dont il faut chercher l'étroite issue, entre les nos 8 et 10 de la rue Saint-Hilaire.

Convient-il d'admettre avec l'abbé Lebeuf que « Bruneau » signifie « pierreux »; ou croire, plus simplement, que c'est un nom de propriétaire, nom qui a toujours été assez répandu d'ailleurs? Je me garderai bien de dire ni *oui*, ni *non*, tout en avouant que les étymologies les moins tourmentées me paraissent les meilleures.

Quoi qu'il en soit, les vins du Clos Bruneau étaient réputés au Moyen âge. Il en est fait mention, et mention élogieuse, dans un Cartulaire de Sainte-Geneviève de l'année 1202. Aussi bien, n'était-ce par ici que vignobles.

---

(1) De l'église Saint-Hilaire supprimée comme paroisse en 1790, et vendue le 18 fructidor An III, il subsiste quelques fragments de piliers dans une boutique de marchand de vin, au n° 2 de la rue Valette, et, au n° 4, des restes de l'entre-colonnement de la nef.

Au delà de l'église *Notre-Dame-des-Champs* ou des *Vignes* (rue Denfert-Rochereau, au coin de la rue du Val-de-Grâce), s'étendait le *Clos des Francs-Mureaux;* sur l'emplacement de l'Institution des sourds-muets, c'était le *Clos du Roy*; vers le carrefour Soufflot, le *Clos aux Bourgeois* et le *Clos des Jacobins;* proche la rue Cujas, le *Clos Saint-Etienne*, et, tout à côté, le *Clos Saint-Symphorien*, sur l'emplacement du Panthéon; enfin, la Sorbonne est bâtie sur les *Clos Drapelet* et *Entrechelière*, et le Collège de France, sur le *Clos l'Evêque*, mentionné en 1177.

Chose bizarre! c'est au milieu de ces vignobles que la tradition chrétienne a placé les trois stations de saint Denis, sur la rive gauche.

La première de ces stations aurait eu lieu là où fut Notre-Dame-des-Champs, c'est-à-dire au Clos des Francs-Mureaux; la seconde sur l'emplacement de l'église Saint-Etienne-des-Grès, tout auprès du « Pressoir du Roy », où l'on portait les vendanges du Clos le Roy et du Clos des Francs-Mureaux; la troisième, à l'angle des rues Saint-Jacques et des Ecoles, là où s'élève la façade de la nouvelle Sorbonne, au milieu des clos Drapelet, Entrechelière, l'Evêque et Bruneau, là où s'élevait l'église Saint-Benoît, regardant l'occident et non l'orient, contrairement aux prescriptions du rite chrétien.

Or, cette église est dite de *Saint Bacchus*, dans un acte du xie siècle, et le dieu du vin, en Grèce, portait le nom de *Dionysus*, *Dionysius*, en réalité : *Denys* ou *Denis*.

Faut-il croire que les *stations* de Saint-Denis sont, tout simplement, des souvenirs d'autels à Bacchus qui se seraient trouvés sur ces endroits mêmes ? Au fond, la fête de Saint-Denis est célébrée le 7 octobre, le jour même où, dans les environs de Paris, on célébrait, encore au xviiie siècle la fête des vendanges. Et ne serait-elle pas bien suggestive cette légende de Saint-Denis, décapité et portant sa tête entre ses mains, si elle personnifiait l'homme pris de vin et marchant devant lui, quoiqu'il ait perdu la tête !

Nous voici bien loin du « Puits certain », dira-t-on : pourquoi donc ? Le dernier champ de vigne existant à Paris, le dernier « vignoble parisien » est situé à l'extrémité du canal Saint-Martin, tout à côté de la Seine, et ce voisinage n'empêche pas le garde éclusier, qui en est l'heureux propriétaire, de faire, quelquefois, une vendange assez importante. On pourrait croire, si l'on avait un peu de médisance dans l'âme, que le voisinage n'y nuit pas... au contraire. Mais, tenons pour vrai qu'au bon vieux temps la « purée septembrale » était pure de toute bâtardise. Il faut bien se souvenir que nos bons aïeux étaient loin d'avoir les facilités de vie que nous possédons. La difficulté de pénétrer jusqu'à la nappe souterraine, la dépense considérable du forage d'un puits, sur la rive gauche, par exemple, et, par contre, le manque d'eau pour les habitants, ont été, à mon humble avis, la cause essentielle du développement de Paris sur la rive droite. Aussi, le Puits Certain était-il une ressource précieuse pour les habitants du mont Saint-Hilaire, avant qu'on y eût fait venir, beaucoup plus tard, les eaux d'Arcueil.

Il devint célèbre, et, sans vouloir blesser, à Dieu ne plaise! la mémoire de Robert Certain, à qui je n'ai nulle raison d'en vouloir, je pense qu'il dut seulement sa célébrité, et surtout sa dénomination, à la salubrité de l'eau qu'il fournissait.

En vieux français, l'adjectif *certain* signifie proprement *sain, salubre*.

> Vin sur lait
> Rend le cœur gai ;
> Lait sur vin
> N'est pas *certain*.

c'est-à-dire indigeste ; et cette citation d'un vieil auteur explique suffisamment ma pensée.

La réputation du Puits Certain survécut, d'ailleurs, à la pénurie de l'eau dans le quartier.

Un pâtissier, au XVIIe siècle, s'en servit et la fit célèbre. Il s'installa, vers 1627, au n° 16 de la rue Lanneau actuelle, et, pendant la Révolution, pendant le premier Empire, tout grand dîner eut été incomplet, si la tête de veau farcie, apprêtée au « Puits Certain », n'y eût point paru.

Depuis lors, des tourtes et des brioches, d'une qualité particulière, très connues des vieux gourmets d'antan, succédèrent aux têtes de veau....

Hélas ! tout cela n'est plus qu'un souvenir ! Le puits a été comblé au commencement du siècle. La renommée est femme ; elle aime les lambris dorés et les glaces brillantes ; elle a délaissé la pauvre et vieille et laide boutique si fameuse autrefois, et la pâtisserie du Puits Certain, dont l'enseigne n'était plus qu'un rébus, a disparu en mai 1897 : ainsi s'envolent les gloires de ce monde !...

Tout à côté, sur la façade du n° 2 de la rue Chartière, s'étale une peinture que le temps a fort maltraitée et dont il serait difficile d'indiquer le caractère ou le sens. Il y a aussi, dans une sorte de niche, un buste fort médiocre ayant la prétention de représenter Henri IV. Puis, à la hauteur du deuxième étage, à l'angle de la façade, une autre niche en encorbellement qui, pendant bien des années, a supporté une des nombreuses madones que la religion de nos aïeux entouraient, le soir, de belles chandelles de cire. Cet éclairage fut longtemps, d'ailleurs, le seul qui existât à Paris, et, par ce motif, il ne faut point médire de ces niches vides aujourd'hui pour la plupart, devant lesquelles on passe indifférent.

Une tradition du quartier veut que ce logis ait été une demeure de la « Belle Gabrielle ». Mais il y en a tant, à Paris, qu'il faudrait croire, en vérité, que la duchesse de Beaufort a inventé les *maisons de rendez-vous*. La tradition, en cette circonstance, me paraît être une pure légende, et je ne veux accrocher à cette bâtisse que le seul souvenir de Mlle de Scudery, qui, d'après une lettre du chancelier Boucherat, y demeurait en 1681.

Et n'est-ce point amusant de rapprocher la demeure de celle qu'on a appelée la *reine des Précieuses*, de ce vieux logis de Coqueret : le *Berceau de la Pléiade* ?

XXXVI

Une Maison de la rue Grenéta

Pour achever l'alignement de la rue Grenéta dans sa partie qui fut autrefois la rue du *Renard-Saint-Sauveur*, c'est-à-dire entre les rues Saint-Denis et Dussoubs, on va exproprier, dit-on, le vieux logis faisant l'angle de celle-ci, jadis rue des *Deux-Portes*.

A voir la tristesse de sa façade, coupée à chaque étage par de multicolores pancartes commerciales, à voir le délabrement de la cour sur laquelle s'ouvre cependant une voûte, de grande allure, on est à cent lieues de penser que ce bâtiment morose fut, sous Louis XIV, la demeure d'un grand seigneur, d'un duc et pair, de M. de Coislin.

Il comprenait alors, ce vieux logis, l'emplacement du n° 39, où se trouvait le petit hôtel ; *les communs*, dirait-on aujourd'hui ; et le n° 41, construit, vers 1817, aux dépens de l'ancien jardin.

Dévot, laid, peu propre à la galanterie, très amoureux de sa femme, ce qui lui attira quelques méchants couplets que nous a conservés le Recueil Maurepas; mais l'honneur et la valeur mêmes, M. de Coislin, outre ses emplois militaires, occupa pendant seize ans la prévôté de Paris, et quand il mourut, en 1702, il y avait juste un demi-siècle qu'il appartenait à l'Académie française, y ayant été reçu à dix-sept ans comme petit-fils du chancelier Séguier.

Chapelain, lui cherchant des titres littéraires, ne trouva qu'une harangue « courte et bonne » qu'il avait faite, comme président, aux Etats de Bretagne.

Le duc était d'une politesse si excessive que, suivant l'expression de Saint-Simon, elle *désolait*.

Je ne sais plus quel personnage étant venu lui faire visite, précisément dans cet hôtel dont je parle, Coislin, en le reconduisant, se confondit en tant de manigances que, pour y mettre un terme, le visiteur, lassé, obsédé, le campa là au milieu d'une révérence, et, sortant brusquement, ferma la porte par dehors à double tour.

M. de Coislin eut vite pris son parti ; il ouvrit la fenêtre, sauta dans la cour et se trouva à la portière du carrosse assez à temps pour l'ouvrir.

Il en était quitte pour une foulure !

Les contemporains, on le comprend aisément d'après cet exemple, ne tarissent point sur ses civilités outrées, et les anecdotes qu'ils content ont fourni à Labiche le sujet du premier vaudeville qu'il a écrit pour le théâtre du Palais-Royal et pour l'acteur Grassot : *M. de Coislin ou l'Homme infiniment poli*.

Après cet homme *infiniment poli*, que Paul de

Musset s'est bien gardé d'oublier dans sa galerie des *Originaux du dix-septième siècle*, l'hôtel de Coislin passa en des mains quelconques et ses propriétaires durent être heureux, puisqu'ils n'ont pas d'histoire.

La chronique de l'hôtel est-elle close pour cela ? Allons donc ! Faut-il oublier les locataires ?

Or, à la fin du règne de Louis XV, le petit hôtel de Coislin, que remplaçait depuis deux ans une construction assez élégante, était occupé par l'acteur Laruette et sa femme, Mlle Laruette, née Villette.

Laruette est considéré, avec Caillot et Clairval, comme l'un des créateurs de l'opéra-bouffe français, en réalité de l'opérette. C'était, en outre d'un excellent acteur et d'un compositeur non sans mérite, un homme d'esprit.

Un jour, Clairval, cet auteur minaudier et ce chanteur sans voix, comédien à bonnes fortunes dans les diverses acceptions du mot, vint le trouver. Il était bien embarrassé, le pauvre ! — Mme de Stainville lui ayant donné un rendez-vous, le mari avait eu le mauvais goût de lui faire dire que, s'il y allait, il lui ferait donner cent coups de bâton.

— N'y va donc pas, répondit Laruette, consulté.

— Sans doute ; mais Mme de Stainville m'écrit que si j'y manque elle me fera donner deux cents coups de bâton.

— Vas-y donc, animal, il y a cent pour cent à gagner !

Laruette, d'ailleurs, devait être d'une morale assez accommodante, facile à suivre... même dans son ménage. Ce n'est pas que nous ignorions le mot de Mme d'Houdetot sur Mlle Laruette, à propos de la délicieuse scène de la rose, du *Magnifique* de Sedaine : — « Mlle Laruette a de la pudeur jusque dans le dos ! »

Dans le dos, soit ! Mais... ailleurs ! Je me souviens, en effet, que Mlle Laruette a reçu de brillants hommages, avant et après son mariage ; et que, dans cet hôtel de la rue Grenéta, aujourd'hui disparu, se sont rencontrés trois cordons bleus ; nommons-les pour qu'on ne croie pas qu'ils étaient des émules de Vatel : le duc de Nivernais, M. de Vaugremont, le marquis de Brancas.

Puis encore, plus tard, n'eût-elle pas des relations de plus longue haleine avec le marquis de Flamarens ?

Aussi bien étaient-ce choses connues, et si générales dans le monde et le demi-monde, que l'absolution précédait le péché : les vices délicats ne sont-ils pas des plaisirs ?

Cependant, Mlle Laruette avait des prétentions à la respectabilité, et elle se fâcha tout rouge un soir qu'une camarade l'appela c...

Elle vint s'en plaindre à son mari : « Que veux-tu, ma chère, répondit philosophiquement celui-ci, les gens aujourd'hui sont si grossiers qu'ils appellent les choses par leurs noms ! »

En ce temps-là, le quartier était peuplé de finan-

ciers, en souvenir du *Système*, et, partant, de ga
lanterie : la *Camargo* n'a-t-elle pas habité au n° 9
actuel de la rue Dussoubs, et la Gourdan, d'égril-
larde mémoire, au n° 30 (?), dans une maison
ayant issue rue Saint-Sauveur. Un auvergnat
nommé Ouradon, faisait semblant d'y vendre des
Teniers et des Tubergs à des amateurs fictifs
venus chez lui bien moins pour admirer des
images, que pour voir des réalités.

Les financiers ? tenez, en voici deux dans ce
vieil hôtel de Coislin : l'un, Atger de Penisson
vient de succéder aux Laruette, qui ont transporté
leurs pénates rue de Marivaux, au coin du boule
vard des Italiens; l'autre, Bugarel, habite le premier étage du grand hôtel Coislin (n° 43), don
J. R. Sigault occupe le rez-de-chaussée.

C'est là que le célèbre accoucheur fit son cours,
combattant l'ancien préjugé qui voulait que les
femmes, même les plus familiarisées avec les
hommes, se fissent un scrupule d'en admettre
dans ce moment-là et se confiassent uniquement
à d'inexpérimentées ou ignorantes matrones.

Et ne fût-ce que parce qu'il a été le berceau,
pour ainsi dire, de cette branche de la science
médicale, le vieil hôtel de Coislin mérite bien un
souvenir, n'est-ce pas ?

XXXVII

A propos d'un buste de Henri IV

Au coucher du soleil d'une des premières journées du mois de mai 1610, Ravaillac, ayant vainement cherché un gîte dans la ville, toute envahie alors par la foule des étrangers qu'attiraient les fêtes du sacre de la reine, Ravaillac arriva vers la porte Saint-Honoré, à la hauteur du n° 163 actuel.

Un peu avant les *Quinze-Vingts*, vers l'endroit où débouche notre rue de Rohan, il s'arrêta ; et, tentant un dernier effort, il entra dans une hôtellerie où l'on ne put le recevoir encore. Un couteau à lame large et pointue était sur une table ; il s'en saisit, au moment où la servante qui venait de lui parler se retournait, puis il sortit.

Alors, pressant sous son vêtement l'arme dérobée, il franchit la porte et s'engagea dans le faubourg, tout peuplé de tavernes et de guinguettes s'accrochant au flanc de la butte que l'ouverture de l'avenue de l'Opéra a fait disparaître.

Il n'alla pas loin ; sur l'emplacement du n° 197, faisant face à l'hôtel Gaillon que le portail de l'église Saint-Roch a remplacé, se trouvait un cabaret d'apparence plutôt modeste : *aux Trois-*

Pigeons. Ravaillac y heurta, et l'hôtelier le reçut. Le 14 mai au matin, il en sortait, et, à quatre heures un quart, rue de la Ferronnerie, exactement en face le n° 8, il frappait mortellement le vainqueur d'Arques et de Vitry.

Bizarre coïncidence! On sait que ce fut à la faveur d'un embarras de voitures, causé, comme toujours, par l'étroitesse de la rue, que le fanatique put approcher du carrosse du roi. Or, le 14 mai 1554, cinquante-six ans auparavant, le même mois et le même jour, Henri II avait signé des lettres patentes ordonnant l'élargissement de la rue de la Ferronnerie! Ce n'est pas à dire assurément que Ravaillac n'eût point fait son coup ailleurs, si la rue eût été élargie; et, cependant... qui sait?

Le couteau de Ravaillac a disparu, bien qu'on en montre un au musée d'artillerie et qu'une version en attribue la possession à la famille de Caumont La Force; mais le fauteuil où Henri IV a rendu le dernier soupir existe encore, dit-on, relégué dans une petite salle dépendant de la bibliothèque particulière de l'Institut. Il aurait été rapporté du Louvre lors du déménagement de l'Académie française, qui y était installée avant que l'ancien collège des Quatre-Nations eût été affecté à l'Institut.

On peut encore citer d'autres reliques. Ainsi, au musée d'Antiquités de Rouen, *galerie Langlois*, le masque de Henri IV, moulé aussitôt après sa mort, et trouvé en 1793 au Garde-Meuble de la couronne. D'autres ont été éparpillées, tel, par exemple, le précieux reliquaire vendu, en mars 1865, lors de la dispersion de la belle galerie Pourtalès, qui renfermait « une partie de la moustache de Henri IV, trouvée entière lors de l'exhumation des corps des rois, à Saint-Denis ».

En somme, nos collections publiques, à Paris, ne possédaient rien qui évoquât clairement la physionomie du roi de *la poule au pot*, avant que fut entrée au musée Carnavalet cette belle effigie au vif, don de Mme Desmottes, la veuve d'un collectionneur charmant, d'un savant trop modeste.

Qu'est-ce donc qu'une effigie au vif? Voici en quelques lignes :

Le cérémonial des funérailles des rois de France était chose réglée depuis des siècles. Tout d'abord, le corps, après avoir été embaumé, était placé dans un cercueil de plomb, recouvert d'un grand drap d'or ; il restait ainsi dans une des salles du palais pendant une vingtaine de jours, et, durant ce temps, des sculpteurs exécutaient, d'après le moulage qu'ils avaient pris, un buste en cire, représentant le roi au naturel : c'était ce qu'on appelait une « effigie au vif. »

Une sorte de jury choisissait ensuite celle qui lui paraissait être la meilleure, pour la figuration sur le lit de parade, où une sorte de mannequin en osier représentant le corps, et revêtu des habits royaux, supportait la tête en cire, tandis que les deux mains, également en cire, étaient jointes sur la poitrine.

Trois effigies au vif de Henri IV furent exécutées : l'une par Guillaume Dupré, une autre par Jacquet dit Grenoble, une troisième par Michel Bourdin.

L'effigie exécutée par Grenoble servit aux funérailles et dut forcément se détruire; on admire celle de Dupré au musée de Chantilly. La troisième, celle de Michel Bourdin, était la propriété de M. Desmottes, qui avait eu la bonne fortune de retrouver dans une vente les épaulières de Henri IV, les mêmes qui ont servi au buste de terre cuite, base de l'effigie elle-même.

C'est cette belle pièce que Mme Desmottes, exécutant ainsi, pieusement, une promesse verbale faite par son mari à M. Georges Cain, a offert au musée Carnavalet qu'elle a enrichi d'un chef-d'œuvre d'art, en même temps que d'un document historique incomparable.

La rue de la Ferronnerie n'a pas conservé la maison devant laquelle a été perpétré l'attentat; mais ont peut en préciser l'emplacement. En effet, lors de la reconstruction de la rue qui bordait le charnier, on voulut consacrer la mémoire de l'endroit où Henri IV avait reçu le coup mortel, et on mit sur la façade de la maison portant le n° 8, qui remplaçait la maison démolie, une croix de Malte rouge à la hauteur du deuxième étage.

Cette croix de Malte, que l'abbé Valentin Dufour signalait encore en 1880, a disparu sous le badigeon, ou tout au moins je n'ai pu la distinguer; mais le lieu du crime n'en est pas moins parfaitement précisé.

Au reste, la rue de la Ferronnerie n'avait plus, dès le xviiie siècle, le même aspect qu'au temps de Ravaillac. Elle était toute gracieuse, ou, pour mieux dire, tout pimpante.

Collée à l'antique cimetière des Innocents, dont elle doublait une des quatre faces, elle ne présentait, de chaque côté, que des boutiques de marchandes de modes; et ces boutiques riantes, élégantes, gentilles, n'abritaient pas des vertus bien farouches, semble-t-il.

La belle Morphise, ce caprice de Louis XV, dont la faveur menaça un instant le crédit de Mme de Pompadour, était apprentie chez une des modistes de la rue de la Ferronnerie; et c'est encore dans un de ces magasins de modes, célèbres en Europe, tenu par Mme Labille que Jeanne Vaubernier, sous le nom de Mlle Lançon, entra en apprentissage, à seize ans. C'est là qu'elle acquit sans doute l'art de se coiffer et de s'habiller avec un goût qui ne fut pas inutile à ses succès dans un autre genre. Mais, c'est égal! quel singulier apprentissage était dont celui de ces modistes, pour qu'il fournit des sujets comme la Morphise et Mme du Barry!

XXXVIII

La Caserne de la rue Blanche

On va enfin les démolir, ces bâtiments datant du commencement du XVIIIe siècle, alors que, tout alentour, ce n'étaient que champs et cultures. J'exagère ? Eh ! après la Régence, Louis XV chassait encore au vol là où s'élèvent les quartiers de la Madeleine et de l'Opéra, sans qu'il y eût, pour tous ces environs, d'autre inconvénient que celui des blés endommagés par les chevaux et les valets.

Sans doute, le ramassis de guinguettes qu'on appelait *les Porcherons* existait déjà, mais à l'état embryonnaire, pour ainsi dire. C'était encore le moment où, sur le tracé de notre rue de Provence, coulait un ruisseau fétide, enjambé, à la hauteur de la Chaussée-d'Antin, par un ponceau : le *pont de l'Hôtel-Dieu*. C'est aussi le moment, où, tout à côté, s'ouvrait aux amoureux la taverne hospitalière de la Roquille, rivale de la fameuse maman Rogome, la marraine du nectar de ce nom, qui, elle, trônait à la descente du Pont-Neuf, à l'endroit même, peut-être, où la non moins fameuse mère Moreaux commença son établissement et sa vogue.

Il faut attendre, attendre de longues années, avant que d'arriver au temps des *Petites-Maisons*, au temps où Mme de Genlis et Mme de Sillery, déguisées en grisettes, viendront chercher par là quelque bonne fortune de haut goût, avec de galants ouvriers qui, ayant dansé avec elles et s'apprêtant à mieux, leur offriront du « sacré chien tout pur » : c'est bien là ce que demandaient ces grandes dames !

Alors Ramponneau, laissant à son fils le *Tambour Royal* et les hauteurs de Belleville, fait florès aux Porcherons : à la *Grande Pinte*, c'est-à-dire sur l'emplacement de la partie occidentale du square actuel de la Trinité, vers la rue de Clichy.

Aussi, par tout aux alentours de ce quartier de la Chaussée-d'Antin, les « demoiselles » de l'Opéra ont élevé leurs autels, tandis que s'étagent sur les premiers contreforts de la colline montmartroise, les petites-maisons des grands seigneurs et des financiers.

A l'opposé de la Grande Pinte, presque vis-à-vis le n° 2 de la rue Blanche, c'est le petit séjour de Vassal de Saint-Hubert, dont on peut juger de la splendeur par le plafond exquis, attribué à Hallé, qui se trouve aujourd'hui au musée Carnavalet, aussi par les très beaux carreaux de faïence, qui revêtaient la salle de bains, et dont quelques-uns sont conservés au musée céramique de Sèvres.

Et à l'extrémité de la rue Blanche, sur l'emplacement des rues de Calais, de Douai, de Bruxelles et Ballu, le fils de Gaillard de la Boëxière, autre financier, avait mis des sommes folles dans le petit palais de célibataire qu'il habitait... parfois.

Ce pavillon, bâti par Le Carpentier, et dont il reste, dit-on, quelques sculptures, attribuées à Bouchardon, chez un propriétaire de l'avenue des Tilleuls, où elles auraient été transportées en 1844, lors du percement des rues précitées, fut le dernier Tivoli, exploité par le physicien Robertson. Le premier *Tivoli*, celui où se montra Marie-Antoinette le jour du départ pour Varennes, celui dont une dépendance fut le berceau du Jockey-Club, celui, enfin, que rappelle le passage Tivoli, occupait, du côté gauche de la rue de Clichy, l'emplacement de l'ancienne « Folie Boutin » : Boutin était l'un des trésoriers-généraux de la marine.

Vergniaud, le célèbre orateur de la Gironde, a demeuré quelque temps et a été arrêté tout à côté, chez Mlle Coupé, danseuse de l'Opéra, dont l'hôtel occupait l'emplacement de la rue de Parme, non loin de la barrière Blanche, où Mlle Hamelin ameuta tout un poste de gardes nationaux autour du fiacre qui conduisait à Cythère Mme Récamier et M. de Montrond, le chef de la *Jeunesse dorée* et la coqueluche de toutes les femmes du Directoire.

Mais... cette Mme Hamelin !... elle nous appartient ! Elle habitait, en effet, l'ancienne petite-maison du duc de Richelieu, s'étendant de la rue

Ballu jusqu'aux approches du Casino de Paris; et même sa maison, sous l'Empire, fut une des trois ou quatre souricières de Fouché. C'est chez elle, et grâce à ses indications, qu'on arrêta Ouvrard, ancien épicier à Nantes, plus tard fournisseur de la marine et banqueroutier. Sa caisse étant tarie, Mme Hamelin ne tarda pas à le trahir.

La belle Mme Hamelin disparut du monde quelque temps après la chute de l'Empire, précisément au moment où les bâtiments que l'on doit démolir devenaient d'abord l'Hôpital de la Maison militaire du roi, puis une école de musique militaire.

En ce temps-là, un petit hôtel se dissimulait au milieu du grand jardin dont le *Pôle Nord* et le *Casino de Paris* occupent l'emplacement. C'était l'habitation de Mme Brown, cette charmante Anglaise que le duc de Berry avait épousée pendant l'émigration. On sait que le prince eut de cette liaison deux filles, qu'il recommanda à son lit de mort à la duchesse de Berry. L'une de ces filles épousa le baron de Charette, l'autre, le prince de Lucinge.

Plus tard, le petit hôtel fut la demeure de ce richissime banquier, l'un des héros d'un des drames les plus mystérieux du Directoire, celui que l'opinion publique, vengeresse des impunités légales, ne désignait que sous le nom de Michel *l'assassin*.

Plus tard encore, l'institution Saint-Victor,

aujourd'hui collège Chaptal, après avoir été collège François Ier, s'installa sur les dépendances de cet hôtel qu'occupa le directeur, le père Goubaux, qui, sous le pseudonyme de Dinaux, fut l'un des auteurs du célèbre drame : *Trente ans ou la vie d'un joueur*. Alphonse Karr fut pion à Saint-Victor, et Edmond de Goncourt y commença ses études. Il y était le condisciple d'Alexandre Dumas fils qui a fait figurer l'établissement dans l'*Affaire Clémenceau*, et de Louis Judicis, le père de Georges de Peyrebrune, le romancier bien connu. C'est dans cette pension que Goncourt mérita cette apostrophe, presque une prédiction, de l'excentrique professeur Caboche, à propos d'un devoir plus ou moins correct : « Vous, monsieur de Goncourt, vous ferez du scandale. »

XXXIX

L'Hôtel de Lauzun

Le plus illustre cabaret du grand règne, ce fut la *Pomme de Pin,* dans la rue de la Licorne, en la Cité, vis-à-vis de l'église de la Madeleine[1].

C'est là que se tenait l'académie joyeuse, comme à l'hôtel Séguier l'académie pédante, et il n'était bel esprit qui n'eût à cœur de s'y enivrer au moins deux fois la semaine.

L'homme habile qui présidait aux destinées de ce *Chat Noir* du XVIIe siècle se nommait Gruyn; il devint riche, bien entendu, et se retira des affaires. Son fils, Charles Gruyn, dédaignant de lui succéder, passa la main à Crenet, dont a médit Boileau, et se jeta dans la gabelle. Il y prospéra, et, ayant épousé une jolie veuve, Geneviève de Mony, il fit construire dans l'île Saint-Louis, où il était de mode pour les gens de finance ou de parlement d'habiter, un hôtel que sa femme se plut à décorer avec un goût parfait.

Cet hôtel porte actuellement le numéro 17 sur

---

(1) Sol du marché aux Fleurs, vers l'angle des rues de Lutèce et la Cité.

le quai d'Anjou ; il est connu sous le nom d'hôtel de Lauzun.

En effet, la chute de Fouquet ayant amené la ruine de Ch. Gruyn, l'époux clandestin de la *Grande Mademoiselle* l'avait acquis et l'habitait, ce qu'il continua de faire quand, après sa rentrée en grâce sous les auspices du roi d'Angleterre, Jacques II, il eut épousé Mlle de Durfort, fille du maréchal de Lorges.

Lauzun cependant ne mourut pas au quai d'Anjou. Lorsque cet événement arriva, le 19 novembre 1723, il occupait le bel hôtel à façade de briques rouges et pierres blanches qui forme l'angle nord-ouest de la rue Bonaparte, à son issue sur le quai Malaquais. L'ancienne résidence de Gruyn était alors aux mains d'un neveu du grand cardinal, le marquis de Richelieu, qui, après l'avoir enlevée du couvent des Filles de Sainte-Marie, à Chaillot, courait la prétentaine avec Mlle de Mazarin, nièce, elle aussi, d'un cardinal : celui à qui, dit-on, Anne d'Autriche dut la naissance de Louis XIV.

Après le marquis de Richelieu, l'hôtel passa à P.-F. Ogier, un receveur du clergé, puis au marquis de Tessé, enfin, dans les premières années du règne de Louis XVI, au marquis de Pimodan, brigadier des armées du roi, qui y demeurait avec toute sa famille quand la Révolution éclata. Le marquis n'émigra point ; mais, malgré ses sentiments libéraux, le Comité de salut public le fit arrêter. Et on raconte que le vieux noble fit atteler son carrosse pour se rendre à la prison du Luxembourg. Le 9 Thermidor le sauva. Quant à son gendre, le marquis de la Viollaye, proscrit également, il avait cru plus prudent de se soustraire aux périls d'une incarcération, et s'était caché dans les caves immenses qui s'étendent jusqu'à la Seine, en attendant le moment opportun de s'enfuir, ce qui advint.

L'hôtel conserva le nom de Pimodan sous les différents propriétaires qui le possédèrent ensuite : illustres inconnus parmi lesquels nous ne trouvons à citer que Capon, non pas parce qu'il fut droguiste, mais parce qu'il inventa la colle de pâte. — Enfin, en 1842, le baron Jérôme Pichon acheta l'hôtel Pimodan, qu'il loua tout d'abord à Roger de Beauvoir, et l'auteur des *Enfers de Paris* y donna une fête splendide, encore que les vastes appartements fussent peu meublés. Aussi le poète Méry, qui avait été de ses hôtes, le remercia par par ce spirituel quatrain :

> Ce grand hôtel aristocrate
> Par Lauzun vous était promis
> Et vous pouvez, mieux que Socrate,
> Le meubler de tous vos amis.

Le baron Pichon, un peu après, vint habiter lui-même l'hôtel de Pimodan, dont Baudelaire occupait encore le second étage, où se tenait le fameux club des « mangeurs de haschisch ». Il paraît d'ailleurs que le poète des *Fleurs du Mal* n'était rien moins qu'un locataire agréable, et, encore dans les derniers temps de sa vie, le baron Pichon, dont les souvenirs étaient inépuisables, ne parlait pas sans amertume d'une certaine négresse que Baudelaire s'était choisi pour compagne.

Baudelaire parti, le baron s'efforça, par toutes les recherches savantes d'un ameublement du goût le plus vrai, le plus exact, le plus rare, de rendre à la vieille demeure sa physionomie du beau temps. C'est vers cette époque qu'en exécutant divers travaux, on retrouva, sous la plaque de marbre qui, sur le quai, portait le nom d'hôtel de Pimodan, la plaque de l'hôtel de Lauzun, qui fut conservée comme plus ancienne et qui a prévalu.

En 1896, à la mort du célèbre bibliophile, on s'émut.

C'est qu'en effet, si, extérieurement, l'hôtel de Lauzun n'est pas d'un intérêt très supérieur à celui des autres hôtels du xviie siècle, ses voisins, il renferme un ensemble de décoration artistique datant de 1650 à 1660 que l'on chercherait vainement ailleurs. Et on pouvait craindre que cet ensemble si beau, si fastueux si intact, fût détruit et éparpillé.

Que les curieux de Paris, que les amoureux du bel art se rassurent ! Grâce à l'activité de M. Ch. Normand, grâce à l'intervention de la commission du Vieux-Paris, cet acte de vandalisme a été conjuré. Un accord est intervenu entre les héritiers du baron Pichon et la Ville de Paris : l'hôtel Lauzun fait désormais partie de notre domaine municipal et n'attend plus qu'une affectation qui n'est pas encore déterminée.

Pourquoi n'y reconstituerait-on pas, dans ce cadre merveilleux, une habitation d'autrefois dans tous ces détails vulgaires et si curieux de la vie privée ? Un musée Tussaud spécial à une époque et localisé, dira-t-on dédaigneusement. Pourquoi non ?

Quelques bons conférenciers y parleraient des hommes et des choses, surtout ; et je pense qu'une seule de ces conférences nous apprendrait beaucoup plus, quant à la vie privée de nos bons aïeux qu'une foule de gros bouquins qui n'apprennent rien.

XL

La Chapelle et le Bureau des Orfèvres

A l'extrémité occidentale de l'avenue Victoria, ce boulevard manqué, et derrière les façades du quai de la Mégisserie, des rues du Pont-Neuf et de Rivoli, paravent monumental, tout un coin bien curieux du vieux Paris se cache, avec la mélancolie et aussi le pittoresque du passé.

Ce fut, il y a bien longtemps, un coupe-gorges.

Le centre en était alors la rue des Deux-Boules, qu'on appelait la rue *Meauconseil*, en raison des mauvais coups qui s'y tramaient, et par opposition aussi à la rue voisine, que le caquet des lavandières avait fait appeler des *Mauvaises-Paroles*. Et le vol commis, la proie saisie, les « Mauvais garçons » allaient en faire le partage et se bien repaître tout à côté, au cabaret qui a donné son nom à la rue du Plat-d'Étain. C'est là que l'auteur des « Repues Franches » mène les hardis fripons ses *compaings*.

Le cabaret existe encore, avec la même enseigne et à la même place ; mais la maison dont il occupe la minuscule boutique (rue du Plat-d'Etain, n° 1), date tout au plus de la fin du XVI° siècle.

A cette époque, le quartier était d'une « hanteric » plus sûre : pour se rapprocher des Valois, installés au Louvre, les gens de noblesse étaient venus s'y établir, et les bandes dangereuses avaient délogé.

Déjà et dès le xive siècle, le voisinage du logis du Chevalier du Guet les avait un peu écartées, et les orfèvres, moins effarouchés, commençaient à y paraître.

L'orfèvrerie est l'industrie mérovingienne par excellence, à peu près la seule ; art mérovingien et parisien, car une rue de la Cité était occupée par les « fèvres » : elle allait de la rue de la *Vieille-Draperie* à la rue de *la Calandre*, c'était la rue *aux Fèvres*, fameuse par les belles œuvres qu'y fabriquaient les disciples de saint Martial et de saint Éloi, bien avant que le père Mauras, exploitant la vogue des *Mystères de Paris* d'Eugène Sue, n'y eut attiré le « Tout-Paris » gobeur, dans son cabaret du *Lapin blanc*.

Louis VII établit les orfèvres et les changeurs sur le *Grand-Pont*, le deuxième de ce nom, dont notre pont au Change occupe à peu près la place. Ce pont, en 1281, fut entraîné par les grandes eaux avec toutes les maisons qu'il supportait.

Les ponts, on le sait, étaient en effet bordés de maisons, ainsi que des rues ; et, d'ailleurs, ce que l'on voyait le moins dans le Paris de nos aïeux, c'était la Seine. Elle disparaissait sous les constructions élevées sur ses berges, édifiées sur des ponts mal établis, dont les piles, trop nombreuses, obstruées de moulins, ne laissaient plus de passage au fleuve. Et à chaque crue, à chaque débacle, les accidents les plus terribles se produisaient, jetant la désolation parmi les habitants qui, aveuglement étrange! s'obstinaient à les construire ainsi que précédemment, et à les surcharger.

On reconstruisit donc le Grand-Pont, et on le couvrit encore de maisons, que revinrent habiter orfèvres et changeurs. Mais, quinze ans après, une nouvelle crue l'emporta, et, cette fois, les orfèvres se groupèrent sur la rive droite, auprès de quelques églises où ils avaient sans doute des chapelles relevant de leur Confrérie, comme Sainte-Opportune et Saint-Josse.

C'est dans celle-ci, selon toute apparence, qu'ils avaient le siège de leur Confrérie. Elle était située rue Aubry-le-Boucher, à l'angle occidental de la rue Quincampoix, au centre de ce quartier Saint-Martin, aussi celui des Lombards, banquiers et courtiers d'argent, où ils s'établirent nombreux, notamment dans les rues Neuve-Saint-Merri (*actuellement rue Saint-Merri*), Bourg-l'Abbé (*supprimée; elle allait de la rue aux Ours à la rue Grenéta et a été absorbée par le boulevard Sébastopol*), la rue Quincampoix, enfin.

Toutefois, ils s'étaient d'ores et déjà emparé de la petite rue *aux Moignez de Jenvau*, qui prit à cette époque le nom de rue des *Deux-Portes* (les orfèvres ayant jugé prudent de la mettre sous clef la nuit) : c'est aujourd'hui la rue des Orfèvres.

Ce fut le roi Jean ou Charles V (on ne sait lequel des deux) qui permit aux orfèvres d'avoir une chapelle.

Il faut rappeler ici que le corps des orfèvres de Paris était le plus généreux, le plus aumônier de tous les métiers, quoiqu'il ne fut ni le plus riche, ni le plus privilégié.

C'est ainsi, par exemple, qu'une boutique d'orfèvre restait ouverte chaque dimanche, à tour de rôle ; et que le gain fait pendant cette journée était mis de côté et employé à donner, le jour de Pâques, un repas aux pauvres malades de l'Hôtel-Dieu. Et le nombre des conviés s'élève souvent à plus de deux mille.

D'autre part, ils payaient chaque année à l'Hôtel-Dieu une somme assez considérable en faveur des pauvres de leur corps.

Ils crurent plus décent de prendre ce soin eux-mêmes, et ils pensèrent à joindre à la chapelle qu'ils allaient construire, un hôpital pour « les pauvres orfèvres âgés ou infirmes, et leurs veuves », en même temps qu'ils construiraient, à côté, une maison commune pour les affaires de leur corporation.

Ils attendirent jusqu'à l'année 1399, avant de trouver un terrain convenable à cette triple destination.

A cette date, les Gardes de la Communauté

achetèrent d'un orfèvre : Roger de la Poterne, l'hôtel qu'il occupait en la rue des Deux-Portes, et qu'on appelait l'Hôtel des Trois-Degrés, parce qu'on y montait par autant de marches. Ils firent démolir les anciens bâtiments et élever de nouvelles constructions en bois et en maçonnerie, capables de contenir un hôpital, une chapelle et une salle commune où pourrait être exposé le « chef-d'œuvre », exigé de tout aspirant à la maîtrise.

Le 15 novembre 1403, la chapelle fut dédiée solennellement à saint Eloi, et l'on y célébra la messe, en vertu de lettres accordées par l'évêque de Paris.

Ces bâtiments subsistèrent jusqu'au règne d'Henri II.

A cette époque, la corporation de l'orfèvrerie se ressentit de la passion des temps pour les nouveaux édifices ; les vieux bâtiments, d'ailleurs, menaçaient ruine, et leur aspect misérable faisait honte à une corporation qui se targuait d'être la première des six corps composant la *Marchandise de Paris*.

On résolut alors de ne bâtir qu'une église sur l'emplacement de l'ancienne chapelle, de l'Hôpital et de la maison commune, et d'approprier aux usages de l'hôpital et du « Bureau » les maisons successivement acquises sur les rues Jean-Lantier et des Lavandières.

En conséquence, les Gardes en charge signèrent,

le 31 décembre 1550, un marché et devis avec deux architectes (maîtres es-œuvres) dont les noms témoignent assez du goût des orfèvres en matière d'art : c'étaient Philibert Delorme et Germain Pilon ; l'un avait fait les dessins et plans de l'architecture ; l'autre, ceux de la statuaire et de l'ornementation, car la chapelle, de style toscan, devait être surmontée d'une coupole ornée de sculptures. Néanmoins, malgré les plans primitifs, la coupole ne fut jamais construite.

On commença les travaux avec l'année 1551 ; on transporta l'hôpital dans les maisons de la rue Jean-Lantier, et l'administration de la communauté dans une grande maison de la rue des Lavandières, à l'enseigne de la *Fleur-de-lis*. La démolition des vieux bâtiments et la construction des nouveaux furent entreprises simultanément et poussées avec tant d'activité, que la chapelle, remarquable par la simplicité, l'élégance et la noblesse de son architecture, était debout en moins de quatre ans; elle ne fut achevée toutefois qu'en 1565 et 1566.

Les bâtiments en bordure sur la rue Jean-Lantier, affectés à l'hôpital et au Bureau, sont postérieurs : ils datent du commencement du xviie siècle, et l'élégant cartouche que l'on voit à la hauteur du deuxième étage, à l'angle de la maison qui fait retour sur la rue des Lavandières, désigne le « Bureau des orfèvres ».

Ce petit motif ornemental est assez ingénieusement disposé. Sur une tablette longue, soutenue par des consoles reliées entre elles au moyen d'une guirlande, on distingue un aigle, les ailes déployées, levant la tête vers un écusson, veuf aujourd'hui de ses signes héraldiques; un soleil tout enrubanné couronne le haut du cartouche.

Le blason était celui que Philippe de Valois avait octroyé aux orfèvres de Paris; il était de gueules à une croix dentelée d'or, cantonné aux 1 et 3 d'une boîte couverte, et aux 2 et 4 d'une couronne royale, le tout d'or avec un chef d'azur semé de fleurs de lis d'or.

Sur la bannière de la communauté la devise: *In sacra atque coronnas*, accompagnait ce blason.

L'Hôpital des orfèvres fut supprimé en 1790, et ses bâtiments ainsi que sa chapelle, devenus propriété nationale, furent vendus à un particulier en 1797; mais il est à croire que l'œuvre de destruction est antérieure.

En effet, si la façade de la chapelle dont on a arraché la porte et les vitraux merveilleux fabriqués, sur les dessins de Jean Cousin, par Jacques Aubry, « maître vitrier », demeurant rue de la Verrerie; si cette façade, dont on a coupé les fenêtres et mutilé les corniches, persiste néanmoins à nous révéler sa noble origine par ses pilastres doriques du rez-de-chaussée et ses pilastres à gaînes cannelées du premier étage, l'intérieur a été dévasté. Le maître-autel, les statues du Christ et des apôtres, par Germain Pilon, ont disparu ; et aussi les boiseries superbes « en bois de Chine de Montargis et en bois de Brésil », fabriquées par Nicolas Durant, demeurant « rue de Marivault, près l'église Saint-Jacques-de-la Boucherie ». Seule, formant cul-de-lampe à l'une des retombées de la voûte, une souriante tête de chérubin subsiste des sculptures de Germain-Pilon.

La chapelle et l'hôpital des orfèvres sont affectés actuellement à une école communale et à un asile; le « Bureau », divisé, a été transformé en locaux ; et la jolie maison des Gardes de la corporation, qui se voit encore au n° 9 de la rue des Orfèvres, est habitée par un tonnelier, dont le tonnelet symbolique se balance audacieusement au-dessus d'une charmante ornementation du xviii° siècle.

XLI

Le Grenier-à-Sel

A Saint-Eloi, la chapelle hospitalière des Orfèvres, dont je parlais tout à l'heure, était contigu le *Grenier-à-Sel*, dénomination d'un autre âge, imprécise aujourd'hui, qui évoque cependant le souvenir d'une mesure fiscale bien lourde à nos pères, à ce point que l'impôt de « la gabelle », si exécré, si exécrable, nous a laissé le mot « gabelou », d'une acception plutôt désagréable, tant il rappelle un passé de vexations... et de délations.

L'impôt de la gabelle fut créé par Philippe IV, le Bel, en 1326, et augmenté par Philippe VI de Valois, en 1328. Avant ce dernier règne, le sel était *marchand*. Ce ne fut qu'après la bataille de Poitiers (19 septembre 1356) que le roi se réserva le droit de vendre cette denrée, et fit établir des greniers publics où tout le sel fut déposé. Cependant la gabelle ne fut affermée que par Henri II.

A la veille de la Révolution, le sel coûtant très cher, le pain de luxe, seul, était salé; vers cette époque, en effet, les vendeurs de sel, ou *regrattiers,* le vendaient encore près de quatorze sous la livre ; soit environ, et comparativement, un franc cinquante de notre monnaie actuelle.

Et encore, afin d'en augmenter le poids, avait-on recours à mille ruses. On l'imprégnait de terre ; on le faisait tremper dans du lait, qui s'y incorpore sans le dissoudre et le rend beaucoup plus lourd ; enfin, on y mêlait de petites pierres et des cailloux : « Combien de personnes, écrit « Nougaret dans *les Astuces de Paris*, ont le « malheur d'être brèche-dents pour avoir ren- « contré en mangeant de ces maudites petites « pierres. »

Le Grenier-à-Sel de Paris était non seulement le lieu de dépôt de la Régie administrative de cette substance, mais encore le siège d'une juridiction statuant en première instance sur les contestations qui naissaient au sujet des «Gabelles», et les contraventions aux ordonnances pour la distribution du sel et les droits royaux y relatifs.

Il avait été d'abord établi dans une vaste maison occupant tout l'emplacement compris entre le Grand Châtelet et la rue de la Saunerie (la partie du théâtre du Châtelet en façade sur la place), et cette maison qui faisait partie du domaine municipal, était appelée *Maison de la marchandise du sel*, à cause de cette destination qu'elle conserva jusqu'au commencement du xve siècle.

A cette époque, et par un motif que je n'ai pu découvrir, le Grenier-à-Sel fut transféré temporairement dans la rue Saint-Germain-l'Auxerrois, entre la place des Trois-Maries (issue de la rue du Pont-Neuf) et la rue de l'Arche Marion (extrémité sud de la rue des Bourdonnais). Mais il paraît que les bâtiments étaient séparés par la rue Saint-Germain-l'Auxerrois, de telle sorte qu'il en résultait de grands inconvénients dans les travaux.

On cherchait donc la possibilité de transférer ce service dans le voisinage, car le sel arrivant par la Seine, le *Port-au-sel* comprenait de temps immémorial toute la vallée de Misère (le théâtre du Châtelet) et le quai de la Mégisserie jusqu'au Port-au-Foin (vers le Pont Neuf).

Une circonstance fortuite, dont on pût profiter, permît de changer convenablement cet état de choses.

L'abbaye de Joyenval était propriétaire de l'ancienne maison du Grand Chambrier de France sous Philippe-Auguste : Philippe de Roye, qui la lui avait léguée en 1224, comme fondateur de cette abbaye.

Les religieux qui en avaient disposé si longtemps s'en virent tout à coup dépossédés : la mense abbatiale de leur monastère ayant été réunie, en 1697, à l'évêché de Chartres, en compensation des démembrements considérables qu'on en avait fait pour former l'évêché de Blois.

On profita de cette circonstance pour acquérir cette maison domaniale et pour y transférer le Grenier-à-Sel.

Les vieilles maisons furent démolies et remplacées, en 1698, par un bâtiment, élevé sur les dessins de Jacques de la Joue, qui n'était d'ailleurs remarquable que par sa destination.

Malgré qu'il soit aujourd'hui défiguré par des remaniements et des dispositions ménagères qui l'ont encore enlaidi, on peut toutefois se rendre compte de sa structure primitive, parce que le gros œuvre est resté à peu près intact.

Ce bâtiment, dont le plan est un carré long, était divisé en trois grandes pièces parallèles à la rue des Orfèvres, ayant leur entrée principale par la façade sur la rue Saint-Germain-l'Auxerrois, et séparées chacune par un gros mur plein, construit en assises de pierre dure par le bas, avec une chaîne également en pierre dure de distance en distance, montant jusqu'au-dessus des fermes du comble.

La façade s'élevant en retrait sur la rue Saint-Germain-l'Auxerrois, et maintenant obstruée par des boutiques surélevées d'un étage en mansardes, est encore couronnée d'un fronton triangulaire surbaissé, dans le tympan duquel est sculpté en relief un écusson à lambrequin entre des palmes. Les pièces du blason, qui était celui de France, ont été effacées au ciseau, mais un peu au-dessous on a laissé subsister la représentation sculptée d'un vaste soleil rayonnant.

Ce soleil rayonnant surmontait la principale des trois travées; les armes de l'abbaye de Joyenval dominaient la travée de gauche, vers la rue des Orfèvres ; celles de Paul Godet des Marais, évêque de Chartres, la travée de droite, vers la rue des Lavandières, en mémoire de la réunion de l'abbaye de Joyenval à l'évêché de Chartres, effectuée sous sa prélature.

Et, en raison de ces blasons, on distinguait les trois corps du sombre édifice où, pendant près d'un siècle, et en dernier lieu, s'exploita le privilège de la vente du sel, sous les noms de *Grenier-au-Soleil*, *Grenier-l'Abbaye* et *Grenier-l'Evêque*.

Alors que Jacques de la Joue l'édifiait, le quartier se donnait des airs mondains et une sorte de renom chez les gens de toute classe ; seulement le principal établissement auquel il le devait prouve que les habitudes aléatoires n'étaient point tout à fait perdues dans le quartier du vieux Thibaut-aux-Dés, *Thibaut-le-Joueur*.

C'est, en effet, dans une maison de la rue Bertin-Poirée, le n° 15, je crois, là où logera plus tard le fougueux parlementaire Duval d'Eprémesnil, que, Louis XIV régnant, la *Blanque royale*, où, pour parler plus clairement, « la Loterie » s'établit et fit rage sous la direction de Boulanger, émule ou plutôt successeur du grand Tonti, et comme lui subtil organisateur du hasard et de ses chances.

Sous la fameuse Arche Marion, aux abords sinistres, se glissaient à la nuit des joueurs clandestins qui venaient y courir aussi les chances du hasard, celui du « pharaon » ou du « biribi »; au temps dont je parle Bouilleron tenait ce tripot. Des gens de toutes classes, mais surtout des chevaliers d'industrie, des « aigrefins », ainsi que l'on disait alors, y affluaient chaque soir. Et, tout auprès, un autre tripot encore, celui-là plutôt fréquenté par les gueux. On l'appelait le « Biribi des Vertus », quoique les vertus les plus vulgaires, la bonne foi surtout, n'y fussent, sans doute, que médiocrement observées. On n'y faisait pas faute de tapage et de violence, de coups de poing, voir même de coups de couteau.

Un soir, Tison, décrotteur au bas des trottoirs du Pont-Neuf, vint risquer la recette de sa journée au Biribi des Vertus, et il fit une telle rafle d'écus, qu'il put incontinent s'en aller ouvrir à son compte, dans le Palais-Royal, une maison de jeu où il gagna des millions.

Mais, pour un tel heureux, que de désespérés! Pour un qui, tout effaré de son bonheur, s'en allait ainsi les poches et les mains pleines, que d'autres sortaient, du vent en bourse, du désespoir dans l'âme, et, ne sachant plus où s'en prendre, s'en prenait à leur vie, ou, plus souvent encore, à celle des passants!

Aussi La Mésengère, après avoir décrit l'aspect peu rassurant du quai de la Ferraille, long, étroit, désert, ajoute-t-il, songeant au Biribi des Vertus : « Il n'est pas trop prudent de s'y attarder en hiver! »

Toutefois, jusque vers neuf heures, lorsqu'il faisait beau, le danger n'était pas grand. Les montreurs de marionnettes, avec leur *castelletto*, comme le Pulcinella du quai des Esclavons, à Venise, et les chanteurs au parapluie rouge, fixaient la foule sur toute la longueur de l'étroit passage, et, avec la foule, une sorte de sécurité On courait très certainement le risque d'être volé, mais non encore celui d'être assassiné.

C'est qu'en effet, les chanteurs du quai de la Ferraille avaient toujours fait à ceux du Pont-Neuf, leurs proches voisins, une rude concurrence de chansons bien hurlées, et de belles recettes en gros sols.

La foule y était grande, et Pons de Verdun l'a décrite en deux vers :

> Bouche béante, un grotesque auditoire
> Pend à l'archet du chansonnier des quais;

et il nous semble voir Greuze, qui habitait alors rue Thibaut-aux-Dés, se déranger de son chemin et se mêler au « grotesque auditoire », quand il revenait de faire sa cour à Mlle Babuti, la petite libraire du quai des Augustins, qui devint sa femme, et que Diderot aimait tant à taquiner.

L'Orphée de la Ferraille, ce fut Baptiste, le *Divertissant*. Il demeurait rue Saint-Germain-l'Auxerrois, cette vieille rue qui, la première de Paris, fut désignée par un nom, vis-à-vis du Grenier-à-Sel, dans une de ces vieilles maisons encore debout. Le soir venu, la journée finie, il avait, dit-on, habitude de fréquenter un cabaret voisin, où il trinquait avec son rival : Duchemin, l'*Enfant de chœur du Pont-Neuf*.

Ce cabaret, qui était presque en face de son logis, c'est la *Petite Hotte* (à l'angle de la rue des Orfèvres), qui a survécu avec son enseigne, ses couronnes vertes, vestiges de l'usage qu'avaient nos pères de tapisser de verdure le lieu de leurs festins, avec tout son aspect d'autrefois, pour que nous puissions évoquer, dans ce vieux coin de Paris, le souvenir de l'*Arion du quai* et celui de *la Sirène Riche-en-Gueule*, ainsi qu'on appelait communément Mme Baptiste.

XLII

Montfaucon

A la fin de 1898, on annonça que des travaux de terrassement exécutés dans un terrain situé rue Secrétan, entre les n⁰ˢ 57 et 72, avaient mis à jour des dalles très épaisses, recouvrant l'orifice d'un puits ayant trente mètres de profondeur.

« Une descente dans ce puits, disaient les journaux, a permis de constater que ses parois étaient garnies de lames tranchantes, de barres de fer, de crochets, etc., et, au fond, on a trouvé des ossements dont l'ancienneté est établie par ce fait qu'une simple pression des doigts suffit pour les réduire en cendres. »

Bien entendu, les suppositions allèrent leur train-train habituel ; l'on prétendit que ce puits était utilisé autrefois et servait de charnier pour les suppliciés du « Gibet de Montfaucon ».

C'était encore beaucoup de bruit pour rien.

Il n'y avait eu, dans ce puits, ni barres de fer entrecroisées, ni crochets, ni rien de semblable ; il n'y avait, en fin de compte, que les débris ordinaires que l'on envoie aux décharges publiques.

Si, cette fois, on s'est émut à tort (et cela est incontestable), il ne me semble pas que l'on doive, d'une manière générale, prétendre que des « imaginations trop vives » sont seules susceptibles de concevoir que l'on puisse trouver, dans ces parages, autre chose que les détritus d'une voirie banale.

Il y a eu par là, tel est au moins mon sentiment, une *justice* provisoire ; et toutes les fois que l'on découvrira, de ce côté, un puits qui ne sera point un puits de carrière ni un puits à eau, je me demanderai si ce n'est point le « charnier » (qu'on veuille bien me permettre de m'exprimer ainsi), qui a dû exister par là, mais dont j'ignore l'emplacement.

Quant au Gibet de Montfaucon, qui était la *justice* du roi, il occupait un tout autre emplacement, très près de la demi-lune que forme le boulevard de la Villette au débouché des rues de Meaux et de la Grange-aux-Belles, à l'extrémité d'un enclos que l'on peut circonscrire entre cette dernière, à l'orient, le canal Saint-Martin, au couchant, et les rues Louis-Blanc et des Ecluses-Saint-Martin, au nord et au midi.

Sur le quai Jemmapes, vis-à-vis le passage Delessert, était une croix de pierre, au pied de laquelle les Cordeliers, qui accompagnaient les condamnés, les confessaient pour la dernière fois.

Disons ici que Montfaucon n'a pas été élevé par Enguerrand de Marigny, comme on le répète partout ; il date au moins du XIIIe siècle, puisqu'il en est fait mention dans un passage du *Roman de Berte aus grans Piés*, composé en 1270 ou 1274, par Adnès.

Il se composait d'une masse de maçonnerie sur laquelle reposaient seize piliers carrés, portant deux étages de poutres transversales, auxquelles étaient fixés les anneaux des chaînes de suspension. Sous le massif de maçonnerie, il avait été ménagé un grand caveau destiné à servir de charnier pour les cadavres des suppliciés, soit que l'action destructive du temps les eût séparés de leurs chaînes, soit qu'il eût fallu faire de la place à de nouveaux arrivants.

C'est dans ce caveau que les magiciens venaient nuitamment dérober les cadavres, quand ils ne les enlevaient pas du gibet même.

La hideur du spectacle, l'odeur infecte qui s'exhalait de l'épouvantable charnier n'avaient point empêché que tous les alentours ne fussent peuplés de *courtilles*, comme on disait en ce temps-là, de maisons de bouteille, comme on devait dire plus tard, avec son potager derrière la haie d'épines, et tout auprès sa petite vigne, plantureuse en feuilles et maigre en fruits, d'une belle *montre* enfin *et de peu de rapport*, comme était toute vigne de courtille, selon un proverbe qui courait alors dans Paris et dans la banlieue. La rue *Carême-Prenant*, aujourd'hui partie de la rue Bichat entre la rue de la Grange-aux-Belles et l'avenue Richerand, tirait son nom d'une de ces courtilles, sur le sol de laquelle elle avait été ouverte, et qui est citée, dès la fin du xive siècle, sous le nom de *Courtille Jacqueline d'Epernon*, autrement dite *Carême-Prenant*; et Villon place la scène d'une de ses *Repues franches* auprès du Gibet de Montfaucon.

Non loin de Montfaucon, se trouvait un autre gibet plus petit et destiné à le suppléer, quand trop nombreux étaient les suppliciés; il portait le nom de *Gibet de Montigny* et devait être situé très proche l'école Colbert, là où les anciens plans indiquent un moulin à vent sous le nom de moulin des Potences. L'ancien chemin de la Chapelle, aujourd'hui rue Philippe-de-Girard, a d'ailleurs porté longtemps cette dénomination sinistre.

Le gibet de Montigny n'existait plus au commencement du xve siècle, puisqu'en 1416 il fallut construire un gibet provisoire, en attendant l'achèvement des travaux que l'on faisait à Montfaucon.

Et c'est de ce gibet provisoire dont les vestiges sont encore à découvrir... si tant est qu'ils existent.

Les réparations du *Grand Gibet* ayant été terminées en 1424, il fut démoli et on en boucha le charnier.

Néanmoins, l'emplacement où il se trouvait ne perdit pas tout à fait sa destinée.

En effet, l'ancienne coutume de mettre aux

fourches patibulaires les corps des suppliciés, tombée peu à peu en désuétude, disparut entièrement vers 1625, et Montfaucon, sans usage, fut abandonné, mais l'enclos demeura affecté à la *voirie* des suppliciés jusqu'en 1761. A cette époque, comme son voisinage devenait un obstacle à l'accroissement du faubourg Saint-Martin, on transporta le gibet au delà de la rue *Secrétan* actuelle.

Un simple fossé entourait l'enclos où était situé le nouveau gibet ; la porte chartière s'ouvrait vis-à-vis la rue de Puébla, et les piliers, fantômes de la haute justice royale, se dressaient exactement dans l'axe de la rue Secrétan, au droit de l'angle oriental du marché de la Villette.

Un autre enclos suivait, comprenant la rue Bouret et s'étendant jusqu'aux approches de la cité Hiver. C'est là, et tout à côté du gibet de 1416, que furent ensevelis, jusqu'au 21 janvier 1790, les corps des suppliciés de tout le territoire parisien, auxquels on continua de refuser l'entrée des cimetières paroissiaux.

L'Assemblée nationale ayant admis les suppliciés à la sépulture ordinaire, l'enclos des Fourches patibulaires devint inutile. Les murailles qui l'entouraient tombèrent en ruines ; enfin, on réunit cette portion de terrains aux autres qui lui étaient contiguës, et l'on y établit un dépôt de poudrette : c'est aujourd'hui un dépôt de pavés.

Au reste, tout le quartier compris entre le boulevard de la Villette, la rue de Meaux et le parc des Buttes-Chaumont ne fut longtemps qu'une sorte de voirie sanglante. C'est dans un terrain compris entre le boulevard de la Villette et la rue Secrétan qu'avaient lieu les combats d'animaux, dont la dénomination d'un quartier voisin rappelle le souvenir.

On y voyait, dans une cour boueuse, entourée de galeries sordides, des ours, des loups et même des lions lutter contre des bouledogues. Entre temps, on livrait au carnage quelque pauvre vieux cheval ou quelque malheureux âne, comme le *Charlot* de Jules Janin. Le spectacle se terminait toujours par un feu d'artifice.

Fermé un moment, il fut réouvert par le père Monsoy, puis supprimé définitivement par M. Delessert, préfet de police, à la grande colère des garçons bouchers, spectateurs très assidus des combats de Montfaucon.

XLIII

L'Église et le Cimetière Sainte-Marguerite

Parlons tout d'abord de l'église :
Antoine Faget, curé de Saint-Paul, fit bâtir sur ce territoire, vers l'année 1625, une chapelle dédiée à Sainte-Marguerite. L'intention du fondateur était de la faire servir uniquement à la sépulture de tous les membres de sa famille ; mais les habitants de ce quartier, fort éloigné de l'église Saint-Paul, leur paroisse, désirant célébrer l'office divin dans cette chapelle, demandèrent à l'archevêque de Paris de l'ériger en succursale. Des marguillers de Saint-Paul formèrent opposition à cette demande et un arrêt du 26 juillet 1629 ordonna d'abord que, conformément au vœu du fondateur, elle demeurerait simple chapelle. Mais un autre arrêt du 5 août 1631 annula le premier. Ce ne fut pourtant qu'en 1634, toutes difficultés aplanies, et la chapelle primitive définitivement érigée en succursale, qu'on construisit une église à côté de l'édicule existant. En 1712, la chapelle de Sainte-Marguerite, entièrement séparée de Saint-Paul, forma une cure particulière.

L'accroissement de la population de ce quartier devint bientôt si considérable que le nombre des habitants s'éleva, au milieu du xviiie siècle, à plus de 40.000. Le territoire de la paroisse de Sainte-Marguerite s'étendait alors d'un côté, depuis la porte Saint-Antoine (place de la Bastille, vis-à-vis le boulevard Richard-Lenoir), jusqu'au delà du couvent de Picpus (rue de Picpus), et de l'autre depuis le Petit-Bercy jusqu'au moulin de Ménilmontant (environs du boulevard Ménilmontant). On fut donc obligé de faire à cette église des agrandissements successifs ; les plus importants eurent lieu en 1713 et 1765, et ces augmentations furent si considérables qu'à cette dernière époque, la chapelle primitive ne formait plus que la dixième partie de l'église. On prit également, en 1765 une portion du cimetière contigu, et l'architecte Louis y construisit la *Chapelle des âmes du Purgatoire*, chapelle curieuse par son style qu'on pourrait appeler sépulcral ; éclairée par une seule ouverture pratiquée à la voûte, elle est remplie d'inscriptions. Les murs extérieurs sont décorés de peintures à fresques exécutées par Brunetti. Sur un médaillon ménagé entre les arcades qui forment l'entrée, on a sculpté le portrait de Vaucanson, célèbre mécanicien, mort en 1782.

On y voit aussi le tombeau d'Antoine Faget, le curé de Saint-Paul, fondateur de la chapelle initiale, mort en 1634. Ce mausolé, formé d'un sarcophage de marbre noir soutenu par quatre anges en marbre blanc, offensa, par la nudité de ses anges, la pudeur du curé Goy qui, en 1737, fit enterrer le tombeau dans le sol du chœur où il demeura jusqu'en 1850, époque où on l'exhuma.

L'église de Sainte-Marguerite fut conservée par la loi du 4 février 1791, et le 11 mai 1792, le vicaire de Sainte-Marguerite, donnant le premier l'exemple du mariage des prêtres catholiques, présenta à la barre de l'Assemblée législative sa femme et son beau-père. Je ne pense pas que ce soit en mémoire de ce fait qui, en dépit de toute préoccupation philosophique, blesse toujours les esprits délicats, mais qui fut fort bien accueilli alors, que l'église de Sainte-Marguerite dût d'être désignée pendant la Révolution pour servir de Temple de la Liberté et de l'Egalité.

Ouverte de nouveau au culte, le 9 floréal an XI, on forma, aux dépens de son ancien territoire, la paroisse de Saint-Antoine, dont le titre est attaché aux Quinze-Vingts.

Rue Saint-Bernard, immédiatement après l'église, on longe pendant une vingtaine de mètres un mur triste, percé d'une grand'porte qui ne s'ouvre plus et que surmonte encore une petite croix de bois ; à l'angle opposite à l'église, une maisonnette qui n'a pas d'étage, sorte de cabane couverte en tuiles, et qui, dit-on, a longtemps servi d'école primaire ; une petite porte y donne accès et, par un corridor étroit, communique avec l'ancien cimetière qu'on entr'aperçoit de l'église, à travers les vitraux.

L'herbe y pousse dru et verte sur le sol nivelé ;

quelques pierres tombales émergent çà et là ainsi que les os d'un squelette perçant la terre ; puis, dans un coin, tout près de la baraque que j'ai dite, des poules caquètent et des coqs y chantent clair.

Et cependant, c'est dans ce coin ignoré, dans ce cimetière abandonné que gît une irritante énigme historique ; c'est là qu'aurait été enterré le Dauphin, fils de Louis XVI, celui que l'Histoire appelle Louis XVII et que l'armée catholique et royale de Bretagne avait proclamé roi de France.

L'acte de décès du malheureux prince est ainsi rédigé :

Acte de décès de Louis-Charles Capet, du vingt de ce mois (20 prairial, 8 juin), à trois heures après midy, âgé de dix ans deux mois, natif de de Versailles, domicilié aux tours du Temple, section du Temple, fils de Louis Capet, dernier roy des Français, et de Marie-Antoinette-Josephe-Anne Dautriche (sic)...

Ont signé : Etienne Lasne, déclarant être voisin ; Remy Bigot, déclarant être ami (?), et l'officier public Robin.

L'inhumation de l'enfant mort au Temple eut lieu seulement le 12 juin (24 prairial, et non pas le 10, comme le dit le romancier-historique Beauchesne, — *à huit heures et demie du soir ;* et, d'après Voisin, le conducteur des pompes funèbres, seulement *à neuf heures.*

Pourquoi avoir attendu *quatre* jours après le décès ?

Pour quelle raison cette heure tardive, alors qu'on aurait dû appeler la foule et lui ouvrir le Temple, le cimetière ?

Voici, néanmoins, l'acte qui fut dressé à l'issue de cette cérémonie subreptice :

« *Nous avons*, disent les signataires, *fait déposer dans une bière le corps dudit enfant de Capet; et, accompagné des citoyens Jacques Garnier, chef de brigade de la section de Montreuil, demeurant Grande-Rue du faubourg Saint-Antoine, n° 109; Pierre Wallon, capitaine de la même section, demeurant porte Sainte-Antoine, n° 4; et Lasne, commissaire de garde au Temple, nous avons conduit ce corps au cimetière de Sainte-Marguerite, rue Bernard, lieu ordinaire des inhumations de notre arrondissement, où il a été déposé dans une fosse qui a été recouverte en notre présence. Le calme et la tranquilité ont régné sur notre marche.* »

J'ajouterai, et cela donne à réfléchir, que les quatre porteurs du cercueil firent une mort tragique, ainsi qu'il résulte d'une pièce conservée aux *Archives nationales*.

Faut-il croire que l'enfant inhumé au cimetière Sainte-Marguerite n'était pas le Dauphin ? Je n'en sais rien, et beaucoup qui en parlent n'en savent pas plus que moi. Ce qui est indiscutable, c'est qu'un enfant mort est sorti du Temple, où le fils de Louis XVI était prisonnier, et que cet enfant a été enterré dans le cimetière Sainte-Marguerite.

Ce fut dans la fosse commune, le long du mur parallèle à la rue Saint-Bernard, qu'on déposa le pauvre corps. Cependant, je dois dire qu'une tradition constante, et quelques histoires de Louis XVII veulent que le fossoyeur l'ait enlevé une des nuits suivantes, et transporté auprès de la porte latérale de l'église, derrière la chapelle des Ames-du-Purgatoire, là où se trouvent actuellement deux pierres meulières superposées sur leur lit.

Decouflet, bedeau de la paroisse des Quinze-Vingts, racontait, qu'en 1802, feu Bertrancourt, dit Valentin, fossoyeur, en creusant deux pieds de terre le long du pilastre de gauche de la porte de l'église, en entrant par le cimetière, mit à découvert une pierre du mur de fondation et lui fit remarquer à la surface une croix de deux à trois pouces, sculptée au marteau : « Tu vois cet endroit, lui aurait-il dit, en exigeant le plus grand secret, on y fera quelque jour un monument, car il y a ici dessous le cercueil du Dauphin. » Bertrancourt ajoutait que c'était lui qui l'avait retiré de la fosse commune et mis en sûreté en ce lieu.

Il aurait été retrouvé, dit-on, ce cercueil, au mois de novembre 1846, par M. le curé Haumet, qui, afin de le dérober à toute profanation, et après examen et constatations minutieuses des docteurs Milcent et Récamier, l'aurait fait enterrer dans un endroit de l'enclos connu seulement des curés de Sainte-Marguerite.

Ce grand secret historique serait ainsi devenu un secret professionnel?

Bien entendu, rien dans l'église Sainte-Marguerite, rien dans le petit enclos, qui fut un cimetière, n'indique que Louis XVII, puisque Louis XVII il y a, y fut inhumé dans un coin quelconque. A côté de l'endroit désigné comme ayant reçu la dépouille mortel de l' « Enfant du Temple », se trouve aujourd'hui la pierre tombale de l'abbé Dubois, curé de la paroisse.

Presque en face, une autre pierre tombale porte cette inscription :

A une bonne mère
A M. de Laudumiey
30 Prairial, an onze
20 janvier 1803.

Ce sont les deux seules tombes qui soient entretenues.

Eparses, j'ai relevé cette inscription :

DE LA RIVIÈRE DE COUCY

Chevalier plein d'amour pour son roi, la patrie
A les servir en brave il consacra sa vie ;
Simple dans les honneurs, grand dans l'adversité ;
Ses vertus et sa foi font sa félicité.

Vers l'ancienne fosse commune :

> *Bourdon, Père et fils.*
> *Anciens mds, de bois carré*
> *à la Rapée*
> *Vendémiaire et 29 messidor an II.*

Cette tombe doit être celle de deux des victimes de la Terreur dont le gazon de l'enclos recouvre la multitude des restes tronqués, à l'ombre de la croix centrale du genre du xviiie siècle encore demeurée debout.

Personne, au reste, ne le visite, cet enclos qui recèle en ses flancs l'une des énigmes historiques les plus curieuses de l'époque révolutionnaire, sauf pourtant Mme la comtesse de Morelli, qui y venait régulièrement tous les ans, sans que personne connût la cause de son pieux pèlerinage, et, aux époques de l'Ascension et de la Fête-Dieu, les processions des fidèles, autour de cette enceinte où ont été ensevelis beaucoup de ceux qui portèrent leur tête sur l'échafaud de la place du *Trône-renversé*, là où s'élève aujourd'hui le monument de Dalou, place de la Nation.

Eh bien ! au sortir du cimetière de Sainte-Marguerite, en dépit de la quasi-certitude de la mort au Temple du fils de Louis XVI, le problème historique vous hante et l'on rêve aux Naundorff, et « leur imposture », comme disait Pierre Veuillot, subsiste et s'impose malgré que l'on fasse.

Jules Favre, qui plaida pour Naundorff, en 1852, croyait à la réalité de ses revendications, et le nom de l'éminent avocat me rappelle une curieuse anecdote.

En témoignage de sa reconnaissance, Naundorff avait offert à Jules Favre une bague qu'il portait toujours à son doigt, un simple cercle d'or enchâssant sobrement une antique, Victoire ou Renommée.

Lorsque, ministre des affaires étrangères, Jules Favre eut à signer, 18, rue de Provence, à Versailles, où habitait le « Chancelier de fer », la convention d'armistice, M. de Bismarck, après avoir signé et revêtu les conventions de son sceau, l'engagea à en faire autant.

— Mais... je n'ai pas apporté de sceau, Excellence.

— Qu'à cela ne tienne, répondit le Chancelier; mettez à côté de votre nom votre cachet, ce que vous voudrez... L'empreinte de la bague que vous avez au doigt; cela suffira amplement.

Et Jules Favre, ôtant sa bague, contresigna la convention de l'empreinte de la bague du petit-fils prétendu de Louis XVI.

XLIV

La Maison Scipion

Grâce à la Commission du Vieux-Paris, les bâtiments qu'occupe la « Boulangerie des Hôpitaux » ont été classés au nombre des monuments historiques. Ainsi a été assurée la conservation de ce curieux spécimen d'architecture où l'on remarque, notamment, une décoration unique à Paris : cinq médaillons en terre cuite non émaillée, enchâssés dans la muraille, au-dessus de la cour d'entrée.

Situés vers le milieu de la rue du Fer-à-Moulin, sur une petite place qui jouxte l'ancien *cimetière de Clamart*, ils datent du temps où les Italiens, attirés en France par Catherine de Médicis, faisaient de grandes et promptes et scandaleuses fortunes, en escomptant les impôts. On les appelait alors des « partisans ». Plus tard, le même rôle échut aux « fermiers généraux ». Et tous ces usuriers de rois qui considéraient la France ainsi qu'un domaine dont ils pouvaient tirer le maximum de revenus, tous ces usuriers étaient de bons serviteurs de l'Eglise catholique, apostolique et romaine.

Scipion Sardini fut un de ces « partisans », et

le chroniqueur L'Estoile nous a laissé, dans un distique latin, le jugement que portaient sur lui les contemporains. — « Ceux-là, dit-il, qui tout à « l'heure n'étaient que de petites *sardines*, sont « devenus d'énormes baleines ; c'est ainsi que la « France engraisse les petits poissons italiens. »

A ce propos, il me revient à l'esprit la légende d'un des derniers dessins de Gill, qui parut au moment des *Fêtes d'Ischia*, c'est-à-dire vers 1881 : — *Ayez pitié de la pauvre Italie, qui ne veut pas travailler !*

Eh, bien ! en ce temps-là, comme depuis, les braves gens, « qui ne voulaient pas travailler », trouvaient moyen de s'enrichir. Quels qu'ils fussent, on les méprisait, on les haïssait, et on les emprisonnait même parfois.... quand ils fermaient les cordons de leur bourse.

Qu'ils voulussent bien les desserrer, aussitôt on les relâchait. En réalité, ce n'était point autre chose que : — « la bourse ou la vie ! » des sacripants et des *tire-laine*. Seulement, dans l'occurrence, c'était le roi de France qui détroussait, avec la complicité du Parlement et, s'il y avait lieu, d'une « Chambre de Justice. »

Tel fut à peu près le sort de Scipion Sardini. On l'accusa d'avoir falsifié les édits bursaux dont il profitait, et il ne dût son salut qu'à l'intervention de la Reine-mère. Catherine fut-elle désintéressée en l'occasion ? Je n'en mettrais pas mon petit doigt au feu. Et puis, après tout, Sardini est un assez triste sire! Gentilhomme, ou se disant tel, il épouse, cédant à ces arguments que *Basile* jugera irrésistibles, Isabelle de Lineuil, une des femmes d'honneur de la reine Catherine, qui le rend père après huit jours d'un mariage purement platonique : Louis de Bourbon ne voulant qu'un éditeur responsable de ses œuvres.

Etait-ce bien une *sardine* que ce Scipion ? Mais, au surplus, que nous importe! Et s'il fallait y regarder de si près, je ne sais pas trop comment on pourrait qualifier le rôle de la Reine-mère elle-même, organisant ce qu'on a appelé son « escadron volant », tout composé de jeunes et jolies femmes destinées à servir sa politique, sans scrupules et sans voiles.

Scipion Sardini nous intéresse à un tout autre titre. Propriétaire au bourg Saint-Marcel, encore assez distant de Paris, mais où, déjà, des teintureries et des tanneries étaient venues s'établir, s'espaçant le long de la gentille rivière de Bièvre, il fit élever, peut-être à côté de fabriques lui appartenant, ces curieux bâtiments qu'habite la *Boulangerie* des Hôpitaux. Certaines parties, s'il faut en croire quelques écrivains, dateraient de la première moitié du xvᵉ siècle, alors du temps où Bulliod, doyen de Saint-Marcel, possédait en cet endroit un logis que Sardini n'aurait seulement fait que réparer et agrandir. Ce qu'il y a de certain, c'est que ces bâtiments rappellent le moment de l'histoire de notre architecture civile, où la brique va se combiner avec la pierre de taille et où l'ornementation alourdie fait prévoir la pesanteur qui prévaudra dans le décor, sous Henri IV et sous Louis XIII. Il en est un autre exemple, le Palais abbatial de Saint-Germain-des-Prés, d'un si grand effet quand on aperçoit, de la rue Furstenberg, sa façade brique et pierre, couronnée de neuf lucarnes à frontons alternativement cintrés et triangulaires, ses cheminées hardies et le haut pavillon où un génie ailé montre encore les armoiries du vieux ligueur Charles de Bourbon, cardinal et abbé de Saint-Germain-des-Prés.

Ce fut, sans doute, vers la même époque, c'est-à-dire sous Henri III, que l'on construisit l'Hôtel Scipion.

Il ne demeura pas longtemps dans la famille. Le fils de Scipion Sardini, qui demeurait « proche le Louvre », le vendit à Pierre Plombier, président de la Chambre des Comptes de Grenoble, qui le transmit lui-même à Antoine d'Amboise, dont la famille le conserva jusqu'en 1639. Mais déjà, à cette époque, l'Hôtel Scipion était devenu un hôpital, ou plutôt un dépôt de mendicité.

La pauvreté se confondait alors avec le vagabondage, et le « Bureau des pauvres » tenait en même temps de la police. C'est ainsi qu'un opuscule de 1615, *la Vraye pronostication de maître Gonin*, nous montre, avec une scrupuleuse exactitude, les « Archers de Scipion » pourchassant les mendiants à travers les rues.

L'hôpital n'était encore qu'une sorte de prison, un lieu de *renfermement*; et le système de charité forcée, qu'on y pratiquait, peut se résumer ainsi : obligation de travail pour les valides avec sanction pénale : fouet pour les femmes, galères pour les hommes. Oh! quel bon vieux temps !

Affectée plus spécialement aux vieillards et aux infirmes, la *Maison Scipion* fut placée, en 1656, sous l'invocation de Sainte Marthe, et la grille, qui en ferme la cour, porte encore cette légende :

SAINTE-MARTHE. — MAISON SCIPION.

A cette époque, Louis XIV, reprenant une idée agitée depuis longtemps, décida l'établissement d'un Hôpital général, réunissant en un seul ensemble administratif plusieurs maisons existantes, mais distinctes. On affecta les bâtiments de la maison Scipion à l'installation d'une boulangerie de l'Hôpital général, toutefois, on continua d'y donner asile à des filles-mères, à des femmes indigentes, et on y aménagea une vaste nourricerie, où l'on pouvait réunir jusqu'à deux cents pauvres bébés.

Ce ne fut qu'en 1675 que l'on rendit l'établissement à la destination que lui avait attribuée l'édit royal de 1656. Il sert depuis lors à la boulangerie des hôpitaux; et si, comme les peuples, sont heureux les édifices qui n'ont plus d'histoire, la félicité de celui-ci doit être grande, car, depuis cette époque, ses annales sont muettes, et l'on pourrait, tout au plus, trouver à signaler quelques détails ou quelques transformations de matériel.

Il n'en va point ainsi de l'emplacement qui s'étend en face et que circonscrivent le boulevard Saint-Marcel, la rue Scipion (*approximativement*), les rues du Fer-à-Moulin et des Fossés-Saint-Marcel.

Là, où se trouve l'amphithéâtre d'anatomie, était le cimetière de *Clamart;* là, où on a bâti les écoles du boulevard Saint-Marcel, le cimetière Sainte-Catherine, qui lui succéda et conserva son nom.

Clamart! un nom qui sonne mal. Pourquoi? On y enterrait les morts des hôpitaux, pour mieux dire : les morts de l'*Hôpital général*. Mais, contrairement à l'opinion de M. Cocheris, ce ne fut jamais, d'une manière spéciale, le lieu de sépulture des suppliciés.

On se souvient de la description de Jules Janin :

« Clamart est un cimetière, si l'on veut; c'est un
« morceau de terre dans lequel on fait semblant
« d'enterrer quelque chose; le prêtre ne l'a pas
« béni. Pour tout monument funèbre, on a élevé
« à Clamart un amphithéâtre de dissection. Par
« hasard, on a planté là-dedans plusieurs croix
« qui sont tombées d'elles-mêmes. Jamais les
« prières des morts n'y retentissent, jamais une
« fleur n'y est jetée; si quelqu'un s'agenouille en
« ces lieux, il entend des voix invisibles qui hur-

« lent à ses oreilles. Clamart, c'est le *champ de*
« *repos des suppliciés*; ils s'y reposent deux heures
« à peine, ou, pour mieux dire, ils ne font qu'un
« saut de l'échafaud à la table de dissection. Dans
« ce champ inhospitalier, la sépulture n'est qu'un
« vain simulacre, la bière du mort n'est qu'un
« prêt qu'on lui fait : enseveli à cinq heures, il est
« dépouillé à sept heures de son linceul, pour
« l'instruction des Dupuytren à venir. Nous
« sommes de singuliers curieux! Nous avons fait
« du crime humain le livre de la sybille! »

.....qu'en termes galants ces choses-là sont mises!

Le *cimetière de Clamart* a été désaffecté en 1793, et remplacé par le *cimetière Sainte-Catherine*, ouvert à côté et aujourd'hui supprimé.

Donc, Jules Janin me paraît avoir eu d'autant plus tort d'écrire les lignes que je viens de rapporter, que la première édition de son *Ane mort* est bien postérieure. A cette époque, il n'y avait plus de *cimetière de Clamart*, il n'y avait plus de « champ inhospitalier », il n'y avait plus qu'un champ ordinaire de sépulture : le *cimetière Sainte-Catherine*, où on inhumait, *entre autres*, les suppliciés; et pour cette seule raison que les exécutions avaient lieu tout à côté, à la Barrière Saint-Jacques; le cimetière étant désaffecté depuis 1820.

C'est dans ce cimetière que furent transportés les restes de Mirabeau, que fut enterré Pichegru, dont la pierre tumulaire est aujourd'hui au Musée Carnavalet, et la dépouille funèbre, je crois, à Arbois, son pays natal. Et c'est sur l'emplacement de ce cimetière Sainte-Catherine que s'élèvent les Ecoles du boulevard Saint-Marcel. Ce qui n'empêche que, dans le quartier, il existe, assure-t-on, des personnes qui prétendent savoir où l'on pourrait encore retrouver la tombe de Mirabeau.

Singulière et suggestive destinée! Il faut croire que les dépouilles mortelles de Mirabeau, exclues du Panthéon, ont été rejoindre les ossements de Marat, un *dépanthéonisé* lui aussi, dans ce grand ossuaire des Catacombes où les avaient précédés les débris ignorés de Danton, de Camille Desmoulins, de la princesse de Lamballe, où devaient les suivre les restes de Robespierre et de Saint-Just.

XLV

Le Quai Malaquais

La muraille de Philippe-Auguste, haute de trente pieds, « *si moulte forte et espesse*, dit un chroniqueur, *que on y meneoit bien une charrette dessus,* » s'avançait vers la Seine dans la direction de la rue Mazarine. Une haute tour la terminait du côté de la rivière, là où s'élève le pavillon oriental de l'Institut ; c'était la « tour de Philippe Hamelin », du nom du prévôt de Paris au moment de la construction ; ce fut plus tard la « tour de Nesle » quand, sur l'emplacement de l'Hôtel des Monnaies, un seigneur de Nesle eut fait édifier une sorte de Louvre formant, sur la rive gauche, comme le pendant du manoir royal.

La tour de Nesle, ressuscitée par Robida sur les bords de la Seine, est fameuse ; mais le fait des prétendues orgies de Jeanne ou de Marguerite de Bourgogne, orgies dont elle aurait été le théâtre, est bien loin d'être incontestable ; qu'importe ? On adopte si aisément ce qui est merveilleux ! et n'est-ce pas merveille sans pareille que cette reine, quittant son palais la nuit et traversant un souterrain pour venir se livrer à des scènes de débauche, que termine le *flac* mystérieux dans la Seine, d'un cadavre palpitant sous un sac funèbre ?

Quoi qu'il en soit de la légende, il est certain que Jeanne de Bourgogne, femme de Philippe-le-Long, habita l'hôtel de Nesle pendant les huit années de son veuvage et qu'elle y mourut en 1329.

Au delà du mur d'enceinte, au delà des fossés creusés après la défaite de Poitiers, c'est-à-dire au delà du bâtiment central de l'Institut, ancienne chapelle du collège Mazarin, s'étendaient de vastes prairies partagées en deux par une sorte de canal : la *Noue* ou *petite Seine*, suivant à peu près le tracé de notre rue Bonaparte[1]. A l'orient, c'était le *Petit pré*, peuplé de cabarets et de maisons douteuses vers la porte de Buci (*rue Saint-André-des-Arts, proche la rue Mazet*), où fréquentaient les « escholiers » et les « vierges folles ; » à l'ouest, c'était le *Grand pré de l'Abbaye*, qu'on n'appela plus que le *Pré-aux-Clercs* quand les « clercs du Parlement », la *Basoche du Palais*, l'eurent choisi pour lieu de ces représentations en plein air, où ils exerçaient leur verve railleuse et bouffonne.

La multiplicité de ces représentations, très suivies, attira de ce côté un grand nombre de mar-

---

[1] Ce canal semble avoir été creusé afin qu'on pût « amener des bateaux de boys et autres dedans ladicte Abbaye (de Saint-Germain-des-Prés) pour la provision d'icelle ». Navigable encore au commencement du xvie siècle, il fut comblé de 1530 à 1540. »

chands ambulants, et le *Pré-aux-Clercs*, qui s'allongeait jusque vers notre rue de Bourgogne, fut bientôt comme le lieu d'une fête foraine, quasi permanente, où les parisiens trouvaient l'air et l'espace, le voisinage de la rivière et de la foire Saint-Germain, des jeux de paumes et, surtout, des tavernes et des cabarets.

Aux soirs d'été, les citadins paisibles s'y rendaient en foule, qu'ils y vinssent par les rues de la rive gauche ou qu'ils fussent amenés par le bac établi en 1550 entre la rive droite et le chemin conduisant à Vaugirard qui, pour ce motif, fut appelé le *chemin* puis la *rue du Bac*. Mais, le couvre-feu sonné, il fallait se hâter de rentrer chez soi. Le territoire était rien moins que sûr et servait de quartier général aux voleurs qui pullulaient dans le faubourg Saint-Germain, tant et si bien que le nom de malaquais, *malaquest*, qui n'a jamais été expliqué d'une façon satisfaisante, pourrait bien trouver son origine dans les rendez-vous de *mauvaise* compagnie qui se tenaient aux environs de ce « charmant séjour ».

En 1557, les Réformés choisirent le Pré-aux-Clercs comme lieu de prêche et pour y chanter les psaumes de David, traduits en vers français par Clément Marot, au grand ébahissement des promeneurs attirés par la nouveauté du spectacle. Le clergé s'émut; il craignit que la beauté du chant ne séduisît la foule, déclama en chaire contre cette invention infernale des hérétiques et contre ceux qui s'associaient à ces chants. Chanter les psaumes en vers français que tout le monde comprenait! c'était, évidemment, faire mépriser au peuple l'ancien usage introduit par l'Église romaine, suivant lequel on doit faire le service divin en langue latine; c'était souffler la discorde parmi le peuple et l'exciter à la guerre civile. Le roi fut de l'avis du clergé; il informa contre les auteurs de ce scandale, et, par ordonnance, Henri II défendit, sous peine de mort, de se réunir pour chanter des psaumes en français.

Cette sévérité, loin de produire les effets qu'on en attendait, ne fit qu'aigrir les esprits et les disposer à la résistance. Les Huguenots continuèrent à se réunir, clandestinement il est vrai, dans les alentours du Pré-aux-Clercs, comme, par exemple, dans cette *rue des Marais*, notre rue Visconti, où ils tinrent, croit-on, leur premier synode national (1559) et qu'ils appelaient « la petite Genève; » comme, encore, dans cette « maison du Pavanier, » située sur le côté septentrional du *Chemin-aux-Vaches* (la rue Saint-Dominique), entre le chemin du Bac et celui de Bellechasse, que les écoliers mirent à sac le 24 avril 1561.

Les Huguenots étaient donc nombreux dans ce faubourg Saint-Germain où ils se croyaient plus en sécurité que dans l'intérieur de Paris. Aussi, la nuit de la Saint-Barthélemy, pour éviter qu'ils fussent avertis à temps, on eût la précaution d'enlever le bac et tous les bateaux des passeurs qui trouvaient habituellement devant le Louvre; et fut sur les Huguenots qui, les bateaux manquant, s'efforçaient de traverser la Seine à la nage, que Charles IX, au matin du lundi 5 août 1572, giboya si vigoureusement.

L'aspect de cette région, où campa l'armée Henri IV assiégeant Paris, ne s'était pas très sensiblement modifié quand Marguerite de Valois, dans les premières années du xviie siècle, vint y faire construire ce palais éphémère dont j'ai précédemment parlé. (¹)

Le parc de la reine Margot était vaste, ou plutôt très long. C'était tout simplement une large allée, bordée des deux côtés d'une rangée d'ormes et autres arbres, qui s'étendait jusqu'à la *rue du Bac*.

Il était séparé de l'enclos du palais par la rue des Saints-Pères; on y entrait par une grille, visible, comme le reste, sur le plan de Mérian; la rue de Lille et ses maisons en occupent l'emplacement.

Marguerite, comme on le sait, mourut dans son hôtel de la rue de Seine, le 27 mars 1615, laissant par testament cet hôtel à Louis XIII. Mais, la pauvre reine avait de nombreux créanciers; l'hôtel fut vendu et la spéculation le morcela. Seuls les trois corps de bâtiments composant l'habitation particulière subsistèrent, à peu près intacts, jusqu'au milieu du xviie siècle. On aurait bien voulu en tirer un profit immédiat en les

---

(1) V. Chap. XXXIV.

mettant en location par parties, mais ils étaient dans un quartier encore mal habité, un peu désert, et l'on ne put trouver pour locataires que des femmes de mœurs douteuses.

En même temps on transformait le parc, les « Allées de la reine Marguerite » en promenade publique et en bal champêtre. Cette promenade paraît avoir été assez mal fréquentée. Dans le *Ballet nouvellement dansé à Fontainebleau par les dames d'amour*, l'une des héroïnes, la dame Guillemette, est appelée *gouvernante des allées de la feu reyne Marguerite*. Elle est conduite au bal par une commère qui ne vaut pas mieux qu'elle : *la petite Jeanne des Fossez-Saint-Germain-des-Prés*.

Quand on l'aliéna, il s'éleva de nombreuses réclamations dont on retrouve l'écho dans un pamphlet publié en 1623, les *États généraux de la Grenouillère*. Ce fut en vain que se fit ce tapage. Le morcellement du Pré-aux-Clercs était un fait accompli en 1639; et, sur son emplacement, dès l'année suivante, on ouvrait les rues de *Bourbon*, de *Verneuil* et de *Beaune*. [1]

---

[1] Henri de Bourbon, abbé de Saint-Germain-des-Prés, fils d'Henri IV et de la marquise de Verneuil, fut le parrain des deux premières. La rue de Verneuil a conservé sa dénomination, mais la rue de Bourbon est devenue la rue de *Lille* en 1792, pour rappeler la vigoureuse résistance que les braves Lillois opposèrent à l'armée autrichienne.

Lors de la vente, l'hôtel fut divisé en trois lots. Le bâtiment de gauche devint successivement l'hôtel de la Moinière, puis d'Angoumois; celui du milieu conserva longtemps encore le nom d'*Hôtel de la reine Marguerite* : en 1640, il appartenait, ainsi que le troisième bâtiment qui faisait le coin du quai, à la famille de Vassan, et le président Séguier y demeura; puis le président Gilbert des Voisins en devint propriétaire, puis encore le marquis de Mirabeau, père de l'illustre orateur. Des jolis mascarons ont survécu; quant à l'intérieur, il a été complètement détruit par un incendie en février 1891. J'ajouterai que c'est dans cette maison que, suivant les « Naundorffistes », le Dauphin, fils de Louis XVI, se serait réfugié après son évasion du Temple.

Les jardins attenant à l'hôtel avaient, de bonne heure, été diminués d'étendue. Ce qu'on en avait pris servit à l'élargissement du quai Malaquais et à la construction des hôtels voisins dont quelques-uns existent encore.

Tel, par exemple, le n° 1 du quai Malaquais, un type particulier d'hôtel Louis XIII avec ses deux grandes ailes au devant d'un corps de logis chétif. Il a été construit sur l'emplacement du bâtiment de droite de l'hôtel de la reine Marguerite et appartient, comme je l'ai dit, à la famille de Vassan. Ce fut ensuite l'hôtel du marquis de L'Aubespine, plus tard l'hôtel de Courmont. Le célèbre archéologue Visconti y est mort en 1818.

Le n° 3 fut à Christophe de Sève, seigneur d'Estainville, qui le vendit, en 1669, à Dorat, seigneur de la Barre et conseiller au Parlement. C'est là que naquit Claude-Joseph Dorat, le poète des *Baisers*. Cette maison présente une autre particularité : elle fut *condamnée à mort !* En effet, Buzot, Buzot le Girondin, y demeurait en 1794 ; et, après la chute de la Gironde, la Convention décida que la maison où il habitait serait rasée. Sur l'emplacement qu'elle occupait, une inscription devait porter ces mots :

ICI FUT LA MAISON DU ROI BUZOT.

O vanités des choses humaines ! Les cendres de Mirabeau et de Marat *panthéonisées*, ont été dispersées ; on discute sur la maison qu'habita Robespierre,..... mais la maison du *Roi Buzot* est encore debout ; bien plus : on l'ignore ! (1)

Vien, le maître de David y est mort en 1809 ; Humboldt, le célèbre voyageur et géologue, l'habitait en 1820.

Le n° 5, qui fut hôtel de Bérulle et de Vaucel-

---

(1) Buzot était député d'Évreux. Il paraît que la démolition de la maison qu'il habitait dans cette ville fut également ordonnée et, sur l'emplacement qu'elle occupait « on fit élever une pyramide en pierre avec cette inscription : « *Ici fut l'asile du scélérat Buzot, qui, représentant du peuple, conspira contre l'unité et l'indivisibilité de la République Française.* » (Dict. de la Révolution et de l'Empire, par le D⁰ Robinet, A. Robert et J. Le Chaplain).

les, était occupé par le maréchal de Saxe quand il n'habitait pas Chambord où il mourut ; mais c'est au quai Malaquais que se fit la vente après décès du vainqueur de Fontenoy, l'amant de cette Adrienne Le Couvreur (¹) que devaient enterrer nuitamment, en cachette, quelques amis fidèles, là, tout près, où se trouve aujourd'hui le n° 115 du boulevard Saint-Germain (*hôtel de Sonnery*), presque aux confins du vieux « Pré-aux-Clercs ».

Je n'ai rien à dire du n° 7 : il appartenait, vers le commencement du règne de Louis XV, au marquis de Vassan, cela ne nous intéresse guère. Passons vite au n° 9, ce bel hôtel à façade de briques rouges et de pierres blanches qui forme enclave dans le domaine de l'*École des-Beaux-Arts*. Bâti sur l'emplacement d'un ancien manoir, ce fut successivement la propriété d'un Loménie de Brienne (1652), d'un Guénégaud (1690), avant que Lauzun, le Lauzun de la grande mademoiselle » (²) vînt y mourir. Ce fut, ensuite, l'hôtel du ministère des Affaires Étrangères, M. de Vergennes étant ministre (1777-1787).

La salle d'exposition de l'École des Beaux-Arts remplace l'hôtel bâti par le cardinal Mazarin pour sa nièce : Marie-Anne Martinozzi, veuve,

---

(1) Adrienne Le Couvreur est morte au n° 21 de la rue Visconti (ancien hôtel de Rannes), où mourut aussi Racine, où la Champmeslé et la Clairon habitèrent.

(2) V. Chap. XXXIX.

en 1666, du prince de Conti, frère cadet du grand Condé. L'hôtel passa ensuite entre les mains d'un Créquy (1687), devint de La Roche-sur-Yon, en 1733, et fut de Mazarin en 1775, quand la duchesse de Mazarin en eut fait sa demeure.

La duchesse, fille du duc d'Aumont, qui doit sa célébrité au mode d'attelage dont il passe pour avoir été l'inventeur, n'a pas laissé la réputation d'un modèle de vertu. Lors du mariage de sa fille avec le comte d'Agenois, fils du duc d'Aiguillon, un plaisant ne s'avisa-t-il pas de faire imprimer et courir le billet suivant qui fut compris du Tout-Paris d'alors : « *M. l'Archevêque de Lyon et M. Radix de Sainte-Foix sont venus pour vous faire part du mariage de Mademoiselle d'Aumont, leur fille et belle-fille, avec M. le duc d'Aiguillon, le fils.* »

La duchesse mourut victime, dit-on, de sa coquetterie... et de l'abus du corset. Lorsqu'elle était dans tout l'éclat de sa beauté, elle avait fait faire sa statue en Vénus...., sans la plus petite feuille de vigne. Par suite des bouleversements de la Révolution, cette statue disparut. Un jour, on la retrouva sous le vestibule de l'hôtel qu'occupait alors le ministre de la Police, l'étonnant Savary, duc de Rovigo.

C'est là que le général Mallet, accompagné du général Labory, vint lui signifier, le 23 octobre 1812, un faux décret du Sénat qui le destituait de ses fonctions. Mallet installa Labory comme ministre de la Police, et ordonna à Savary de le suivre en prison, ce à quoi le surprenant ministre se soumit aussitôt, sans résistance. Mallet le fit monter à côté de lui dans un cabriolet de place, et Rovigo ne recouvra un peu sa présence d'esprit que pour solliciter de conduire lui-même le cabriolet jusqu'à la prison qu'on lui destinait !

On sait comment se termina la conjuration Mallet; mais ne croit-on pas rêver en lisant une pareille anecdote, et ne s'explique-t-on pas après l'avoir lue, la profonde réponse du général au Conseil de guerre, qui allait l'envoyer à la plaine de Grenelle :

— Quels étaient vos complices ?
— Vous même, si j'avais réussi !

Les n°s 15 et 17 ont été bâtis pour Macé de la Bazinière, ce trésorier de l'Épargne, dont j'ai déjà eu l'occasion de parler (1). Puis, l'hôtel passe à Marie-Anne Mancini, duchesse de Bouillon, encore une nièce de Mazarin. C'est dans cet hôtel, où elle mourut en 1714, qu'elle tenait un des plus célèbres « bureaux d'esprit » de son temps. Si elle pécha beaucoup, cette duchesse de Bouillon, il lui sera beaucoup pardonné parce qu'elle aima beaucoup; et puis parce qu'elle eût l'esprit de deviner La Fontaine, son *fablier*, comme elle disait.

Ses héritiers, jusqu'à la Révolution, conservèrent l'hôtel qui, notamment au-dessus de l'en-

---

(1) V. Chap. XXX.

trée monumentale, garde, par d'élégantes figures, la trace d'une restauration dont il a été l'objet au cours du xviii*e* siècle.

Ce vaste et magnifique bâtiment, annexé aujourd'hui à l'École des Beaux-Arts, était devenu la propriété d'un avocat qui le vendit à Napoléon I*er*, lequel le donna à une demoiselle de La Pagerie, au moment où elle se maria au prince d'Arenberg. Sous Louis-Philippe, M. Pellaprat, un des tristes personnages du scandaleux procès Teste-Cubière-Pellaprat, en était propriétaire. Il le laissa à son gendre, le prince de Chimay, un nom souvent répété dans la Chronique scandaleuse d'autrefois... et d'aujourd'hui.

L'hôtel qui fait l'angle de la rue des Saints-Pères a été de Falcony (1632), de Montbriseuil (1680), de Morstin (1687), de Sassenage (1710), Descazeaux du Hallay (1724).

Et puis, me voilà arrivé au point où le quai change de nom, un peu avant le pont du Carrousel, le « pont aux quatre statues », comme l'appelait Barbey d'Aurevilly, qui pourrait bien avoir été un arrière petit-fils de Louis XV ([1]).

([1]) Son bisaïeul, M. Ango, de bonne noblesse de robe, occupait une charge à la cour de Louis XV. Il eût un fils que sa prodigieuse ressemblance avec la race des Bourbons fit compter au nombre des enfants du roi Bien-Aimé. Quoi qu'il en fût, le roi et la duchesse de Châteauroux tinrent le jeune Ango sur les fonts baptismaux, et il semble avoir joui de la faveur royale, puisqu'à 19 ans, on le trouve grand bailli à robe rouge.

C'était précisément au droit de la rue des Saints-Pères que se trouvait le point d'attache du bac du Louvre.

Un soir qu'Henri IV revenait de la chasse, vêtu fort simplement et n'ayant avec lui que deux ou trois gentilshommes, il héla le passeur et monta dans le bateau. C'était en 1598, on venait de signer la paix de Vervins.

Voyant que le batelier ne le connaissait pas, il lui demanda ce qu'on pensait de la paix.

— Ma foi, dit le batelier, je ne sais pas ce que c'est que cette belle paix, mais ce que je sais bien, c'est qu'il y a des impôts sur tout, et jusque sur cette misérable barque avec laquelle j'ai bien de la peine à vivre.

— Eh! reprit Henri, le roi ne compte-t-il donc pas mettre ordre à tous ces impôts-là?

— Peuh! le roi est un assez bon diable, répondit le passeur, mais il a une maîtresse à laquelle il faut faire tant de belles robes et tant d'affiquets, que cela n'en finit point, et c'est nous qui payons tout cela.

Puis il ajouta d'un grand air de commisération :

— Passe encore si elle n'était qu'à lui, mais on dit qu'elle se fait... caresser par bien d'autres.

Le roi se mit à rire. Rit-il de bon cœur? Rit-il jaune? Je ne suis pas assez avant dans les mystères de la jalousie royale pour en décider. Mais, en tout cas, le lendemain, il envoya chercher le batelier et lui fit tout redire devant la duchesse de Beauford.

Le brave homme répéta tout, sans omettre une parole. La duchesse était furieuse et voulait le faire pendre. Mais Henri, haussant les épaules :

— Vous êtes folle ! dit-il ; c'est un pauvre hère, que la misère met de mauvaise humeur ; je ne veux plus qu'il paye pour son bateau et, dès demain, je vous en réponds, il chantera *Vive Henri IV* et *Charmante Gabrielle !*

Et le batelier quitta le Louvre avec une bourse contenant vingt-cinq écus d'or et la franchise de son bateau.

XLVI

Le Quai Voltaire

La distinction entre les quais Malaquais et Voltaire n'est bien constante que depuis la Révolution. Antérieurement, on les confondait sous une dénomination commune : *quai de la Reine-Marguerite, quai Malaquais* ou *quai des Théatins* depuis que Mazarin eut fait venir de Rome ces religieux, en pourvoyant à l'établissement à Paris d'une maison de leur ordre (1).

Ces religieux furent les premiers prédicateurs qui, à Paris, firent apparaître des images de saints et de saintes, c'est-à-dire des *marionnettes*, au milieu de leurs sermons. Cette bizarre coutume de mêler aux enseignements religieux l'exhibition des pantins, avait été empruntée à l'Italie, où elle était en grande faveur. Elle eut en France une vogue restreinte, qui dura quelques années à peine.

---

(1) L'autorisation nécessaire ne leur fut donnée que six ans plus tard, en 1648, et, pendant ce temps, ils occupèrent la petite chapelle *Sainte-Marie*, dépendance de Saint-Sulpice. Détruite dans les dernières années du xviie siècle, on a percé sur l'emplacement qu'elle occupait la rue *Allent*, précédemment rue *Sainte-Marie-Saint-Germain*.

Les quolibets, les épigrammes ne firent pas faute aux importateurs, cela va sans dire. Dans un pamphlet contre Mazarin, ayant pour titre : *Lettre au cardinal burlesque*, se trouvent les vers suivants :

> Votre troupe théatine
> Qui se pique d'être mutine,
> Ne voyant point de sûreté
> En notre ville et vicomté,
> A remis dans ses cachettes
> Les belles marionnettes
> Qu'elles faisaient voir ci-devant,
> Dans les derniers jours de l'Avent.

Le couvent des Théatins, dont l'église et le cloître s'étendaient entre le quai et la rue de Lille, occupait l'emplacement des maisons actuellement numérotées 15 à 25. L'église, dont une entrée s'ouvrait au droit de la première de ces maisons, avait été bâtie sur les plans du père Camille Guarini, mais achevée seulement en 1714 et encore, grâce à une loterie que le roi accorda. Après avoir servi de salle de bal, on y établit le *Café des Muses*. A la porte, une enluminure représentait des funambules et on lisait en grosses lettres : *Spectacle gratis*. Châteaubriand, au retour de l'émigration y entra. « Je m'enfonçai, dit-il, dans cet antre perfide : je ne fus pas plus tôt assis, que des garçons entrèrent serviette à la main et criant comme des enragés : « Consommez, Messieurs ! consommez ! » Je ne me le fis pas dire deux fois, et je m'évadais piteusement aux cris moqueurs de l'assemblée, parce que je n'avais pas de quoi *consommer*. »

L'église des Théatins a été démolie en 1821 ; mais on retrouverait, je crois, des vestiges des bâtiments conventuels, notamment au n° 26 de la rue de Lille. — Revenons au quai.

Le n° 1, à l'aspect vraiment palatial avec son portique à colonnes à bossage et son attique à balustre, a été l'hôtel de Bacqueville avant d'être celui du maréchal de Tessé ; c'était sous Louis XV, et, en ce temps, le comte de Sinzendorff, envoyé d'Allemagne, logeait dans l'hôtel voisin ; l'hôtel du président La Briffe, qu'habita, en 1812, l'ex-conventionnel A.-C. Thibaudeau que trente-deux départements élirent député au Conseil des Cinq Cents.

Le n° 5, où, en 1878, se suicida Maurice Joly, ce grand bilieux qui avait presque du génie, a été un hôtel de Choiseul-Beaupré, et le n° 7, l'hôtel du marquis de Vaubercourt.

L'hôtel qui suit a été créé au xvii° siècle par le Président Perrault, intendant du prince de Condé. Louise-Renée de Penacoët de Kéroual lui succéda. Le roi d'Angleterre, Charles II, dont elle avait été la maîtresse, l'avait faite baronne de Petersfield, comtesse de Farsain, duchesse d'Aubigny et de Portsmouth. Revenue en France lorsqu'il fut mort, elle entassa dans son hôtel tout ce qu'elle avait pu prendre des magnifiques collections de son royal amant. Liger, dans son *Voyageur fidèle* vante sa galerie de tableaux. Michel de Chamillard, l'ancien ministre, vint s'y installer après la duchesse. Il le vendit à J.-B. Gluck, seigneur de Saint-Port, directeur des Gobelins.

Cette belle résidence était pourvue d'une chapelle et d'un jardin enrichi de statues, démembrement des « Allées de la Reine Marguerite ». A une époque plus rapprochée, elle devint l'hôtel de Beauffremont. Denon, conservateur des Musées du premier Empire, l'occupa jusqu'à sa mort, en 1825. C'est aussi dans cet hôtel qu'est mort en 1867 le grand peintre Ingres; et, en 1895, Gustave Droz, l'auteur de *Monsieur, Madame et Bébé*, ce bréviaire de l'amour conjugal coquet, qu'il était de mode sous l'Empire et dans les premières années de cette troisième République de donner comme livre de chevet à toutes les jeunes épousées.

L'autre partie de l'hôtel, à laquelle on accède par une sorte d'allée couverte, est occupée par les dépendances du *Moniteur universel*, dont les bureaux occupent le n° 13, simple maison conventuelle d'ailleurs, reconstruite en 1894, en dépit des allures magistrales que lui avait données Lavaisse, un entrepreneur de bâtiments.

Viennent après les maisons construites sur l'emplacement du couvent des Théatins; une seule doit retenir notre attention : le n° 14, où demeura Talma.

Au n° 27, à l'angle oriental de la rue de Beaune, se trouve l'hôtel que M. de Bragelonne, trésorier de France, avait bâti sous Louis XIV et qui appartenait en 1778 au marquis de Villette, marié par l'entremise de Voltaire à la belle et sage Renée Philiberte Rouph de Varicourt.

On sait que rentré en France le 10 février 1778, après un exil presque ininterrompu de quarante années, Voltaire accepta provisoirement l'hospitalité du marquis de Villette, en attendant qu'il put s'installer dans l'hôtel de Villarceaux (1) qu'il venait d'acheter pour lui et sa nièce, Mme Denis.

Voltaire, d'ailleurs, revenait à un gîte de sa jeunesse. Il l'avait en effet habité, cet hôtel du quai et de la rue de Beaune, au temps où il appartenait au marquis de Bernières, président à mortier au parlement de Rouen. C'était vers 1723 ; et les mauvaises langues prétendent que la marquise était pour le poète la plus gracieuse des hôtesses.

Hélas! quand il revint dans cette maison si pleine pour lui de souvenirs aimables, Voltaire n'avait plus que quelques jours à vivre ; il mourut

---

(1) Construit par l'architecte Dewailly, il a été remplacé, sous Louis-Philippe, par la maison qui porte aujourd'hui le n° 102 de la rue de Richelieu. Voltaire n'y habita pas, mais Mme Denis l'occupa avec son second mari, M. Duvivier, et c'est sous le nom d'Hôtel Duvivier que cette maison est mentionnée dans les itinéraires du XVIIIe siècle.

dans l'appartement du premier étage, le 30 mai 1778.

Sa mort fut connue assez tard dans le public. « Tout Paris était encore à sa porte, dit Grimm, pour prendre de ses nouvelles, que son corps était déjà enlevé pour être transporté à Scellières (1). » Le gouvernement s'était entendu avec l'abbé Mignot, parent du défunt, qui consentait à l'inhumer dans son abbaye, en Champagne. On voulait escamoter ses funérailles. Le corps fut donc installé dans un carrosse à six chevaux. Revêtu d'une robe de chambre, la tête enfoncée dans un bonnet de nuit, soutenu par des courroies placées sous les bras, on eut dit qu'il sommeillait. En face de lui se tenait un domestique chargé de le veiller pendant que le carrosse emportait nuitamment, loin de Paris, ce cadavre dont la Cour et le Clergé avaient encore peur. Dans un autre carrosse, suivaient les membres de la famille et deux officiers délégués pour ce funèbre voyage.

Pendant tout un siècle après sa mort, selon la volonté du marquis de Villette, l'appartement de Voltaire devait rester inhabité par respect pour le grand philosophe, mais on ne respecta pas la

---

(1) La mort de Voltaire fut seulement annoncée à la dernière ligne de la dernière page de la *Gazette de France* par ces simples mots : « M. de Voltaire, l'un des Quarante est mort ce matin. » — J'ai vainement cherché dans la collection du *Mercure de France*, une mention de la mort de l'auteur de *Candide*.

volonté du marquis, éternelle histoire de ceux qui ne sont plus !

En 1845, Arsène Houssaye en devint locataire. Le *Charivari* jugea qu'il fallait qu'il fut bien bête pour oser écrire une ligne dans le salon « où l'on voyait encore le trône idéal de l'esprit humain. » Arsène Houssaye osa être assez bête pour cela ; il osa même y écrire un livre qui fit du bruit : le *Roi Voltaire* et le succès du livre lui donna raison.

De l'autre côté de la rue de Beaune, un hôtel vieillot attient à une maison de rapport construite en 1881. Le premier est l'ancien hôtel de *Nesle*, la seconde s'élève sur l'emplacement de l'hôtel de *Mailly*.

Le comte de Mailly était déjà propriétaire de l'hôtel de Nesle lorsqu'il acquit d'un sieur Modeux le terrain d'angle de la rue du Bac. Sur ce terrain, il fit construire l'hôtel de Mailly, qu'il réunit à l'hôtel de Nesle. Il était arrivé, d'ailleurs, à posséder le marquisat de ce nom, Dieu sait ! à force de combien d'héritages et de combien de procès ! Quoi qu'il en fut, il était bel et bien marquis de Nesle-Mailly.

Il avait épousé, en 1709, Armande Félicité de la Porte-Mazarin, petite fille d'Hortense Mancini, qui, paraît-il, était d'une vertu peu farouche. Parmi ses nombreux amants, on citait M. le Duc, auquel succéda bientôt le prince de Soubise. *Madame* écrit à la date du 13 juin 1717 :

« M. le Duc (¹) ne peut pas encore oublier Mᵐᵉ de Nesle, quoiqu'elle lui ait donné son congé et qu'elle ait pris à sa place ce grand veau de prince de Soubise. On prétend que celui-ci dit : « De quoi se fâche M. le Duc ? n'ai-je pas permis à Mᵐᵉ de Nesle de coucher avec M. le Duc quand il viendra ? — Tant on est ici délicat dans les amours. » Le prince de Soubise fut à son tour remplacé par Richelieu ; et la passion de la marquise pour l'aimable duc fut si violente qu'elle voulut le disputer les armes à la main à l'une de ses rivales, Mᵐᵉ de Polignac. Les deux dames se battirent au pistolet dans le bois de Boulogne, et Mᵐᵉ de Nesle fut blessée à l'épaule. Le mari faisait contre mauvaise fortune bon cœur, et se laissait aller à une douce gaîté si l'on énumérait en sa présence les amants de sa femme.

De Mᵐᵉ de Nesle le marquis eût cinq filles : la comtesse de Mailly-Rubempré, la comtesse de Vintimille, la marquise de la Tournelle, la duchesse de Brancas-Lauraguais et la marquise de Flavacourt.

On sait que ce fut Mᵐᵉ de Mailly qui, à l'instigation du cardinal de Fleury, donna à Louis XV la première leçon d'infidélité conjugale. Elle habitait, à Paris, l'hôtel patrimonial, mais ses rendez-vous avec son royal amant avaient lieu le plus souvent dans un hôtel de la rue *Saint-*

---

(1) Louis-Henri de Bourbon, chef de la branche des Condé.

Thomas-du-Louvre, une rue que la place du Carrousel a absorbée. Cet hôtel était situé à peu près où se trouve le monument Gambetta. Il avait été bâti, dit Piganiol de la Force, qui doit se tromper, pour Gabrielle d'Estrée; Louis XIV l'acquit quand il voulut dégager le Louvre et les Tuileries. Quand ce projet eut été abandonné, il en accorda la jouissance à la duchesse de Lesdiguières-Mortemart. Après la mort de la duchesse, le petit hôtel resta sans locataire, jusqu'au moment où Louis XV vint y abriter ces amours que Mme de Mailly dût bientôt partager avec sa plus jeune sœur, Pauline-Félicité, comtesse de Vintimille.

Celle-ci, ayant mis au monde un enfant qui ressemblait tellement à Louis XV qu'on l'appela communément le *Demi-Louis*, mourut en 1741. On crut généralement qu'elle avait été empoisonnée par ordre du cardinal de Fleury trop soucieux de l'ascendant que la jeune femme avait pris sur le roi.

Le galant monarque tenant, paraît-il, à ne pas sortir de cette famille de Nesle, jeta le mouchoir à une troisième sœur, Mme de la Tournelle; mais celle-ci fit des conditions dont la première fut le renvoi de sa sœur aînée, la pauvre de Mailly, cette demi La Vallière. Le roi accorda tout et une chanson témoigne de la douleur de la favorite déchue :

> J'ai vu la Mailly toute en pleurs,
> V'la ce que c'est qu' d'avoir des sœurs.

En fait, sous la direction du Père Renaud, elle devint dévote et mena une vie exemplaire qui ne fut point exempte d'affronts : on n'avait rien à craindre d'une maîtresse disgraciée ! Un jour qu'elle entrait à Saint-Roch et qu'elle dérangeait quelques chaises, l'avocat Linguet s'écria : « Voilà beaucoup de bruit pour une p....! » Mme de Mailly se retourna et lui dit avec douceur : « Puisque vous la connaissez si bien, Monsieur, priez Dieu pour elle ! »

Elle mourut en 1751 avec un cilice sur la chair.

L'hôtel de Mailly passa bientôt aux mains du duc de Mazarin, puis, successivement, de l'amiral de la Crosse, du notaire Guénoux, du comte de Flavigny. En 1815, le libraire Colnet y demeurait « dans une cave », dit Girault de Saint Fargeau. Après avoir été prêtre, militaire, publiciste, le ministre Corbière le chargea de la conservation des archives judiciaires, alors déposées dans la Sainte Chapelle. Colnet fut un fonctionnaire zélé : pendant quinze ans qu'il occupa cet emploi, il ne visita pas une seule fois le dépôt dont il avait la garde, mais, par contre, il ne négligea pas d'en percevoir le traitement.

C'est encore dans l'hôtel de Mailly que, en 1835, se fonda le « Cercle agricole », *alias* des *Pommes de terre*, actuellement établi à l'angle du boulevard Saint-Germain.

Aujourd'hui, l'hôtel de Mailly n'est plus ; mais l'hôtel de Nesle « le petit Mailly », subsiste encore et quelques souvenirs s'y rattachent. C'est là que Victor Considérant, libraire et *fourriériste*, installa la *Phalange*, revue phalanstérienne, dont l'apparition précéda celle de la *Démocratie pacifique*, journal quotidien, également fondé et dirigé par lui.

Leconte de Lisle commença à la *Phalange* la publication de ces poèmes dont il forma, plus tard, les recueils que tout le monde a lus et relus.

Quand il était bibliothécaire chimérique du Sénat, le poëte, parfois, descendait à pas lents, entrait sous les arcades de l'Odéon, faisait quelques tours, ouvrait un livre au hasard en fixant son monocle ; puis, à peine quelques pages feuilletées, quelques lignes lues, l'ouvrage dédaigneusement rejeté allait reprendre sa place sur le tas jaune. Dans le mouvement brusque, dans le ricanement sarcastique, dans le haussement d'épaules, on sentait un mépris extraordinaire du livre, de tous ces livres, de cet amas énorme de livres incessamment renouvelé, mais toujours pareil à lui-même, semblait-il à ce contempteur sans pitié de l'effort intellectuel des hommes.

Et il m'a semblé voir quelquefois, fouillant les boîtes des bouquinistes du quai, deux fantômes. S'il arrivait qu'ils se rencontrassent, explorant la même boîte :

— Cela est bien, Monsieur Leconte de Lisle, ricanait Voltaire, venu en voisin ; mais il faut cultiver notre jardin, comme dit *Candide*.

XLVII

Le Passage Charlemagne

Le mur de l'enceinte de Philippe-Auguste traversait, du nord au sud, l'îlot de maisons circonscrit par les rues du Prévôt, Saint-Antoine, Saint-Paul et Charlemagne. Dans celle-ci, après la fontaine, le bâtiment du Lycée avançant sur la rue, indique nettement la place de la *fausse poterne Saint-Paul* et la direction de l'ancienne enceinte, dont on voit, d'ailleurs, d'importants vestiges dans l'allée étroite qui, sur la rue Saint-Antoine, sert d'entrée au Lycée Charlemagne.

Au delà de la muraille de Philippe-Auguste, et entre les rues Saint-Antoine, Saint-Paul et Charlemagne, s'élevait l'hôtel de La Rochepot, l'une des branches de la puissante famille de Montmorency. Madeleine de Savoie, veuve du connétable, le vendit, en 1580, au cardinal de Bourbon (le Charles X de la Ligue), qui en fit présent aux Jésuites. Ceux-ci y établirent leur maison professe, et, Louis XIII régnant, de 1627 à 1641, construisirent sous la direction du Père Fr. Derand, la somptueuse chapelle qui est devenue l'église Saint-Paul-Saint-Louis.

De l'autre côté de la muraille de Philippe-

Auguste (dans la Ville, par conséquent), le long de la rue Charlemagne et jusqu'à la rue du Prévôt, s'étendait, bien avant que l'hôtel de La Rochepot eût été édifié, un vaste logis que l'on appelait la *Maison des Marmouzets*, en raison, sans doute, de figurines grimaçantes qui en décoraient le portail.

Charles V, en 1369, acquit de Jacques de Pacy la Maison des Marmouzets, et en fit don à Hugues Aubriot, afin d'avoir plus près de son hôtel Saint-Paul son Prévôt de Paris, dont le logis officiel était au Grand Châtelet (*sol de la place du Châtelet actuelle*), qu'on nommait le « propre siège des Rois », parce qu'avant d'être rois, ils étaient comtes de Paris.

Quand Hugues Capet fut devenu roi, il investit de son comté de Paris Bouchard, qui était déjà comte de Corbeil et de Melun. Le dernier comte de Paris fut Othon, mort en 1032, sans enfants. Depuis Eudes, les ducs de France se firent représenter par des vicomtes, le dernier fut Falcon et, à sa mort, le roi Henri réunit la Comté à la Couronne. La magistrature des comtes et vicomtes (*justice, commandement des troupes, perception des impôts* (fut alors remplacée par celle des *Prévôts de Paris*; de là, l'expression officielle jusqu'au 11 septembre 1790 : « la Vicomté et Prévôté de Paris. »

Hugues Aubriot mourut en disgrâce; ses biens furent saisis et, en 1383, Pierre de Giac, chancelier de France, acheta du roi Charles VI l'ancien logis qui cessa, pour un temps, d'être la demeure du Prévôt de Paris.

De Giac le vendit, en 1397, à Louis d'Orléans, frère de Charles VI. L'hôtel est alors connu sous le nom d'*Hôtel du Porc-Epic*, vraisemblablement à cause de l'ordre fondé par ce prince, et dont les emblèmes devaient figurer sur les vitraux ou sur les sculptures. Le duc de Berry le reçut du duc d'Orléans, en échange de l'Hôtel des Tournelles (*emplacement de la plage des Vosges*), et le donna aussitôt à Jean de Montagu, surintendant des finances, décapité aux Halles ((*vis-à-vis le débouché de la rue Pirouette*), le 17 octobre 1409.

Les biens de J. de Montagu furent confisqués et Guillaume de Bavière, comte de Hainaut, posséda l'hôtel d'Aubriot; puis ce fut Jean de Bourgogne, duc de Brabant, qu'il ne faut pas confondre avec son contemporain et parent, Jean Sans-Peur ; enfin, pendant la domination anglaise, le connétable Arthur de Richemond.

Charles VII désirant que le Prévôt de Paris ne logeât point au Grand Châtelet, Robert d'Estouteville, alors titulaire de la charge, choisit pour domicile l'hôtel de Hugues Aubriot. Et les d'Estouteville qui, de père en fils, occupèrent pendant cinquante ans (de 1454 à 1509) la Prévôté de Paris, l'habitèrent.

C'est le souvenir de leur habitation, le souvenir de Hugues Aubriot, que rappellent la *rue du*

Prévôt et cette partie du passage Charlemagne, appelée communément la *Cour du Prévôt*. Mais ce ne sont là que des souvenirs, car les constructions qui subsistent n'ont jamais abrité nul Prévôt de Paris : elles ont été édifiées par Louis Malet, dit l'amiral de Graville, de 1509 à 1516.

L'amiral de Graville, très en faveur auprès de Louis XII, et arrière-petit-fils du malheureux Montagu, était rentré en possession de l'hôtel de son bisaïeul. Il le morcela. La moitié environ, occupée par les jardins et touchant à l'enceinte de Philippe-Auguste, est aujourd'hui représentée par la grande cour du lycée Charlemagne et les bâtiments qui l'entourent; l'autre moitié, par la première cour du passage Charlemagne, du côté de la rue du même nom, et les maisons formant angle sur la rue de Fourcy.

C'est dans cette première cour du passage Charlemagne que se dérobent les restes curieux de la jolie résidence que l'amiral, dans tout l'éclat de sa faveur, fit élever.

Les restes ? — Sans doute : au mois de mai 1891, on a détruit, en effet, toute la partie en bordure de la rue Charlemagne, qui offrait en façade, sur la cour intérieure, un rare et excellent spécimen architectural de la fin de la Renaissance. Il ne subsiste plus que le corps de logis intermédiaire, mélancolique sur cette cour autrefois si jolie, encore si curieuse, où, maintes fois, l'artiste, l'historien, revivant le passé, sont allés s'inspirer et évoquer les scènes d'autrefois, à l'ombre de cette merveille à l'état d'ensemble.

Ce qui a survécu vaut cependant une visite. L'ogive n'y paraît plus qu'une seule fois, très timidement, en haut d'une tourelle à six pans qui sert de cage à un escalier à vis, tout en pierre, et qu'il faut remarquer ; de même, aussi, les curieuses cariatides en gaines, les fenêtres des combles, et, ça et là, de charmants détails.

XLVIII

Le Porche du Manoir de Clisson

Au n° 58 de la rue des Archives, deux tourelles, de grosseur inégale, encadrent un porche ogival, surmonté de peintures murales. Ce porche et ces tourelles sont, en même temps que les seuls vestiges de l'architecture civile du xiv° siècle à Paris, tout ce qui subsiste du manoir d'Olivier de Clisson, le compagnon d'armes de Du Guesclin et son successeur dans la charge de connétable de France.

Ce manoir, le peuple l'appelait malicieusement l'*Hôtel de la Miséricorde*, en faisant allusion au petit coutelas, dit *miséricorde*, avec lequel les gens de guerre égorgeaient un ennemi, après l'avoir abattu à leurs pieds. Cette allusion était juste; voici pourquoi : après la mort de Charles V, et sous la tutelle odieuse des ducs de Bourgogne, de Berry et d'Anjou, les Parisiens, en 1382, s'étaient lassés des exactions fiscales, et révoltés : cette insurrection s'appelle dans l'histoire la *Révolte des Maillotins*.

Les Maillotins firent alliance avec les communes de Flandre révoltées contre leur duc et hostiles au roi de France, Charles VI. Celui-ci, qui n'avait alors que quatorze ans, voulut marcher d'abord contre les Flamands ; il les battit à Roosebecque et revint pour châtier Paris, où il entra comme dans une place prise d'assaut, en faisant abattre les portes.

Les préparatifs de la vengeance royale furent terrifiants; mais les oncles de Charles feignirent d'intercéder pour le peuple. Aussi, après l'exécution aux Halles (*sol de la rue Rambuteau, au droit de la rue Pirouette*) de douze des meilleurs citoyens de Paris, une amnistie fut accordée et les nouveaux impôts, causes immédiates de l'insurrection, abolis. Mais ce fut au prix d'une amende qui dépassait notablement la valeur annuelle de ces impôts : le roi était si bon !

Et de cette amende, que les Parisiens durent payer le *couteau sur la gorge*, Olivier de Clisson, le plus avare et le plus avide des hommes, eût sa part, large et copieuse, dont il employa une partie à construire un hôtel sur un terrain que lui donna, forcément, la Prévoté de Paris. Ce terrain était nommé le *Grand Chantier du Temple;* il s'étendait depuis le n° 58 de la rue des Archives jusqu'à la rue des Quatre-Fils, en faisant retour d'équerre sur celle-ci.

Le connétable habitait cet hôtel en 1392 quand, dans la nuit du 13 au 14 juin, revenant de l'Hôtel Saint-Paul (*emplacement compris entre les rues Saint-Antoine et Saint-Paul, le quai des Célestins, les rues du Petit-Musc et de la Cerisaie, le boulevard Bourdon*), il fut assailli à l'entrée de la rue Culture-Sainte-Catherine (*aujourd'hui rue Sévigné*) par une bande d'assassins à la solde de Pierre de Craon, encouragé certainement par le duc de Bretagne.

Clisson, criblé de blessures, tomba de cheval, devant la porte entr'ouverte d'un boulanger, ce qui le sauva; les assassins le crurent mort et s'enfuirent. Pierre de Craon s'échappa par la porte Saint-Antoine et gagna la Bretagne, tandis qu'on allait avertir le roi. Celui-ci courut chez le boulanger, où il trouva le connétable couvert de sang et demi-mort : « Connétable, dit-il, pensez à vivre et ne vous souciez du reste, mais jamais délit ne sera si chèrement payé et amendé sur les traîtres qui l'ont fait, car la chose est mienne. » En réalité, Charles VI fit raser l'hôtel de Pierre de Craon, qui se trouvait sur l'emplacement actuel de la mairie du IVe arrondissement.

On sait quelles furent les conséquences de cette tentative de meurtre : l'expédition de Bretagne ; l'étrange apparition du fantôme de la forêt du Mans ; le roi ramené à Paris fou furieux ; les princes du sang profitant de sa maladie, et livrant, finalement, notre pauvre France à l'ignominieuse domination anglaise.

Clisson, banni, mourut en 1407 au château de Josselin (Morbihan), et le duc de Penthièvre hérita de son hôtel qu'occupait le duc de Clarence, frère du roi d'Angleterre. Il passa ensuite aux mains des Babou de la Bourdaisière, et, en 1553, l'un d'eux : Philibert Babou de la Bourdaisière, grand-père de la *Belle Gabrielle*, le vendit à Anne d'Este, épouse de François de Lorraine, duc de Guise, et mère du *Balafré*.

A cette époque, les Guise avaient déjà une maison aussi nombreuse que celles des princes du sang de France, et ambitieuses étaient leurs visées; ils saisirent donc toutes les occasions d'agrandir, par voie d'annexions successives, le vieux manoir de Clisson. Ce fut d'abord l'hôtel de Laval, que représentent actuellement les bâtiments des Archives nationales s'ouvrant sur la rue des Francs-Bourgeois; puis la maison de Jacques Doulcet, conseiller au Parlement, que remplace la partie orientale des constructions neuves sur la rue des Quatre-Fils; enfin, l'hôtel de la Roche Guyon, dont l'Imprimerie nationale occupe l'emplacement.

Les Guise relièrent tous ces anciens hôtels par quelques constructions, et ce fut dans cette résidence que, depuis François II jusqu'à Henri IV, ils tinrent leur cour populaire, qu'ils établirent le quartier général de la Ligue.

La dernière duchesse de Guise étant morte sans postérité, en 1696, l'hôtel fut acheté par Fr. de Rohan, prince de Soubise, dont il prit et a gardé le nom. Il le fit réédifier par Delamaire : c'est aujourd'hui le palais des Archives nationales, dont les annexes s'élèvent sur l'emplacement de l'hôtel de Clisson et de la maison Jacques Doulcet.

De l'hôtel des Guise, il ne reste plus qu'un escalier, dont la rampe a gardé la double croix de Lorraine, et du manoir de Clisson, il ne subsiste que le joli porche de la rue des Archives.

XLIX

Une Maison de la Renaissance

Tout proche de la *Porte Montmartre*, la porte de l'enceinte de Philippe-Auguste, que rappelle une plaque commémorative apposée sur la façade du n° 30 de la rue Montmartre, Charles V, vers l'an 1370, fit bâtir une vaste résidence qu'on appela le *Séjour du Roi*.

C'était la mode en ce temps-là, chez les princes et les grands seigneurs, de posséder dans les faubourgs ou aux alentours de la ville une sorte de succursale de leurs hôtels, une *villa*, une maison de plaisance, un *séjour*. Celui du roi fut, à son apparition, salué comme une merveille. Il s'étendait, dit Piganiol de la Force dans sa *Description historique de la ville de Paris*, entre les rues Montmartre, Coquillière et du *Séjour*. Un siècle plus tard, de ce royal asile le temps et l'abandon avaient fait des ruines ouvertes à tous les vents, dont on tirait un loyer annuel de 24 sols parisis (environ 2 fr. 50 de notre monnaie).

Louis XI, esprit économe, s'arrangeait mal des non-valeurs; il mit, après expertise, enquête et contre-enquête, le domaine tout entier en vente, sur le pied de « seize livres, treize sols, quatre deniers parisis, rachetable moyennant deux cents livres comptant ». Un sieur Morin en fit emplette; dès lors, adieu le séjour du Roi ! Jardins, ronces et ruines, tout disparaît, voire même le souvenir ! Et le nom, superbe relique confiée aux lieux où il fut, ne lui survit qu'à demi. Mutilé, tronqué, dénaturé, c'est lui, c'est pourtant lui qui figure encore aujourd'hui, absurde contre-sens consacré par la routine, au coin de cette rue sombre, noire, lugubre, qu'on appelle « la rue du Jour ».

Un des souvenirs les plus durables de ce quartier est celui qu'y ont laissé les duellistes de l'hôtel de Royaumont, bâti par Philippe Hurault, évêque de Chartres et abbé de Royaumont, vers 1613. Il est occupé présentement par un magasin de porcelaine, et, de chaque côté de la porte chartière, deux lions paisibles, à la crinière bleuâtre, se regardent... comme deux chiens de faïence.

A peine achevé, l'hôtel, bizarre vicissitude ! était passé, en effet, des mains d'un homme d'église aux mains d'un des plus fameux duellistes d'une époque fameuse en duellistes fameux. Il fut la demeure de Montmorency-Bouteville, un « brave à trois poils », un « raffiné d'honneur », qui, grâce aux rigueurs salutaires du cardinal de Richelieu, termina le cours de ses exploits par un duel en place de Grève : ce jour-là le bourreau était son adversaire ([1]).

Le « Petit Royaumont » (les Communs) se trouvait de l'autre côté de la rue, au n° 23, aujourd'hui incorporé dans la caserne des Pompiers. Il fit partie, plus tard, des bâtiments occupés par une communauté placée sous le patronage de sainte Agnès, jeune vierge de Salerne, martyrisée sous Dioclétien.

Il y avait une autre raison à ce patronage.

Sur l'emplacement d'un temple dédié à Cybèle, et là où s'élève actuellement l'église Saint-Eustache, il y eût jadis une petite chapelle dont voici l'origine... *légendaire*.

Un bourgeois, nommé Jean Alais, avait obtenu du roi, en considération d'un service d'argent qu'il lui avait rendu, de prélever un impôt d'un denier sur chaque panier de poisson vendu aux Halles. Le remords ne tarda point à s'emparer de ce publicain novice, qui s'adressa au roi pour obtenir la révocation de cet impôt. Loin que son louable repentir servît aux gens qu'il voulait dégréver, la *ferme* passa à un autre avec la surcharge d'usage, tant il est vrai que « plus ça

---

[1] Le comte de Bouteville ne fut le locataire de l'hôtel que pendant deux années seulement. Il avait mis une grande salle basse (le sous-sol) de la maison au service des duellistes de la Cour et de la Ville ; et, à toute heure de la journée, on y trouvait table mise avec du pain, du vin frais et des fleurets. (*Maurice du Seigneur.*)

change, plus c'est la même chose ! ». Jean Alais, conte toujours la légende, en mourut de regret, après avoir, en expiation de sa faute, construit une chapelle dédiée à Sainte-Agnès. En mourant, il aurait ordonné, dans un esprit de repentance et d'humilité, qu'on l'enterrât auprès de cette chapelle, à la pointe Sainte-Eustache, à l'endroit même où tombait le ruisseau des Halles. « On y mit une longue pierre, qui se voit encore, ajoute Dubreul, et qui sert de pont aux passants en temps de pluie. »

C'est là une légende parisienne.

Alais vivait sous François Ier ; il n'a donc pas pu faire construire la chapelle de Sainte-Agnès qui date du XIIIe siècle. De fait, Alais paraît être l'inventeur d'un nouvel impôt sur le poisson. Le populaire lui en aurait gardé rancune et, ne pouvant s'en venger autrement, l'aurait voué aux gémonies.

C'est aux environs de ce ponceau dont je viens de parler, de ce « pont Alais », que les comédiens venaient en bande faire leur *montre*. Et Jean *du* Pont-Alais, acteur de l'hôtel de Bourgogne, tirait sans doute son nom de ce qu'il avait commencé à faire ses parades en cet endroit.

Il faisait un jour battre le tambour près de l'église. Le curé, impatienté du bruit, prêchait plus haut ; le tambour battait plus fort. Le curé descend de sa chaire et lui dit : « Qui t'a fait si hardi de jouer du tambourin pendant que je prêche ? — et l'autre : Qui t'a fait si hardi de prêcher quand je tambourine? » Le curé crève le tambour; Pont-Alais court après lui, le rattrappe à l'entrée de l'église et se venge en le coiffant de son tambour effondré.

J'ai voulu rapporter cette anecdote; mais, au fond, il n'est nullement certain qu'il s'agisse ici vraiment de Jean du Pont-Alais, et non d'un autre baladin quelconque, peut-être d'un simple saltimbanque de place publique, car Bonaventure Desperriers, si peu scrupuleux qu'il soit en fait de vérité historique, n'affirme nullement le nom de son héros, et d'Aubigné, qui rapporte aussi ce fait dans « le Baron de Fœneste » n'a pas même désigné Pontalais.

Quoi qu'il en soit, au commencement du XVIIe siècle, Herpinot eût là son « échafaud », comme Pont-Alais avait eu le sien avant lui. Ses farces étaient au gros sel et de *haulte gresse*, comme on en peut juger par une curieuse pièce : les *Etrennes de Herpinot, présentées aux dames de Paris.... 1618, in-8°*. — Ce qui n'empêchait pas que, par ironie ou par antiphrase, on n'appelât Herpinot le « Caton des Halles ».

Aussi bien, dans ce quartier, si l'on parlait franc, on aimait de même.

Sous la régence d'Anne d'Autriche, Saint-Eustache avait, comme toujours, un digne prêtre. On l'appelait le curé Merlin. Il était si humain, si compatissant, si *peuple*, que ses paroissiennes l'avaient surnommé « Père Jésus ».

Dans leur reconnaissance et leur vénération, elles avaient fait frapper une petite médaille d'argent, reproduisant la douce figure de leur pasteur bien aimé. Cette médaille, hommes, femmes, enfants, tous la portaient. Lorsqu'un marchand venait à commettre une faute, quand une jeune fille avait... *fauté,* on disait aux Halles :

> *Ils ont égaré la médaille*
> *Du bon curé Merlin !*

Le bon curé Merlin mourut : hélas ! nous sommes presque tous mortels, et les Halles prirent le deuil. Le défunt laissait un neveu, simple prêtre de Saint-Eustache.

Les « Dames de la Halle » l'installèrent sans façon curé de leur paroisse.

Cette élection populaire, encore que peu canonique, ne fût pas du goût de l'archevêque de Paris. Pour remplacer le curé Merlin, il appela un vicaire d'une des paroisses de Paris. Mais les Dames de la Halle lui fermèrent les portes de l'église; puis elles envoyèrent une députation à la reine. Celle d'entre elles qui portait la parole termina sa harangue en ces termes :

— Le bon curé Merlin a reconnu son neveu pour successeur; d'ailleurs les Merlin ont toujours été curés de Sainte-Eustache de *père en fils,* et nous n'en voulons pas d'autres.

Anne d'Autriche sourit — « Voilà, dit-elle, une excellente raison », et, quelques jours après, le droit de succession en *ligne directe* était royalement confirmé au profit des curés de Saint-Eustache.

Ce ne fut pas la seule fois que les Dames de la Halle portèrent leurs réclamations à la reine de France. Il en est bien d'autres exemples ; je n'en veux rappeler qu'un, et parce qu'il se rapporte à un passage de ce quartier : *le Passage de la Reine de Hongrie*, dont l'origine est bien peu connue. Cette origine, la voici :

Mécontentes de ce que la police ne leur accordait pas certaines franchises qu'elles jugeaient nécessaires, les Dames de la Halle se rendirent un jour auprès de la reine Marie-Antoinette. Parmi les déléguées se trouvait une jeune marchande de fleurs, du nom de Julie Bêcheur, plus connue sous le nom de *Rose-de-Mai*, qui fut chargée de prendre la parole au nom de ses compagnes. D'une beauté rare, Rose-de-Mai plaida si chaleureusement la cause des Dames de la Halle qu'elle quitta Versailles avec l'obtention de toutes les franchises qu'elle était venue réclamer. Au moment où elle parlait avec le plus de conviction, la reine fit remarquer à ses dames d'honneur que Rose-de-Mai ressemblait étonnamment à la reine Marie-Thérèse de Hongrie, dont le portrait était suspendu au-dessus de sa tête. Dès lors Julie Bêcheur fut indistinctement connue sous le nom de *Rose-de-Mai* ou de *Reine-de-Hongrie*, et le passage où elle demeurait, encore sans dénomi-

ation, prit bientôt, de par la volonté des Dames
de la Halle, le nom de « passage de la Reine-de-
Hongrie ».

En 1792, ce passage devint propriété natioale, et durant l'Année cruelle, Julie Bêcheur, ite Rose-de-Mai, dite Reine-de-Hongrie, accuée de trop d'enthousiasme pour la reine Marientoinette, fut écrouée aux Madelonnettes, conamnée à mort et exécutée.

Me voici bien loin, me direz-vous, de la rue u Jour et de cette maison de la Renaissance ont je dois toujours parler et dont je ne parle amais! Ça n'est peut-être pas tout à fait exact, ar la rue du Jour est à côté, à deux pas, et l'hisoire de la maison en question, a bien des points e contact avec tout ce que je viens de dire.

Les Dames de la Halle ont la langue leste, et est de longue date, mais aussi, elles ont le cœur ur la main, et nulle part on n'est plus charitable.

C'est une tradition, c'est encore un héritage ieusement accepté.

La paroisse Saint-Eustache a été, en effet de ut temps, riche en établissements d'assistance ociale. Outre l'hôpital Saint-Eustache, situé rue Iontorgueil, au coin de la rue Tiquetonne, ont l'origine remonte au commencement du ve siècle, elle en avait un autre, rue de Grenelleaint-Honoré (*aujourd'hui rue Jean-Jacques-ousseau, entre les rues Saint-Honoré et Coquilère*). Celui-ci, fondé en 1498, par Catherine du

Homme (?), veuve de Guillaume Barthélemy « pour huit pauvres veuves ou filles âgées de cinquante ans, fut abattu avant 1753. L'abbé Lebeuf indique encore un autre hôpital de veuves, rue du Gros-Chenet (*actuellement partie de la rue du Sentier entre les rues de Cléry et des Jeûneurs*). Enfin, en 1641, la « fabrique » possédait, rue Saint-Honoré, une maison que lui avait léguée un chirurgien ordinaire du roi, nommé Honoré Beaussier, « à la charge d'employer les loyers de ladite maison à faire enterrer les pauvres de la paroisse par charité. »

On comprend que le soin pieux de pourvoir à l'éducation des enfants pauvres ne devait point être oublié dans le quartier des Halles.

Honoré Beaussier, dont je viens de parler, avait laissé à sa paroisse une autre maison dont « la moitié donnée pour faire apprendre un métier aux quatre plus pauvres enfants de chœur de Saint-Eustache, après qu'ils auront fini leur temps » — et l'on voit dans un recueil d'épitaphes qu'en 1634, les administrateurs de la confrérie de Notre-Dame-de Bons-Secours reçurent une donation portant entre autres conditions « l'obligation de faire instruire treize petits garçons issus de pauvres honteux de la paroisse de Saint-Eustache, et de faire apprendre à dix enfants des vingt-cinq qui sont à l'escole de ladite confrérie, de ceux qui sont le plus avancés en la lecture, à bien escrire, compter, jeter aux jetons et à la plume, par un maître escrivain, et de fournir auxdits petits enfants, papier, encre et plumes, autant qu'il en sera nécessaire. »

La maison où fut installée cette *école professionnelle* a été démolie en 1899. — Elle avait été bâtie en façade de notre « Maison Renaissance », que sa démolition a laissée ouverte, libre à l'œil, déshabillée, si je peux ainsi parler.

Cette façade portait le n° 25 sur la rue du Jour. Elle était éclairée, au rez-de-chaussée, par deux baies cintrées à l'archivolte, ornée de mascarons, l'un surmontant une lyre, l'autre une tête de cerf et un cor de chasse. Le cor de chasse et la tête de cerf font partie des armoiries de Saint-Eustache, la présence de la lyre était expliquée par le séjour des enfants de chœur, issus de la Maîtrise de Saint-Eustache, une maîtrise dont la célébrité n'a pas besoin d'être rappelée.

Si l'on était moins dédaigneux des choses du passé, on irait là voir une merveille qui n'a qu'un seul tort : d'être à Paris. Le corps de logis qui subsiste est d'une impression captivante. Et on le laissera démolir parce qu'il ne se recommande du passé par aucun souvenir historique. La baignoire de Marat, la pantoufle de Marie-Antoinette, voilà qui est intéressant, voilà qui est suggestif; et si, par bonne fortune ! il arrivait que l'on pût mettre la main sur une de ces pastilles dont le maréchal de Richelieu se servait pour faire campagnes amoureuses, il n'est personne qui ne voulût aller la contempler. On est ainsi fait. Tout ce qui parle à l'œil ou aux sens s'accepte, mais avant qu'une telle chose s'impose, il a fallut que la mode la consacrât.

Eh ! bien, je le demande en grâce, je le demande à deux genoux, que la mode vienne donc sauver cette maison de la rue du Jour, cette « Maison de la Renaissance », encore oubliée dans Paris par les démolisseurs.

Allez-y péleriner, et vous me saurez gré de vous l'avoir rappelée.

Il y a, par exemple, au fond, de grandes consoles qui n'ont d'analogues que celles de l'hôtel d'Azzezat, à Toulouse, et elles sont admirables, encore qu'elles soient cachées en partie par des encorbellements que surmonte un grand motif décoratif en pierre. Et ce motif, qui forme la face antérieure du pignon, est lui-même remarquable, quoiqu'il soit veuf, aujourd'hui, des armoiries qui décoraient son écusson, surmonté d'un casque et entouré de guirlandes de fleurs.

Je n'essaierai pas une description minutieuse : une description n'a d'ailleurs jamais rien décrit. Il me faut signaler cependant la jolie porte qu'entoure un cadre à feuilles de chêne, et dont l'entablement est remarquable, avec sa frise ornée d'un bas-relief emblématique, accosté de deux consoles dépouillées des bustes qu'elles portaient sans doute autrefois. — L'escalier n'est rien autre qu'une merveille. La rampe, formée d'entrelacs en pierre d'un dessin vigoureux, se termine au premier étage en une rampe de bois à balustres carrés aux étages supérieurs; et, à chaque départ de rampe, sont placés des vases maladroitement enduits d'une sorte de peinture rougeâtre : c'est tout simplement des vases de porphyre rose !

Et les plafonds, et les bas-reliefs, et les lambris dorés de chaque pièce ! Encore cette jolie porte, située au fond d'une courette, que surmonte un monogramme en fer forgé, avec deux vases en bas-relief rattachés entre eux par une élégante guirlande enrubannée !

Mais quelle est donc cette maison ? J'avoue ne pas le savoir. Oh ! j'en ai cherché l'origine, avec d'autant plus d'acharnement que plus grand étoit mon enthousiasme archéologique; et, les textes étant muets ou ridicules, j'ai fait des démarches pour que les titres de propriété me fussent communiqués.

Il semble vraiment que, quand on fait pareille demande, on devienne par cela même suspect d'une arrière-pensée de cambriolage. Aussi, le plus souvent, est-on reçu comme un chien dans un jeu de quilles. Voici, par exemple, ce qui m'est arrivé en semblable occurence.

Bayart, le chevalier sans peur et sans reproche, a légué par testament plusieurs immeubles, sis à Paris, au *Bureau des Pauvres*, c'est-à-dire à l'Hôtel-Dieu, dont dérive notre Assistance publique.

Un jour, j'appris que le testament de Bayart existait encore, qu'il était dans le minutier d'un notaire de Paris; aussitôt je fis visite à ce notaire et lui demandai de rechercher cette pièce historique.

Quelques temps après, cet excellent notaire me pria de passer à son cabinet, et, là, il me montra le parchemin tant désiré; mais, quand après en avoir pris connaissance, je voulus en faire des extraits, il s'y opposa parce que je n'ai pas l'honneur d'être « un héritier ou un ayant-droit », de Bayart !

Depuis, un de mes amis a renouvelé la tentative : le testament de Bayart n'avait jamais existé, lui dit-on.

Eh ! bien, pareille mésaventure m'est à peu près advenue pour cette maison de la rue du Jour. Mieux est, on a gardé les timbres-poste joints à mes lettres, et jamais on ne m'a répondu.

Que l'on se décide donc enfin à créer les *Archives notariales*, où seront réunis les dossiers accumulés depuis des siècles dans les études de Paris. On verra alors réapparaître des documents précieux, oubliés ou ignorés, et ce sera, pour ainsi dire, comme une rénovation de l'*Histoire de Paris*, considérée tant au point de vue de la topographie que de la propriété.

L

Notre-Dame-des-Amours

Les journaux annonçant la découverte du testament de Ninon de Lenclos, d'ailleurs publié depuis plus de sept ans par M. de Grouchy, j'eus la fantaisie de revoir la maison où mourut *Notre-Dame-des-Amours*, comme l'appelle Walpole. Elle existe encore et porte le numéro 56 de la rue des Tournelles, le numéro 43 du boulevard Beaumarchais, en plein ce quartier du Marais, où Ninon est née, un jour de novembre 1620.

Son père, obligé de quitter la France pour avoir tué le baron de Chabans, avant que celui-ci eût eu le temps de se mettre en garde, était un joueur de luth; son instrument ne lui avait pas fait une grande fortune, « mais, dit justement Voltaire, sa fille y suppléa par le sien. »

En ce temps-là, *le Marais* était de mœurs galantes; Marigny, dans son poème du *Pain bénit*, nous parle

> . . . . de ces donzelles
> Qui ne sont ni chastes, ni belles,
> Et qui, sans grâces et sans attraits,
> Vivent des péchés du Marais.

et Scarron : « Il y a douze coureuses dans la rue

des *Douze-Portes* (¹) à ne compter mes deux sœurs que pour une. »

Ninon prit la note, et bientôt elle fit sa partie.

Son premier amant *reconnu*, car M. Walckenaer, aux tomes I et IV de ses excellents *Mémoires sur Madame de Sévigné*, a très explicitement établi ce qu'on pourrait appeler la *chronologie de Ninon*, son premier amant fut Charles de Beaumont, sieur de Saint-Étienne, vicomte de Chaumusy. Le chevalier de Raray, fils d'un chambellan de Gaston d'Orléans, vint ensuite, puis le conseiller Coulon lui succéda.... comme Louis XV à Pharamond, et il paraît être intervenu entre Mme de Lenclos, une ancêtre de Mme *Cardinal*, et le conseiller, un petit traité, très moral, en vertu duquel la belle fille fut entretenue à raison de cinq cents livres par mois.

Ninon habitait alors rue des *Trois-Pavillons*, aujourd'hui rue Elzévir. Bizarre coïncidence! cette rue s'appelait autrefois *la rue de Diane*, à cause de Diane de Poitiers, dont je n'ai pas à rappeler les causes de célébrité, parce que les jardins de l'Hôtel Barbette (²) qu'elle occupait

---

(1) Actuellement rue Villehardouin. D'après Edouard Fournier, Scarron habitait la maison faisant l'angle, à droite de la rue de Turenne.

(2) Voir sur cet hôtel l'excellent ouvrage de M. Ch. Sellier : *le Quartier Barbette*, Paris, Albert Fontemoing, 1899, in-8. (Bibliothèque de la Société des Études historiques).

s'étendaient jusque-là. On la désigna ensuite sous le nom de rue des *Trois-Pavillons*, en raison d'une maison, située à l'angle de cette rue et de celle des *Francs-Bourgeois*, et qui se faisait remarquer par ses trois pavillons. Elle occupait l'emplacement du numéro 22 de la rue des Francs-Bourgeois, puisque la rue de Diane existait en 1545 et que l'Hôtel Barbette ne fut vendu qu'en 1561. Or, cette *maison des Trois Pavillons* appartenait, d'après Jaillot, *à Dame Anne Châtelain*. Ceci ne dit rien tout d'abord ; mais, si l'on veut bien se souvenir que Marion de Lorme est née rue des Trois-Pavillons, le 3 octobre 1613, de Jean Delon, seigneur de Lorme et de *Marie Chastellain*, fille de noble homme *Annet Chastellain*, il semble que c'est bien là que naquit Marion de Lorme, l'aînée de Ninon de quelques années.

Maintenant, à ceux qui s'étonneraient de l'aveuglement de Madame de Lorme ou de la tolérance de Madame de Lenclos, je conseillerai de lire, dans les *Mémoires* du cardinal de Retz, comment se gouvernait Mademoiselle de Longueville, sous les yeux de la duchesse, sa mère, en leur hôtel princier de Longueville, rue *Saint-Thomas-du-Louvre*.

Je reviens à Ninon, habitant, rue des Trois-Pavillons, une maison peut-être encore debout, mais que je n'ai pu identifier. Alors, François d'Amboise, comte d'Aubijoux, lieutenant du roi en Languedoc et gouverneur de Montpellier, est associé au bénévole conseiller Coulon, et, dit Tallemant, il « contribue aussy de son costé. » Ce n'est pas que ce ménage à trois ne fut parfois troublé : Ninon avait des amourettes ; « elle alloit au devant de ceux qui luy donnoient dans la veüe, et on la servoit par quartier. Quand elle estoit lasse, elle leur disoit : En voylà assez, cherchez fortune ailleurs. »

Il paraît, néanmoins, que ses caprices furent relativement assez rares tant que vécut Mme de Lenclos, une bien bonne mère, soucieuse des intérêts de sa fille. Mais, Marie Barbe de la Marche mourut vers 1643, et, alors, Ninon qui lui fit de belles obsèques avec le concours de Coulon et de d'Aubijoux, Ninon eût des velléités de réforme complète. Le cas est fréquent encore dans le monde des Ninons contemporaines, tout imbues d'un mysticisme régulier, majestueux, un mysticisme d'ordre dorique, mais essentiellement éphémère.

Naturellement, Ninon ne persévéra guère ; à ce point qu'il faut que Scarron en témoigne dans son *Épitre à Sarrazin* pour que nous croyions à cette crise, tant le bonnet de Ninon recommença vite à s'envoler par dessus les moulins.

Comme Marion de Lorme, elle avait elle-même divisé ses amants en trois classes : les *payeurs*, les *favoris* et les *martyrs*. Les payeurs sont de tout temps, et aussi les favoris, mais ce qu'il y a de particulier dans le cas de Ninon, c'est que les premiers ne touchaient à la belle que quand la fantaisie lui en prenait : « Durant sa passion, dit Tallemant des Réaux, personne ne la voyoit », que le favori, l'amant de cœur. Quant aux martyrs, l'espèce en est rare ; Fourreau joua ce rôle plutôt ingrat. C'était « comme son banquier ; elle tiroit sur luy des lettres de change : — M. Fourreau payera, etc... On croit qu'il n'en a quasy rien eu. »

Outre cela, Ninon avait encore ses *caprices* (ce fut elle qui mit le mot à la mode), et ses caprices sont innombrables.

Un jour, au Cours (1), elle vit dans le carrosse du maréchal de Grammont un gentilhomme qui lui parut de bonne mine ; c'était Philippe de Montault-Benac, depuis duc de Navailles. Aussitôt, elle lui fit dire qu'elle serait bien aise de lui parler. Navailles ne perd pas de vue la voiture de Ninon, et, après la promenade, monte près d'elle. Alors, Ninon le ramène chez elle, lui donne à souper, le conduit ensuite dans sa chambre et, lui montrant le lit : « Couchez-vous, Monsieur, lui dit-elle, et vous aurez bientôt compagnie. » Puis elle se retire.

---

(1) Le Cours-la-Reine, créé par Marie de Médicis, en 1616. Il était planté de trois allées d'ormes, fermées aux deux extrémités par un « portail d'architecture et des portes de fer en balustre. » Un fossé entourait cette promenade.

Navailles, resté seul, se couche, mais, une fois couché, comme il était las, il s'endort. Ninon rentre et le trouve ronflant de son miéux ; elle prend alors les habits du dormeur et s'en va coucher dans une autre chambre.

Le lendemain, Navailles est réveillé par un grand bruit. Il ouvre les yeux, et voit dans la chambre un jeune cavalier, l'épée à la main et qui s'avance vers son lit en le menaçant.

— Monsieur, dit Navailles, à moitié endormi et se reculant dans la ruelle, si je vous ai fait offense, je suis bon gentilhomme et tout prêt à vous rendre raison ; mais ce que vous faites ressemble fort à un assassinat.

A ces mots, Ninon éclate de rire. Navailles rappelle ses souvenirs de la veille et reconnaît, qu'en effet, il s'est rendu coupable d'une grave offense envers son hôtesse. Mais il lui en fit ses excuses si vaillamment que Ninon lui pardonna et que, si le duel eut lieu, il n'eut pas, du moins, de suites fatales.

Les noms des amants de Ninon se trouvent en maint endroit, particulièrement dans une élégie bien connue de Saint-Evremond. Je citerai seulement le duc d'Enghien (Condé), le duc de Châtillon, d'Effiat, Villars-Orondat, Fr. d'Aubijoux, Sévigné père et fils, Gourville, etc., etc. La liaison la plus prolongée fut avec Villarceaux, et il en naquit (à moins que d'Estrée n'y eut plus de droits), un fils qui fit bonne figure dans la marine royale sous le nom de chevalier de la Boissière. On croit aussi que Ninon eût du comte de Moret, frère cadet de Vardes, qui mourut en 1658, un autre fils : Antoine, qualifié chevalier de Moret, tué au siège de Lille, en 1667. Un troisième, nommé le chevalier de Jarzé, se serait tué d'amour pour sa propre mère, s'il faut en croire le duc de Luynes.

Le bruit qu'elle fit, et, plus encore, le désordre qu'elle causa parmi la plus haute et la plus brillante jeunesse, força la Reine-mère, malgré l'indulgence que, non sans cause, elle avait pour les personnes galantes, et plus que galantes, de lui envoyer un ordre de se retirer dans un couvent ; c'était en mars 1657, Ninon marchait donc à grands pas vers la quarantaine.

Ninon lut la lettre de cachet, et remarquant qu'il n'y avait point de couvent désigné en particulier : — « Monsieur, dit-elle à l'exempt de robe courte, sans se déconcerter, puisque la Reine a tant de bonté pour moi que me laisser le choix du couvent où elle veut que je me retire, je vous prie de lui dire que je me choisis celui des *Grands Cordeliers* de Paris (1). » On sait quelle réputation de débauche était celle des religieux.

Selon quelques auteurs, l'exempt lui répliqua que les *Filles-Repenties* lui conviendraient mieux ;

---

(1) Du couvent des Cordeliers, il subsiste le réfectoire du (XVe siècle) affecté au Musée Dupuytren.

ce à quoi elle aurait riposté qu'elle n'était ni fille, ni repentie.

On ne conduisit pas Ninon aux *Cordeliers*, mais aux *Madelonnettes*, et l'exempt eût ainsi gain de cause. Les Madelonnettes, en effet, n'était point autre chose qu'une succursale de l'*Hôpital général*, et il en est souvent question, à ce titre, dans la correspondance des lieutenants de police et dans les œuvres littéraires du xviiie siècle, notamment dans *Manon Lescaut* (¹).

Ses amis la tirèrent de ce Saint-Lazare d'alors, et on la transféra au couvent de Lagny. Elle n'en sortit que sur les instances de Christine qui se tenait de si singulière façon à *la Comédie*, que tout le monde pouvait se convaincre que la loi salique n'était point en usage dans le royaume de Suède (²).

---

(1) La Révolution changea peu le caractère de l'établissement, car elle en fit une prison de femmes. Les bâtiments, situés rue des Fontaines, derrière Sainte Élisabeth, furent démolis en 1865, pour le percement de la rue Turbigo (Fernand Bournon, *Rectifications et additions à l'Histoire de la Ville et de tout le diocèse de Paris, par l'abbé Lebeuf*).

(2) Il y a dans le portefeuille 476 de la collection Godefroy, à la Bibliothèque de l'Institut, un curieux document intitulé : *Mémoire touchant l'entrée de la reine Christine de Suède à Paris, ses habits et ses mœurs, sa taille et visage.* — Puisque, y est-il dit, vous me parlez de la reine de Suède, je vous diray une chose qui est véritable, qu'ayant esté régalée magnifiquement à Lagny par les

Ninon, après sa mésaventure, renonça-t-elle à l'amour ? Je n'en crois rien. La Fare a dit : « Je n'ai point vu cette Ninon dans sa beauté ; mais à l'âge de cinquante ans, et même jusqu'au delà de soixante-dix, elle a eu des amants. » Plus tard, presque dans les derniers temps, Madame écrivait à la duchesse de Hanovre : « Depuis que Mlle de Lenclos est vieille, elle mène une vie fort honnête. Elle dit, à ce qu'on prétend, que jamais elle ne se serait corrigée, si elle n'avait pas trouvé elle-même *la chose* ridicule. »

Ninon, à cette époque, habite l'hôtel, encore existant au numéro 28 de la rue des Tournelles, que bâtit Jules-Hardouin Mansart, comte de Sagonne. Alors le boulevard Beaumarchais, qui terminait la ville de ce côté, jusqu'au temps de Louis XVI, ne possédait que des constructions récentes, mais son tracé étant parallèle à la rue des Tournelles placée en contre-bas, plusieurs hôtels trouvaient un second débouché sur ce boulevard. Tel était l'hôtel qu'occupait, au moins

---

officiers de M. Du Plessis, secrétaire d'Estat, elle eut la curiosité d'y voir la belle Ninon dont elle avoit ouy parler, et eut une grande conversation avec elle dans un couvent de religieuses où elle a esté mise par ordre du Roy, et s'en sépara avec une si grande satisfaction et estima tout ensemble de son bel esprit et autres belles qualités qu'elle escrivit en mesme temps une lettre au Roy pour le prier de lui donner la liberté de sortir de ce monastère, et de l'approcher de Sa Majesté pour le divertissement qu'elle y pourroit prendre.

en partie, Ninon de Lenclos. Il n'y a pas bien longtemps, avant qu'une construction industrielle ne fût venue l'obstruer, la façade à colonnes et à balcons aux chiffres de l'architecte était d'un grand caractère, s'élevant au fond d'un jardin terminé sur le boulevard par une grille. Aujourd'hui, après avoir traversé le péristyle toscan, à peu près intact, encore décoré de cariatides et de mascarons, et après avoir constaté la disparition de la rampe de l'escalier en fer forgé, remplacée par des balustres de bois, on accède à des constructions parasites. Pour essayer de voir la façade, on attrape le torticolis ; encore n'a-t-on fait qu'entr'apercevoir quelques colonnes ioniques accouplées encadrant des baies, quelques balcons et des lucarnes qui paraissent être d'un beau style.

Quant aux appartements, dont Lebrun, Mignard et Lafosse, amis de Mansart, s'étaient partagé la décoration, il ne reste plus que des vestiges. On a souvent parlé du « Vandalisme révolutionnaire », je voudrais bien qu'on parlât un peu du « Vandalisme bourgeois » : le sujet serait fécond.

Où donc est-elle, cette *chambre jaune* que Ninon prêtait aux ébats de la veuve Scarron et de Villarceaux?

« Scarron était mon ami, écrit la courtisane vieillie et devenue.... complaisante, sa femme m'a donné mille plaisirs par sa conversation, et dans le temps, je l'ai trouvée trop gauche pour l'amour. Quant aux détails, je ne sais rien, je n'ai rien vu, *mais je lui ai prêté souvent ma chambre jaune, à elle et à Villarceaux.* »

Ninon, Ninon ! vous faisiez-là un bien singulier métier ! Et combien je préfère me souvenir que, dans votre salon, Molière fit, d'après Sainte-Beuve, la première lecture de son *Tartuffe*.

Sa maison était alors en effet comme un petit hôtel de Rambouillet, où venaient en foule, non seulement les gens les plus distingués de la Cour ou du monde des lettres, mais même des dames qui ne craignaient pas de se compromettre quelque peu, La Sablière, Bouillon, Coulanges, Castelnau, Cornuel, d'Olonnes, etc.; puis un peu plus tard, Ninon, qu'on n'appelle plus que Mlle de Lenclos, devient tout à fait un personnage quand son amie, la veuve Scarron, est devenue reine de France. Mme de Sévigné, en ce temps-là, écrit aux Coulanges : « Corbinelli me mande des merveilles de la bonne compagnie d'hommes qu'il trouve chez Mlle de Lenclos. Ainsi, elle rassemble tout sur ses vieux jours, quoi que dise Mme de Coulanges, et les hommes et les femmes ; mais quand elle n'aurait présentement que les femmes, elle devrait se consoler de cet arrangement, ayant eu les hommes dans le « bel âge pour plaider ».

Et Madame, qui paraît suspecter toujours les mœurs de Mlle de Lenclos, en dépit des années : « Ninon, dit-elle, aura beau mener telle vie qu'il lui plaira ; on ne lui dira jamais rien, car elle est une des meilleures amies de la Pantocrate, qu'elle connaît depuis de longues années. »

Ninon n'habite plus alors l'hôtel de Sagonne, elle est venue s'établir au numéro 56 de la même rue. Cette maison, écrit M. de Champeaux (1), avait conservé intactes les boiseries dorées d'un salon dont le fond était occupé par une sorte d'alcôve, destinée à contenir un lit de repos. La sculpture de ces panneaux est d'une excellente exécution. L'encadrement de la glace surmontant la cheminée et celui de l'alcôve, sont dessinés dans le style de Louis XIV, tandis que la frise de la corniche du plafond où se voient des aigles et des personnages chinois rappelle les compositions de Pineau, l'un des meilleurs ornementistes (sic) de la Régence. Quatre grands paysages, bien inférieurs sous le rapport de l'art et peints sur toile dans le goût de Crépin, complètent cet ensemble. Cette belle décoration acquise par M. Montvallat a été, il y a quatre ans *(vers 1894)*, vendue par lui moyennant la somme de 23.000 francs, au Musée d'Art industriel de Berlin, qui possède ainsi une œuvre importante de la décoration intérieure française au XVIIe siècle. La corniche, qui n'a pu être transportée en raison de sa friabilité, a été moulée par l'atelier du Musée des arts décoratifs, pour être restituée dans son état primitif. Une

---

(1) De Champeaux, *L'Art décoratif dans le Vieux Paris*, p. 163.

seconde pièce du deuxième étage de la maison offrait un plafond représentant des *Enfants jouant avec des guirlandes*, et se détachant sur un fond de ciel. Cette composition, dont on faisait honneur à Fragonard, a été récemment recouverte d'une couche de badigeon par les ouvriers chargés de remettre l'appartement en état pour la location. »

C'est là que Ninon passa les dernières années de sa vie, que le jeune Arouet lui fut présenté. Le souvenir de cette visite, faite en compagnie de son parrain, était resté très vivace chez Voltaire et, à plusieurs reprises, il revient sur l'impression que lui avait causée la vue de cette vieille femme, — dont le visage portait les marques les plus hideuses de la vieillesse et de la décrépitude. — Combien nous sommes loin de la violente passion que l'octogénaire aurait inspirée au jeune Arouet, si l'on en croit certains romanciers, non dépourvus d'imagination !

Ninon mourut quelques jours après cette visite, le 15 octobre 1705. Il y eut à sa mort une histoire d'un grand homme habillé de noir qui avait, dit-on, paru devant elle grand nombre d'années auparavant et lui avait promis de l'avertir du moment de sa mort. On dit que ce même homme la vint demander trois jours avant qu'elle mourut, et que dès qu'elle le vît elle jugea qu'elle allait mourir. « C'est Mme de Vaubecourt, Mme de Nancré et Mme Ollier qui l'ont assistée, écrit la marquise d'Huxelles à son ami La Garde. Sa maladie n'a duré que trois jours; mais elle a reçu Notre Seigneur : il n'étoit plus temps pour les derniers sacrements. Par pressentiment ou l'effet de la Miséricorde, elle alla à Saint-Paul, deux jours devant qu'elle tombât malade, faire une confession à un ecclésiastique de sa connaissance. »

Il fallait bien faire une histoire singulière à la mort d'une personne qui avait été aussi singulière que Ninon de Lenclos, et une sorte de légende mystique se créa autour d'elle. Ainsi, sous Louis XV, plusieurs dames de la Cour, affectant la dévotion, s'étant avisées de parer des têtes de mort de rubans et de cornettes, de les illuminer de lampions, et de méditer des heures devant elles, la reine Marie Leczinska adopta cette mode macabre. Elle se retirait à tout moment dans son cabinet pour voir la *Belle Mignonne*, c'était, disait-elle, la tête de Ninon de Lenclos.

Halas! poor Yorick!....

ERRATA

Page 54, ligne 6. — Au lieu de *Fr. Bruand*, lisez *Libéral Michel Bruand*.

Page 98, ligne 7. — Au lieu de *rue du Temple*, lisez *rue du Faubourg-du-Temple*.

Page 123, ligne 22. — Au lieu de *Le Maistre d'Armoville*, lisez *Le Maistre d'Armouville*.

Page 130, ligne 5. — Au lieu de *rue Thorigny, au n° 20...*, lisez *rue de Thorigny, au n° 7...*

Page 138, ligne 8. — Au lieu de *avait été...*, lisez *aurait été...*

Page 150, ligne 19. — Au lieu de *Duguesclin*, lisez *Du Guesclin*.

Page 159, ligne 4. — Au lieu de *Abélard*, lisez *Abailard*.

Page 163, ligne 18. — Au lieu de *Mme de Richelieu*, lisez *Mme de Choiseul*.

Page 183, ligne 10. — Au lieu de *Jeanne d'Arc*, lisez *Jeanne Darc*.

Page 189, ligne 12. — Au lieu de *Raoul de Bonpuits*, lisez *Étienne de Bonpuits*.

Page 190, ligne 27. — Au de *Duret de Chivry*, lisez *Duret de Chevry*.

Page 191, ligne 5. — Au lieu de *Augustins réformés*, lisez *Augustins déschaux*.

Page 206, ligne 15. — Au lieu de *Robert Cotte*, lisez *Robert de Cotte*.

Page 209, ligne 2. — Au lieu de *Robert Cotte*, lisez *Robert de Cotte*.

Page 211, ligne 1. — Au lieu de *comtesse de Bathysy*, lisez *comtesse de Béthisy*.

Page 217, ligne 1. — Au lieu de *Françoise Mignot*, lisez *Marie Mignot*.

Page 286, ligne 3. — Au lieu de *Adnès*, lisez *Adenès*.

TABLE DES CHAPITRES

	Pages.
Note des Éditeurs	5
I. — La Maison de la Reine-Blanche.	7
II. — La Butte Bonne-Nouvelle	12
III. — Le Carrefour Pirouette et l'Arbre de Jessé.	17
IV. — Le Bureau des Marchandes-Lingères.	27
V. — Les Casernes de Penthièvre et de la Nouvelle-France.	32
VI. — Un Coin de Paris	39
VII. — Les Haudriettes	48
VIII. — Feu le Café d'Orsay	53
IX. — Le Théâtre Louvois	57
X. — Le Passage du Saumon	64
XI. — L'Abbaye-aux-Bois	68
XII. — L'Orme de la rue Saint-Jacques.	73
XIII. — Le Monument de Desaix	79
XIV. — Le Moulin de la Charité	84
XV. — Rue de Chaillot	88
XVI. — Le Tombeau de La Vallière	93
XVII. — Le P'tit Lazari	98
XVIII. — Le Pavillon du Hanovre	105
XIX. — Ici vécut Molière	111
XX. — Le Marché des Blancs-Manteaux.	117
XXI. — L'Hôtel de Villarceaux	122
XXII. — Balzac à Paris.	128
XXIII. — Les Frères-aux-Anes	138
XXIV. — La Rue Saint-Médard	144
XXV. — Le Ministère de la Marine	148
XXVI. — L'Abbaye de Sainte-Geneviève.	154

		Pages.
XXVII.	— Les Étapes de la rue Chauchat.	160
XXVIII.	— Carrefour Saint-Séverin.	165
XXIX.	— L'Abattoir de Grenelle	176
XXX.	— La Croix des Petits Champs.	182
XXXI.	— Encore un coin de Paris.	188
XXXII.	— La Place des Victoires et l'Hôtel de Toulouse.	195
XXXIII.	— Les Origines de la Banque de France.	215
XXXIV.	— Les Petits-Pères.	231
XXXV.	— Autour du Puits Certain.	238
XXXVI.	— Une Maison de la rue Grenéta.	248
XXXVII.	— A propos d'un Buste de Henri IV	253
XXXVIII.	— La Caserne de la rue Blanche.	258
XXXIX.	— L'Hôtel de Lauzun.	263
XL.	— La Chapelle et le Bureau des Orfèvres.	268
XLI.	— Le Grenier-à-sel.	276
XLII.	— Montfaucon.	284
XLIII.	— L'Église et le Cimetière Sainte-Marguerite	290
XLIV.	— La Maison Scipion.	299
XLV.	— Le Quai Malaquais.	307
XLVI.	— Le Quai Voltaire	321
XLVII.	— Le Passage Charlemagne	332
XLVIII.	— Le Porche du manoir de Clisson	337
XLIX.	— Une Maison de la Renaissance.	342
L.	— Notre-Dame des Amours.	355
	Errata	369

Paris. — Imp. de l'Art, E. Moreau et Cⁱᵉ, 41, rue de la Victoire.

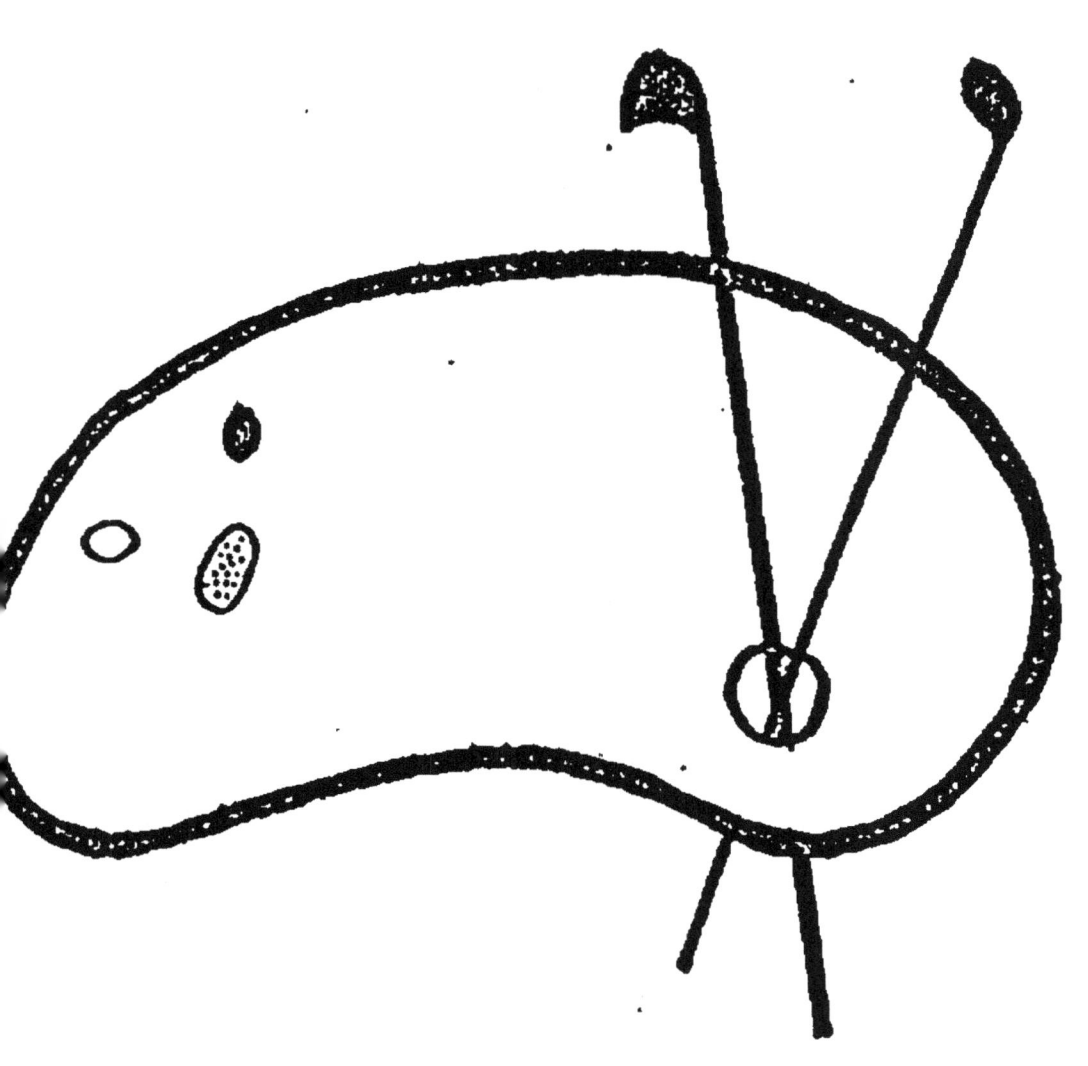

ORIGINAL EN COULEUR
N° 2 43-120-8

www.ingramcontent.com/pod-product-compliance
Lightning Source LLC
Chambersburg PA
CBHW070445170426
43201CB00010B/1223